우리는 주님만 섬기리라

여호수아

우리는 주님만 섬기리라

여호수아
1~24장

제임스 몽고메리 보이스

솔라
피데

ᄂ 예배와 삶의 일치

복음에는 하나님의 의가 나타나서
믿음으로 믿음에 이르게 하나니 기록된 바
"오직 의인은 믿음으로 말미암아 살리라" 함과 같으니라

로마서 1:17

우리는 주님만 섬기리라   여호수아(1-24장)

초판 1쇄 인쇄 : 2015년 4월 15일
초판 1쇄 발행 : 2015년 4월 30일

저자 : 제임스 몽고메리 보이스
역자 : 김덕천
발행인 : 이원우 / 발행처 : 솔라피데출판사
주소 : (413-120)경기도 파주시 문발로 123(문발동) 출판문화정보산업단지
전화 : (031)992-8692 / 팩스 : (031)955-4433
Email : vsbook@hanmail.net
등록번호 : 제10-1452호
공급처 : 미스바출판유통
전화 : (031)992-8691 / 팩스 : (031)955-4433

Copyright ⓒ 2015 SolaFideBooks
Printed in Korea
값 10,000 원
ISBN 978-89-5750-081-1 03230

We Will Serve The LORD

JOSHUA

Joshua 1~24

JAMES

MONTGOMERY

BOICE

하나님의 군대의
대장이 되시는
주님께 이 책을 드립니다.

◆차 례◆

머리말 ·· 11

1부 약속의 땅, 정복 전쟁 ·· 15
 1. 군인으로 임명되다 (여호수아 1 : 1-9) ··························· 17
 2. 지휘 (여호수아 1 : 10-18) ·· 29
 3. 라합 콘트라 문덤 (여호수아 2 : 1-24) ······················· 41
 4. 여행은 끝나고 요단 강을 건너다 (여호수아 3 : 1-5 : 12) ········· 53
 5. 사령관의 군대 대장 (여호수아 5 : 13-15) ····················· 65
 6. 외칠 때 (여호수아 6 : 1-27) ······································ 77
 7. 진중의 죄 (여호수아 7 : 1-8 : 29) ····························· 89
 8. 에발 산과 그리심 산 (여호수아 8 : 30-35) ·················· 101
 9. 눈으로만 보고 행한 실수 (여호수아 9 : 1-27) ············· 115
 10. 가장 긴 낮 (여호수아 10 : 1-15) ····························· 127
 11. 남쪽과 북쪽의 전투 (여호수아 10 : 16-12 : 24) ·········· 139

2부 약속의 땅, 분배와 정착 ······································· 153
 12. 땅을 분배하다 (여호수아 13 : 1-19 : 51) ··················· 155
 13. 위대한 노인 (여호수아 14 : 6-15) ··························· 167
 14. 특별한 성읍들 (여호수아 20 : 1-21 : 45) ·················· 181
 15. 무기여 잘있거라! (여호수아 22 : 1-34) ····················· 195
 16. 횃불을 전하면서 (여호수아 23 : 1-16) ······················ 207
 17. 사령관의 마지막 설교 (여호수아 24 : 1-33) ··············· 219

주제 색인 ··· 231
성구 색인 ··· 241

머리말

지난 세월부터 많은 유명인들이 어떤 이유로 인하여 후세 사람들에게 간과되곤 하였습니다. 여호수아의 이름이 구약성경에 없었다면 모세의 후계자 여호수아도 마찬가지 경우였을 것입니다. 여호수아서는 중요한 군대 사령관이요, 가나안 정복을 이끌었던 유대 지도자의 이야기입니다. 여호수아서가 성경 안에 포함된 것은 그의 전임자의 그림자에 완전히 가려질 뻔 하였던 사람에게 우리의 시선을 고정시키려는 하나님의 방법임에 틀림없습니다.

그러나 여기에 모순이 있는데, 여호수아서는 모세오경 뒤에 이어지는 첫 번째 책으로 우리의 성경에 포함되었음에도 불구하고 많은 그리스도인들은 슬프게도 이스라엘 역사의 중요한 무대에서 성취된 것을 무시하고 있습니다.

여호수아는 군인이었고, 그는 모든 시대에서 가장 비범한 군대 사령관 중의 한 사람으로서 훌륭한 군인이었습니다. 그러나 그는 우리가 말할 수 있는 한, 재미있는 사람은 아니었고 분명히 융통없이 꽉 막힌 사람이었으며, 오히려 그는 하나님이 주신 사명을 수행하는 것에만 최대의 관심을 갖는 "외길 인생" 이었습니다. 그는 대단한 잘못뿐만 아니라 작은 실수도 하지 않는 사람이었고, 한마디로 말하면 소설 속의 위대한 영웅은 아니었으나 여호수아는 분명히 "하나님의 사람" 이었습니다.

하나님께서는 가나안 정복을 시작하려는 그 순간, 그에게 "… 나의 종 모세가 네게 명한 율법을 다 지켜 행하고 좌로나 우로나 치우치지 말라 그리하면 어디로 가든지 형통하리니"(수 1 : 7)라고 말씀하셨습니다. 이 말씀을 바로 여호수아가 순종했으므로 그는 형통하였습니다!

여호수아는 그 땅의 모든 요새와 성읍들을 정복하면서 7년이라는 오랜 세월 동안 가나안 정복 전쟁을 지휘하였고, 백성을 인도하여 하나님과 더불어 그들의 언약을 갱신하게 하였습니다. 그리고 맨 마지막, 그가 적어도 90세가 되었을 때, 그는 새로운 세대에게 믿음을 갖도록 도전하였습니다.

"그러므로 이제는 여호와를 경외하며 성실과 진정으로 그를 섬길 것이라 너희의 열조가 강 저편과 애굽에서 섬기던 신들을 제하여 버리고 여호와만 섬기라 만일 여호와를 섬기는 것이 너희에게 좋지 않게 보이거든 너희 열조가 강 저편에서 섬기던 신이든지 혹 너희의 거하는 땅 아모리 사람의 신이든지 너희 섬길 자를 오늘날 택하라 오직 나와 내 집은 여호와를 섬기겠노라"(수 24 : 14-15)

이것은 위대한 도전이었으며, 하나님을 신실하게 섬겼던 여호수아의 생애가 뒷받침하고 있습니다. 그러나 "여호수아서"는 여호수아의 생애보다 더 중요한 것입니다. 프란시스 쉐퍼는 여호수아서가 사도행전처럼 "교량 역할을 하는 책"이라고 하였습니다. 사도행전은 예수님의 이야기를 말하는 복음서와 신앙과 생활 그리고 교회의 문제를 다루는 서신서와 교량 역할을 하며, 여호수아서는 이스라엘이 광야에서 정처 없이 방황하던 시기와 가나안 땅에 정착한 시기의 교량 역할을 합니다.

이것은 또한 여호수아서가 연속성을 지닌 책이라는 것을 의미하며 이러한 연속성을 지탱시켜 주는 장치는 하나님의 말씀입니다. 사실 하나님께서 모세를 통하여 백성들에게 주셨던 책, 곧 오경의 다섯 책과 같이 많은 분량의 성경으로 존재하는 것은 아니지만 이러한 것은 그 시대에 충분한 계시였습니다. 이것들은 하나님께서 어떤 분이시며 그들에게 무엇을 기대하시는가를 택한 백성들에게 말했습니다. 그것이 바로 여호수아가 백성들에게 배웠던 모든 것을 순종하고 좌로나 우로나 치우치지 말라고 강력히 교훈하였던 이유입니다.

나는 여호수아서를 공부하면서 지금 우리가 살아가고 있는 시대에 절실히 필요한 메시지임을 확신하게 되었습니다. 우리 시대에 신앙을 고백하는 그리스도인들이 많이 있으며, 추산하건대 미국에만도 5천만 명이 있으나 여호수아와 같은 사람은 별로 많지가 않습니다. 화제거리를 만들지 않거나 과시를 하지 않고, 어떤 경우에도 하나님의 말씀에 순종하려는 사람은 많지 않으며, 실제로 한평생 신실하게 섬기는 사람도 많지 않습니다. 현 시대에서 우리의 교회가 약한 이유는 이것 때문이 아니겠습니까? "하나님의 말씀을 읽고, 공부하고, 이해하고, 순종하는 것을 실패하는 기본적 이유가 위에서 말한 실패의 원인이 아닐까?" 라고 생각합니다.

우리는 비문맹의 시대에 살고 있으나 많은 수의 그리스도인들이 성경적으로는 문맹입니다. 우리 시대는 리더십의 가치를 인정하나 많은 사람들은 심지어 세속주의의 풍조에 젖어있고 그 물결에 휩쓸리고 있습니다.

이 중요하고 매력적인 책의 강해서를 발행하면서 2년여 동안 이 말씀을 전했던 필라델피아제십장로교회의 성도들과 이듬해 여름에 축약된 형태로 말씀을 전했던 영국 사우샘프턴의 어바브바교회(Above Bar Church)의 성도들에게 깊은 감사를 드리며, 말씀을 들었던 성도들은 도움이 될 조언으로 나를 도와주었습니다. 또한 본서의 연구와 집필에 많은 시간을 사용하도록 허락해 주신 필라델피아제십장로교회의 성도들에게 특별히 감사를 드립니다.

나의 신실한 비서이며, 편집자인 세실리 펠스터가 이 책을 편집하고 발간이 되도록 협력하였습니다. 나는 항상 세실리 펠스터에게 많은 빚을 지고 있음을 기억하며 감사하고 있습니다.

아울러 이 책을 통하여서 앞으로 새로운 시대를 살아갈 많은 그리스도인들이, 오래 전에 여호수아가 말했던 것처럼 "오직 나와 내 집은 여호와를 섬기겠노라!"고 고백하는 삶이 되기를 간절히 기원합니다.

펜실베이니아, 필라델피아에서
제임스 몽고메리 보이스

PART 1

약속의 땅, 정복 전쟁

여호수아 1 - 12장

오직 강하고 극히 담대하여

나의 종 모세가 네게 명령한 그 율법을 다 지켜 행하고

우로나 좌로나 치우치지 말라

그리하면 어디로 가든지 형통하리니

이 율법책을 네 입에서 떠나지 말게 하며

주야로 그것을 묵상하여 그 안에 기록된 대로 다 지켜 행하라

그리하면 네 길이 평탄하게 될 것이며 네가 형통하리라

1

군인으로 임명되다

여호수아 1 : 1-9

강하고 담대하라 너는 내가 그들의 조상에게 맹세하여 그들에게 주리라 한 땅을 이 백성에게 차지하게 하리라 오직 강하고 극히 담대하여 나의 종 모세가 네게 명령한 그 율법을 다 지켜 행하고 우로나 좌로나 치우치지 말라 그리하면 어디로 가든지 형통하리니 이 율법책을 네 입에서 떠나지 말게 하며 주야로 그것을 묵상하여 그 안에 기록된 대로 다 지켜 행하라 그리하면 네 길이 평탄하게 될 것이며 네가 형통하리라 내가 네게 명령한 것이 아니냐 강하고 담대하라 두려워하지 말며 놀라지 말라 네가 어디로 가든지 네 하나님 여호와가 너와 함께 하느니라 하시니라(여호수아 1 : 6-9)

여호수아서는 으뜸이 되는 인물의 이름을 책의 이름으로 삼은 특별한 경우입니다. 사실상 여호수아서는 이와 같은 책 가운데 첫 번째가 됩니다. 성경의 처음 다섯 책이 역사상 가장 위대한 인물들인 아담,

노아, 아브라함, 요셉, 모세, 그 외 다른 인물들을 다루었다고 하더라도 그 책의 이름들은 합당하지 못합니다. 여호수아서는 모세의 후계자의 명령에 따라 이스라엘 족속들이 가나안을 정복한 것을 말하고 있으며, 바로 그 인물의 이름으로 부르고 있습니다. 이 점에서 여호수아서는 룻기, 사무엘 상·하, 에스라, 느헤미야, 에스더, 욥과 같은 경우입니다.

비록 다른 문제들도 다루고 있으나 이 책을 "여호수아" 라고 부르는 것은 합당합니다. 이 책은 주인공의 인물됨을 보여주며 이 비범한 사람이 이룩한 것을 기록하고 있습니다. 여호수아도 때로는 특별히 걸출한 인물들이 그러한 것처럼 간과되기도 합니다. 에이브러햄 링컨 다음의 대통령을 누가 기억합니까? 윈스턴 처칠의 뒤를 이은 수상이 누구입니까? 이와 같은 범주에 속하는 것으로서 후계자들은 흔히 선대의 인물로 말미암아 의미가 부각되지 못합니다. 이와 같은 경우가 여호수아에게도 일어났습니다. 사실상, 이 책이 그의 이름으로 불리우는 이유도 이러한 데 기인합니다. 그것은 아마도 하나님께서 말씀하시는 방법이시기도 합니다. "너는 내 종 여호수아를 기억하느냐? 그는 비범한 인물이다. 그는 신실하였으며 열심히 일을 하였다. 그는 나를 온전히 섬겼다. 너는 그의 이야기에서 배워야만 한다."

우리는 필립 켈러(Phillip Keller)가 기술한 바에 대하여 생각해 볼만 합니다.

"그[여호수아는 가장 위대한 신앙의 인물들이 인류 역사의 무대에 걸음을 내디뎠던 것처럼 전적인 신뢰를 거의 받지 못했다. 사실상 그의 찬란한 경력은 하나님의 명령을 따라 조용히 한 걸음, 그리고 또 한 걸음 내딛는 솔직한 이야기에 기록되어 있다."[1]

여호수아는 완전하지 않았습니다. "하나님의 명령을 따라 조용히 한 걸음, 그리고 또 한 걸음 내딛으면서" 이룩한 것은 온 세상이 주시하며 동경하라고 명령하는 방법도 아니었습니다. 그럼에도 불구하고 순종은 하나님을 섬김에서 승리에 이르게 하는 열쇠이며, 여호수아는 이점에서 주목할 만한 본보기가 됩니다.

역사의 교량

그러나 여호수아서는 사람의 이야기뿐만이 아닙니다. 또한 그것은 정복의 이야기, 곧 모세가 애굽에서 이끌어 낸 이스라엘 백성이 가나안을 정복한 이야기입니다. 이것은 옮겨가는 과정의 책인 것을 의미합니다. 족장시대부터 이스라엘 나라가 부름을 받고, 형성되고, 구출되고, 그리고 훈련을 받아 그 땅을 정복하고 정착하는 시대까지의 전체 과정을 기록한 책입니다. 아브라함에게 했던 최초의 약속으로 "내가 이 땅을 네 자손에게 주리라"(창 12 : 7)고 한 약속이 성취된 것은 여호수아의 때까지가 아닙니다. 약속을 주신 이후 오백년 이상의 세월이 흘렀고, 마침내 하나님께서 지시하셨던 때가 되고, 그 백성은 소유하기 위하여 전진하였습니다.

프란시스 쉐퍼(Francis Schareffer)는 이 옮겨가는 과정에 깊은 감동을 받고 여호수아서를 "교량 역할을 하는 책"이라고 하였습니다.[2]

나는 기본적인 주석들을 조사하면서 세 가지 주요 접근 방법을 발견하였습니다. 첫째, 이 책을 수수께끼(puzzle)라고 생각하는 자유주의적인 접근 방법이 있습니다. 역사라는 주장을 거부하면서 자유주의 진영은 저자, 저작 연대, 실제로 일어났던 사건을 규명하느라고 노력을 낭비하고 있습니다. 이 계통을 따라 활동하는 학자들은 기본적으로 아무 쓸모없는 공론에 수백 페이지를 허비하고 있습니다.

둘째, 보수주의 또는 근본주의적인 접근 방법이 있습니다. 이들은 여호수아서를 주로 그리스도인의 생활을 다루는 풍유(allegory)라고 생각합니다. 보수주의자들은 의심할 바 없이 여호수아서는 진정한 역사이며 별로 많은 관심을 가질 필요가 없는 역사라고 봅니다. 오히려 그들은 고대와 현대의 "영적" 체험 사이의 병행적인 요소에 관심을 갖습니다.

세 번째 접근 방법은 프란시스 쉐퍼가 대표하며 이들 입장은 여호수아서를 하나님께서 자기 백성을 다루는 연속성(continuity)을 강조하는 역사적 교량(bridge)으로 봅니다.

아더 핑크(Arthur W. Pink)가 관찰한 바와 같이 내가 생각하건대, 이 접근 방법은 히브리 본문의 첫 번째 단어, 다시 말해서 통상 "그리고"로 번역되는 히브리어 접속사 "와우"(vaw)가 잘 나타내고 있습니다. 물론 나는 이것을 히브리어 문체가 지닌 문제라고 생각합니다. 많은 히브리어 문장들은 "그리고" 라는 단어로 시작되고 있습니다. 그러나 이것은 우연한 일이 아닙니다.

잘 생각해 보십시오. 창세기는 "그리고" 라는 말로 시작하지 않습니다. 생각해 보면, 그것은 시작의 책이기 때문이며 그 결과 그 단어로서 연결지어야 할 사실이 없다는 것입니다. 창세기는 **브레쉬트 바라 엘로힘**(beresheth bara Elohim : "태초에 하나님이 창조하시니라")이라고 시작합니다. 성경의 다음 책 그리고 레위기와 민수기도 "그리고" 라는 말로 시작됩니다. 이것을 우리가 올바로 깨닫는다면 이러한 책들을 함께 묶어야만 합니다. 창세기, 출애굽기, 레위기, 민수기는 하나의 단위를 구성하며 우리 성경을 최초로 자연스럽게 나누는 구분입니다.

언뜻 보기에 우리는 성경의 다섯 번째 책인 신명기는 우리의 이론에서 문제를 일으킨다고 생각할 수도 있습니다. 비록 오경의 마지막 책이요, 율법서의 극치이기는 하지만 "그리고" 라는 말로 시작하지 않습니다. 그러나 생각해 보면 이것이 합당한 이유임을 알 수 있습니다. **신명기**란 문자적으로 "두 번째 율법" 이라는 뜻입니다. 그것은 율법을 재 진술하는 것이며 출애굽기 20장에서 주어진 십계명을 신명기 5장에서 다시 반복함으로 명백히 입증되고 있습니다. 율법으로서 처음 다섯 책은 함께 묶을 수가 있습니다. 그러나 역사로서 신명기는 새로운 시작이며 여기에 일치하여 여호수아서가 시작하고 있습니다. 여호수아서 이후 각 책은 그리고라는 말로 시작하며 역대상에 이르기까지 새로운 각 책은 앞선 책과 연결되고 있습니다. 그러므로 신명기에서부터 열왕기하까지 하나로 묶을 수 있으며 성경의 두 번째로 중요한 **역사적 구분**을 이루게 됩니다.

이것이 바로 여호수아서가 교량서라고 일컬어지는 이유입니다. 신명기에서 모세는 백성의 지도자입니다. 여호수아서는 "여호와의 종 모세가 죽은 후에 …" 라고 시작합니다(수 1 : 1). 이 점으로 볼 때, 모세의 시종인 여호수아가 지도자입니다.

신명기는 백성들이 약속의 땅에 들어간 이후 행해야 할 교훈을 담고 있습니다.

여호수아서에는 "… 이제 너는 이 모든 백성과 더불어 일어나 이 요단을 건너 내가 그들 곧 이스라엘 자손에게 주는 그 땅으로 가라 내가 모세에게 말한 바와 같이 너희 발바닥으로 밟는 곳은 모두 내가 너희에게 주었노니"(수 1 : 2-3) 라고 하나님께서 말씀하십니다. 여호수아서는 이러한 정복 전쟁과 아울러 정복 이후 땅의 분배와 정착에 대하여 기록하고 있습니다. 이러한 일련의 사건들은 신명기에 자세하게 기술된 바와 같이 하나님의 약속이요 계획입니다.

그러므로 여호수아서의 첫 번째 요점은 하나님의 목적은 변하지 않는다는 것입니다. 그러나 사람은 변합니다. 모세와 함께 애굽에서 나왔던 20세 이상의 사람들은 모두 광야에서 죽었습니다. 그 땅에 들어간 것은 "새로운 세대" 였습니다. 그러나 하나님께서는 변하지 않으십니다. 하나님께서는 동일하시며 그분의 구속함을 받은 백성들을 위하여 세워 놓으신 목적들도 또한 변하지 않습니다.

기록된 말씀

족장시대와 가나안 정착의 기간 사이의 연속성은 하나님의 성품과 뜻에 기초하고 있으며, 또한 "기록된 하나님의 말씀"에 초점을 맞추고 있습니다. 이 기간에 우리 성경의 처음 다섯 책인 오경이 기록되었습니다. 여호수아서 1 : 1-9절에는 두 개의 문단이 있습니다. 첫 번째 문단(1-5절)은 교량 역할을 하는 책으로써 이 책의 특징을 분명히 말하고 있습니다. 모세는 죽었고, 이제 하나님께서 모세와 함께 하셨던 것을 알고 있는 여호수아가 모세의 뒤를 이었으며, 하나님은 그와도 함께 하십니다(5절). 두 번째 문단(6-9절)은 모세의 후계자로서 여호수아가 순종해야 할 기록된 하나님의 말씀을 강조하고 있습니다.

여러 방면에서 이 구절들은 책 전체에서 가장 중요합니다. 성경에서 위대한 인물인 여호수아는 이 말씀에 순종하였기 때문입니다.

"강하고 담대하라 너는 내가 그들의 조상에게 맹세하여 그들에게 주리라 한 땅을 이 백성에게 차지하게 하리라 오직 강하고 극히 담대하여 나의 종 모세가 네게 명령한 그 율법을 다 지켜 행하고 우로나 좌로나 치우치지 말라 그리하면 어디로 가든지 형통하리니 이 율법책을 네 입에서 떠나지 말게 하며 주야로 그것을 묵상하여 그 안에 기록된 대로 다 지켜 행하라 그리하면 네 길이 평탄하게 될 것이며 네가 형통하리라 내가 네게 명령한 것이 아니냐 강하고 담대하라 두려워하지 말며 놀라지 말라 네가 어디로 가든지 네 하나님 여호와가 너와 함께 하느니라 하시니라"(수 1 : 6-9)

이 구절들은 여호수아가 기록된 모세의 율법을 소유함으로써 갖게 되는 특별한 관계를 자세하게 설명하고 있습니다. 이에 대한 기본적인 사실은 기록된 모세의 율법이 존재하였다는 점이고, 그러한 기록이 바로 위에서 서술했던 것과 같으며, 그것은 오히려 자연스러운 직관력이나 내밀한 경험이요, 여호수아를 이끌어 준 지침서요, 축복의 원천이었습니다. 여호수아서를 주해한 수많은 주석가 가운데 내가 알고 있는 바, 프란시스 쉐퍼가 기록된 하나님의 말씀이 역사 가운데 변함없는 요소 중에 으뜸이며 가장 위대한 것이라는 점을 적절하게 강조하고 있는 유일한 인물입니다. 자유주의 신학자들은 이 점을 강조하지 않습니다. 그들은 그것을 믿지도 않습니다. 왜냐하면 자유주의적인 접근 방법의 기본은 구약성경 책은 그들이 기술하고 있는 사건 이후 오랜 기간이 경과한 다음 기록되었으며, 역사 가운데 하나님께서 실제로 역사하셨음을 사실대로 보도하는 것이 아니라 후대의 신학적인 요점을 기술하려고 의도된 것이라는 가설이기 때문입니다. 가장 자유적인 신학자의 설명에 의하면, 모세오경은 가나안 정복 시에는 기록되지도 않았으며, 다섯 책의 제일 마지막 책인 신명기는 발전기의 아주 오랜 후대에 기록되었다고 합니다.

자유주의 신학자들은 모세오경이 소위 "JEPD설"이라고 불리우는 문서설로 요약할 수 있다고 이해합니다. 각각의 문자는 오경의 발전에서 자료나 기간을 나타내고 있습니다. J문자는 "여호와 자료"를 의미하며 하나님의 이름을 여호와라고 부르고 있으므로 율법서의 가장 오래된 부분이라고 합니다. E라는 문자는 "엘로힘 자료"라는 뜻입니다. 이 자료는 하나님에 대하여 엘로힘이라는 이름을 사용했습니다. 그 다음 글자, P는 제사장 문서를 의미하며, 마지막 글자가 D입니다. D라는 문자는 신명기주의자 또는 신명기학파에 의하여 편집되었다고 합니다. 율리우스 벨하우젠(Julius Wellhausen)은 1878년에 이 이론을 펴냈으며, 바벨론 포로기 이후 B.C. 5세기를 율법서의 기록 연대로 추정하였습니다.

이것은 우리가 여호수아서에서 취할 그림이 못 됩니다. 이 책의 바로 첫 문단에 따르자면 여호수아는 모세의 율법을 소유하고 있었습니다. 더욱이 모세의 율법은 이미 하나님의 계시로써 영광스러운 위치를 차지하고 있었습니다.

이것은 정말 범상한 일이 아니며, 대단히 중요한 것입니다. 여기 프란시스 쉐퍼 (Francis Schaeffer)의 설명을 소개합니다.

"여호수아는 오경의 저자 모세를 개인적으로 알고 있었다. 여호수아는 한 인간 모세의 힘과 연약함을 알고 있었다. 그는 죄인이었던 모세를 알았으며, 모세가 실수를 범하기도 하고, 사람에 불과하다는 것도 알았다. 그럼에도 불구하고 모세가 죽은 다음 즉시 오경을 모세의 저술 이상의 것으로 받아들였다. 그는 그것을 하나님의 기록으로 받아들였다. 그 책이 신성한 것이 되기까지 이삼백 년도 걸리지 않았다. 여호수아가 관계되는 한 오경은 정경이며, 정경은 하나님의 말씀이다. 정경의 발전과 채택에 대한 성경적인 관점은 이와 같이 단순하다. 그것이 주어졌을 때, 하나님의 백성은 받은 그대로 이해하였다. 그 즉시 그것은 권위를 지녔다."[3]

바로 이러한 점들로 인해서 나는 "여호수아서"를 현대적인 감각을 지닌 성경에 관한 책이라고 부르고자 합니다. 왜냐하면 여호수아서는 정말 우리 시대와 유사하기 때문입니다. 성경은 시간의 제약을 받지 않는 진리를 전하고 있습니다. 창세기, 출애굽기, 레위기, 민수기 그리고 신명기의 하나님은 우리의 하나님이시기도 하며 변함이 없으신 하나님이십니다. 그러나 앞선 책에서 그 상황은 다릅니다. 하나님은 아브라함에게 직접 말씀하셨습니다. 하나님은 하나님의 산에서 모세를 만나셨습니다. 여호수아서에서는 여호수아가 비록 5장에서 "여호와의 군대 대장"과 개인적

으로 대면하였으며, 대제사장을 통하여 특별한 계시가 전쟁을 수행하도록 주어졌
으나 그 상황은 기본적으로 다릅니다. 우리와 같이 여호수아는 특별 계시에 소망을
두지 않고, 기록된 하나님의 말씀에 순종하며 살아야 했습니다.

더욱이 기록된 하나님의 말씀은 여호수아와 그의 뛰어난 선임자 모세를 하나로
묶은 것처럼 우리와 여호수아를 하나로 묶어 놓았습니다. 하나님께서 여호수아의
성경관을 통해서 그분 자신을 알리기 위하여 선포하시기 때문에 사실 성경은 우리
와 하나님을 하나로 묶어 놓았습니다.

사령관의 임무

기록된 형태로 하나님의 말씀을 소유하는 것이 중요한 것처럼 우리도 또한 그것
을 소유하고 있으며, 이스라엘의 새로운 사령관으로서 여호수아의 승리를 확신하
기에는 충분치 못합니다. 그는 기술적인 의미에서 성경을 소유했을 뿐만 아니라 개
인적으로도 소유해야만 했습니다. 이것은 하나님께서 여호수아에게 부여하신 임
무의 핵심이기도 합니다. 이 임무에는 네 부분이 있습니다.

첫째, 여호수아는 하나님의 말씀을 알아야만 했습니다. 즉, 그는 그 말씀을 읽고
그 말씀을 공부해야만 했습니다. "안다" 또는 "공부한다"는 말은 이 부분에서 사용
된 것이 아니라 다른 말이 이러한 의미를 가정하는 것입니다. 이러한 구절들이 그
러한 의미를 분명히 나타내는 것처럼 만일 모세의 율법이 여호수아를 이끄는 지침
서였다면 여호수아는 그 율법이 말하고자 하는 것을 알아야만 했습니다. 첫 부분의
다섯 책, 곧 여호수아는 성경을 때때로 경외심으로 바라보기는 하지만 결코 만질
수 없는 것과 같은 기념물처럼 언약궤 속에 놓아두어서는 안 되었습니다. 그 반대
로 여호수아는 그 책을 꺼내서 삶의 기본 원리로 삼아야 했으며, 가지고 다니면서
읽고 공부할 수 있도록 복사해야만 했습니다. 그리고 그의 생각을 책의 저자이신
하나님의 생각과 일치시켜야만 했습니다.

이것은 대단히 중요한 점입니다. 구텐베르크 이전, 그리고 서기관들이 상당한

숫자의 모세 율법의 복사본을 만들기 전 시대의 백성들은 자신들의 성경을 소유할 수 없었습니다. 그러나 성경은 그들이 결코 접근할 수 없었음을 의미하거나 그들이 성경을 알지 못하는 것을 변명할 수 있다는 것은 아닙니다. 여호수아는 그 책을 읽어야만 했습니다. 후일 에발 산과 그리심 산에서 예식을 행할 때처럼 율법서는 모든 백성이 들을 수 있도록 낭독되어야만 했다(신 31 : 11-13 참조).

이것이 여호수아에게 전혀 새로운 아이디어였다고 나는 생각하지 않습니다. 왜냐하면 나는 여호수아가 모세와 함께 있을 때, 여호수아가 율법의 중요한 것만을 뽑아냈다고 의심할 수 없기 때문입니다. 만일 모세가 이 기록된 문서(의심의 여지 없이 그가 소유했었음)를 작업하느라고 38년을 허비했다면 여호수아는 그 수고를 증언해야만 했고, 그 율법에 가치를 부여하고, 어느 정도 그것을 알고 있어야만 했습니다. 다른 말로 바꾸어 말하자면 그는 하나님께서 그에게 새로운 임무를 부여하시기 전에 여호수아는 이미 말씀을 공부하고 있는 학생이어야만 합니다.

여러분은 그리스도인들의 모임에서 지도자가 되기를 원합니까? 하나님을 섬기려는 열망이 있습니까? 그와 같은 열망은 나쁜 것이 아닙니다. 그것은 좋은 것입니다. 그러나 만일 여호수아처럼 하나님을 섬기려는 열망이 있다면, 여러분은 그것을 준비해야만 합니다. 그것을 준비하는 가장 좋은 방법은 하나님의 말씀을 공부하고 아는 것입니다.

둘째, 여호수아는 하나님의 말씀에 대하여 말해야만 했습니다. 본문은 "이 율법책을 네 입에서 떠나지 말게 하며 …"(수 1 : 8) 라고 말합니다. 여호수아는 분명히 가족, 군인들, 친구들 그리고 그 나라의 한 부분을 이루고 있는 다른 사람들과 매일 접촉하면서 성경에 대하여 이야기해야만 했습니다.

이것은 오늘날 많은 곳에서 기독교에 대하여 말하는 것과 상반되지 않습니까? 현대인들은 여러 방면에서 종교적인 무리들에게 정말 관대한 아량을 베풀고 있습니다(교회가 되었든지, 회당이든지, 주일이나 토요일에 모이든지 간에). 그러한 것들이 제자리에 있는 한 종교적인 관행을 존경하도록 계도되었으며, 생활의 나머지 부분에 영향력을 미치지 않습니다. 그러나 하나님을 따르는 사람이 일터에서건, 친구와 식사를 할 때든지, 골프를 칠 때, 하나님의 말씀을 말하기 시작하면 순식간에 아량은 사라지고 맙니다. 그 사람에게 "이곳은 신앙에 대해 이야기를 하는 곳이 아닙니다." 라고 말합니다. 만일 계속해서 말하게 되면 그 사람은 마치 낯선 사람을 처음 대하는 것과 같은 느낌을 갖게 될 것입니다.

셋째, 여호수아는 하나님의 말씀을 묵상해야만 했습니다. 묵상이란 성경의 지식을 알거나 말하는 것을 넘어선 단계입니다. "묵상"이란 말씀을 깊이 생각하고 거기서 숨은 의미를 이끌어 내는 것을 의미합니다. 묵상의 최종 목표는 "적용"입니다. 불행스럽게도, 오늘날 너무나도 적은 숫자의 그리스도인들이 묵상을 실천하고 있습니다. 우리는 피상적이고, 숟가락으로 떠먹여 주는 시대에 살고 있습니다. 결과적으로, 오늘날 많은 그리스도인들의 생활은 교회에 출석하고, 설교를 경청하고, 몇 사람의 동료 신자를 친구로 갖고, 이와 같은 생활을 하지 않는 사람들과 똑같은 생활을 하는 것을 마치 성공적인 신앙생활을 하는 것으로 착각하고 있습니다. 오늘 우리의 사회에서 그리스도인들이 불신자들과 다를 바가 없는 이유이기도 합니다. 그들은 세상 사람들처럼 생각하고, 그 결과 세상 사람들처럼 행동합니다. 보다 더 엄청난 죄악은 별개로 하더라도 그리스도인들의 행위와 이교도들의 행위를 구별할 수가 없습니다. 무엇을 잃어버렸습니까? 잃어버린 요소는 하나님의 말씀을 깊고, 순수하게 그리고 꾸준히 묵상하는 것입니다. 오직 하나님의 말씀이 우리의 생각 안으로 들어와 우리의 정상적이고 일상적인 사고(思考)의 한 부분이 되면, 우리는 다르게 행동하고 그 결과 차이가 생기게 됩니다.

넷째, 여호수아는 모든 하나님의 말씀에 순종해야만 했습니다. 마지막 요소가 가장 중요합니다. 여호수아는 모세의 율법책을 알고, 그 말씀에 대하여 말하고, 묵상할 뿐만 아니라, 또한 그는 그 말씀에 전적으로 순종해야만 했습니다. "… 나의 종 모세가 네게 명령한 그 율법을 다 지켜 행하고 우로나 좌로나 치우치지 말라 … 그 안에 기록된 대로 다 지켜 행하라 …"(수 1 : 7-8)고 말씀하셨습니다.

이것이 바로 오늘날 기독교가 내리막길로 가는 이유입니다. 마땅히 해야 할 바 하나님의 말씀을 알지 못하는 것이 사실입니다. 우리는 마땅히 하나님의 말씀을 꾸준하게 그리고 유익을 얻기 위하여 묵상해야 하지만, 우리는 하나님의 말씀을 말하지 않습니다. 그러나 널리 퍼져 있는 문맹의 시대에서, 그리고 (비록 피상적이기는 하지만) 성경대로 살겠다는 많은 교회가 있는 시대에서 우리 모두는 우리가 마땅히 행해야 하는 그리스도인의 생활을 더욱 잘 실행에 옮길 수 있도록 하나님의 율법을 충분히 알아야만 합니다. 우리가 무엇이 옳은 것인지 알지 못하기 때문이 아닙니다. 그것은 우리가 알고 있는 것조차 실천에 옮기지 않기 때문입니다. 우리는 시편 1편의 의인과 같지 않습니다. 그는 "시냇가에 심은 나무가 철을 따라 열매를 맺으며 그 잎사귀가 마르지 아니함 같으니 그가 하는 모든 일이 다 형통한"(3절) 사람입니다. 우리는 악인과 같습니다(성실한 믿음을 가진 사람들의 경우). 그것은 그들이 아니라고 할지라도, 우리의 행동은 '바람에 나는 겨'(4절)와 같습니다.

형통한 사람

비록 거의 모든 사람은 실패할망정 여러분이 하는 일이 형통하기를 바랍니다. 무엇이 문제입니까? 문제는 여호수아에게 주었던 성공에 이르는 "신적 공식"을 따르지 않는 것입니다. 성경에 의하면 "성공의 비결"은 하나님의 말씀을 알고, 그것을 말하고, 그것을 묵상하며, 무엇보다도 그것을 지키는 것입니다. 하나님의 세계에서는 "전적인 순종"을 대체할 것이 없습니다.

그것이 바로 여호수아가 성공했던 비결입니다. 여호수아는 훌륭한 군인이었습니다. 그러나 그는 세계 역사의 전쟁터를 휩쓸었던 수많은 사령관들보다 더 훌륭한 것은 아니었습니다. 여호수아는 사람들을 이끄는 지도자였습니다. 그러나 수많은 다른 사람들보다 더 뛰어난 은사의 소유자는 아니었습니다. 여호수아가 지녔던 위대한 비결은, 하나님의 율법을 알고 그것을 지키는 것을 자신의 일로 삼았던 것입니다. 신명기 27장에는 백성들이 가나안에 들어가서 그 땅을 소유한 후, 에발 산과 그리심 산에서 율법을 어떻게 읽어야 할지를 지시하는 교훈이 담겨있습니다. 여호수아가 하나님의 계획을 드러내는 요점을 터득했을 때, 그는 가장 세부적인 사항까

지 정확하게 실행에 옮겼습니다. 여호수아는 하나님의 지시 사항을 미루어 짐작하
거나 자기 나름대로 발전시키지 않았습니다. 더욱이 그의 생을 마치는 순간까지 이
것은 가장 중요한 관심사였습니다. 그래서 그는 하나님께서 본래 자기에게 주셨던
말씀과 거의 동일한 말로 백성들을 교훈하였습니다.

"그러므로 너희는 크게 힘써 모세의 율법 책에 기록된 것을 다 지켜 행하라 그것을 떠나
우로나 좌로나 치우치지 말라"(수 23 : 6)

그것은 오늘 우리에게도 필요한 것입니다. 보다 더 현명한 방법이나 보다 덜 지
혜로운 사람이 아니라, 살아 있고 항상 있는 하나님의 말씀에 순종을 하고 동기를
부여해야만 합니다.

●각주●

1. W. Phillip Keller, *Joshua : Man of Fearless Faith* (Waco, Tex. : Word Books, 1983),
178.

2. Francis A. Schaeffer, *Joshua and the Flow of Biblical History* (Downers Grove,
Ill. : Inter Varsity Press, 1977), 9.

3. 앞의 책, 34.

2

지휘

여호수아 1 : 10-18

이에 여호수아가 그 백성의 관리들에게 명령하여 이르되 진중에 두루 다니며 그 백성에게 명령하여 이르기를 양식을 준비하라 사흘 안에 너희가 이 요단을 건너 너희의 하나님 여호와께서 너희에게 주사 차지하게 하시는 땅을 차지하기 위하여 들어갈 것임이니라 하라(여호수아 1 : 10-11)

여호수아 1장은 두 부분을 담고 있습니다. 여호수아의 부르심과 임무 부여를 말하는 부분과 여호수아가 그 나라를 지휘하고 약속의 땅에 들어가는데 따르는 지시 사항을 어떻게 전하는가 하는 부분입니다. 여호수아가 하나님의 명령을 수행하기 위하여 지휘하는 것은 그의 임무 부여 다음에 나옵니다. 주목해야 할 점은 여호수아가 이 책임을 두려워하는 것처럼 보인다는 점입니다. 왜냐하면 두려워하지 말라는 명령이 1장에서 계속 반복되고 있기 때문입니다. 하나님께서는 마음을 강하게 하고 담대히 하라는 말씀을 세 번씩이나 여호수아에게 말씀하고 계십니다(6-7, 9절). 그리고 "두려워하지 말며 놀라지 말라"(9절)는 말씀을 덧붙이십니다. 1장 마지막에서 백성은 여호수아에게 똑같은 말을 합니다. "오직 강하고 담대하소서"(18절). 정확하게 말해서 미숙함에도 불구하고 여호수아는 명령을 수행하였습니다. 처음 시작부터 그는 그가 이 순간 하나님의 사람이었음을 보여주고 있습니다. 여호수아는 어디서 이러한 용기를 얻었습니까? 그가 어떻게 지도자가 될 수 있었습니까? 이러한 질문에 대한 해답은 오늘날 우리도 지도자로서 알아야 할 중요한 점입니다.

신실한 과거

마이어(F. B. Meyer)는 그의 여호수아서 주석에서 훌륭한 지도자가 갖추어야 할 첫 번째 요소는 "신실한 과거"(faithful past) 라고 합니다.[1] 여호수아는 자신의 이름을 사용하는 책에서 주인공입니다. 그러나 그의 이야기는 여호수아서에서 시작된 것이 아닙니다. 그것은 실제로 출애굽기에서 시작하여 민수기와 신명기에서도 계속됩니다. 사실상 여호수아라는 이름은 이러한 이야기에서 27번이나 나타나며, 매번 모범적인 신실함을 보여주고 있습니다.

첫째, 첫 전투(The first battle)입니다. 여호수아의 이름이 성경에서 처음 나타난 곳은 출애굽기 17 : 8-16절입니다. 이것은 모세가 이스라엘 백성을 애굽에서 인도하여 낸 후, 르비딤 광야를 지나면서 치러야 했던 첫 전투에 대한 이야기입니다. 이 전투는 팔레스타인의 남쪽 경계선과 시내 산 사이의 광활한 광야 지대를 차지하고 있었던 셈 족속인 아말렉 족속과 치렀던 싸움이었습니다.

이 전투는 처음부터 모세의 지휘 아래 여호수아가 이스라엘 군대를 이끌었음을 의미합니다. 그러나 이야기의 중요한 요점은 어떻게 이 전투에서 승리할 수 있었느냐 하는 설명과 후일 여호수아가 기억하고 유익을 얻기 위하여 율법서에 기록되었다는 사실입니다. 여호수아가 아말렉 족속과 대항하여 여호와의 군대를 이끄는 동안 모세는 전쟁터를 굽어 볼 수 있는 언덕에 올라가 하나님의 축복의 상징으로 양

손을 들었습니다. 그의 손이 들려져 있는 동안 이스라엘은 싸움에서 이겼으나 모세가 피곤하여 그의 손을 내리면 아말렉이 이스라엘을 이겼습니다. 모세와 함께 있던 아론(Aaron)과 훌(Hur)이 이것을 알고 나자 그들은 모세를 큰 바위 위에 앉히고 모세의 양 옆에 서서 그의 팔을 붙들었습니다. 그들은 해가 질 때까지 이렇게 하였고, 그때 아말렉 군대는 전쟁에서 대패했습니다.

이것은 여호수아를 위한 교훈으로 의도된 것이며 그가 영원토록 잘 깨달아야 할 것이라는데 의심할 여지가 없습니다. 하나님께서는 수많은 다른 경우처럼 모세가 팔을 들어올리지 않았더라도 승리하게 하실 수 있으셨습니다. 그러나 여기 이스라엘의 첫 전투에서 모세의 들어올린 팔은 의심의 여지없이 전쟁은 신속성이나 전투력에 결정되는 것이 아니라 "여호와 하나님께 속한 것"이라는 것을 보여주는 하나님의 방법입니다. 승리하게 하시는 분은 하나님이십니다.

여호수아는 이 점을 배워야만 했으며, 이 이야기는 이 분야에서 후일의 유익을 얻게 하기 위하여 기록되었음이 명백합니다(출 17 : 14-16). 비록 그가 이스라엘의 뛰어난 장군이 되기 위하여 항상 최선을 다해야 할지라도 그는 하나님께서 그에게 복을 주신 범위에서만 성공할 수가 있었습니다. 그는 그분의 은총을 추구해야만 했습니다.

둘째, 시내 산(Mount Sinai)입니다. 우리가 여호수아를 볼 수 있는 두 번째 기회는 모세가 하나님의 부르심을 받고 율법을 받았던 시내 산에서였습니다. 모세가 산으로 올라갈 때, 여호수아는 모세와 함께 동행 하다가 중간에서 걸음을 멈춰 섰습니다. 그는 모세가 하나님을 만나고 있던 사십일 동안 산에서 자기의 위치를 지키고 있었습니다. 그가 처음 언급된 이후 출애굽기 24 : 13절과 모세가 산에서 내려오는 출애굽기 32장에 이르기까지 여호수아는 모세와 동행하였습니다.

이것은 여호수아 생애의 형성기였습니다. 출애굽기 24 : 13절에서 여호수아에 대하여 특별히 언급하고 있으며, 이에 앞선 절에서 "모세와 아론과 나답과 아비후와 (여호수아를 포함하여) 이스라엘 장로 칠십 인이 [그 산에] 올라가서 이스라엘의 하나님을 보니 그의 발 아래에는 청옥을 편 듯하고 하늘 같이 청명하더라 하나님이 이스라엘 자손들의 존귀한 자들에게 손을 대지 아니하셨고 그들은 하나님을 뵙고 먹고 마셨더라"(출 24 : 9-11). 이 놀라운 구절은 어린 양의 위대한 혼인잔치라고 불리는 것을 미리 맛보듯 서술하고 있습니다. 그들은 하나님을 뵈었고, 그분의 임재 앞에서 실제로 먹고 마셨습니다.

만일 이 경험이 이사야서 6장에서 기술된 것과 같이 높이 계신 하나님을 뵈옵는 이사야의 체험과 같은 것이라면, 여호수아와 다른 사람들은 하나님의 거룩하심을 드러내는 계시에 의하여 떨어져 있어야만 했습니다. 이스라엘 백성이 금송아지를 에워싸고 벌이는 떠들썩한 축제에 빠져 있을 때, 하나님의 자기 계시는 여호수아로 하여금 전염병처럼 마구 퍼지는 범죄에 대하여 공포로 전율하게 하였습니다. 여호수아는 이 죄가 하나님의 백성이라고 고백하는 사람들에게는 결코 용납될 수 없는 가증함이라는 것을 깨달아야만 했습니다.

셋째, 정탐꾼(The spies)입니다. 출애굽기, 레위기, 민수기, 신명기에는 여호수아에 대하여 여러 번 언급하고 있으며, 그 중에서 가장 잘 드러내주는 이야기는 민수기 13, 14장으로 열두 명 정탐꾼들의 보고는 일치하였습니다. 그곳은 젖과 꿀이 흐르는 좋은 땅이었습니다. 그들은 그 땅의 풍요로움을 입증하는 뜻으로 포도송이와 석류와 무화과를 가져왔습니다. 그러나 여기서 그들의 일치된 의견은 깨어졌습니다. 열두 명의 정탐꾼들 가운데 열 명은 다음과 같이 말했습니다.

"그러나 그 땅 거주민은 강하고 성읍은 견고하고 심히 클 뿐 아니라 거기서 아낙 자손을 보았으며 아말렉인은 남방 땅에 거주하고 헷인과 여부스인과 아모리인은 산지에 거주하고 가나안인은 해변과 요단 가에 거주하더이다 … 우리는 능히 올라가서 그 백성을 치지 못하리라 그들은 우리보다 강하니라 하고 이스라엘 자손 앞에서 그 정탐한 땅을 악평하여 이르되 우리가 두루 다니며 정탐한 땅은 그 거주민을 삼키는 땅이요 거기서 본 모든 백성은 신장이 장대한 자들이며 거기서 네피림 후손인 아낙 자손의 거인들을 보았나니 우리는 스스로 보기에도 메뚜기 같으니 그들이 보기에도 그와 같았을 것이니라"(민 13 : 28-29, 31-33)

모든 정탐꾼 가운데 오직 두 사람인 여호수아와 갈렙(Caleb)만은 달리 생각하였습니다. 갈렙은 "우리가 곧 올라가서 그 땅을 취하자 능히 이기리라"(민 13 : 30)고 말하였습니다.

그 땅의 백성들은 그들을 본 사람과 아무런 상관없이 모두 똑같았습니다. 보고가 달랐던 것은 여호수아와 갈렙처럼 그들의 눈을 하나님에게만 두었느냐 아니면 열 명의 정탐꾼들처럼 하나님을 잊었느냐에 기인하는 것이었습니다. 그 땅 백성들 가운데 더러는 거인이었습니다. 갈렙은 후일에 그들을 정복하겠다고 청했습니다. 이들 두 정탐꾼들이 그들의 눈을 하나님에게만 고정시켰을 때, 그 거인들은 능히 다룰 수 있는 크기로 줄어들었습니다. 그래서 그들은 "우리가 능히 이기리라"고 말했습니다. 후일 그들은 "… 우리가 두루 다니며 정탐한 땅은 심히 아름다운 땅이라 여호와께서 우리를 기뻐하시면 우리를 그 땅으로 인도하여 들이시고 그 땅을 우리에게 주시리라 이는 과연 젖과 꿀이 흐르는 땅이니라"(민 14 : 7-8)고 덧붙였습니다. 반면 열 명은 하나님을 잊어버렸으므로 거인들이 그들을 사로잡고 그들의 눈에 자신들의 모습이 메뚜기처럼 초라하게 보였습니다.

물론 우리는 이스라엘 백성이 하나님을 잊고, 그분의 약속을 멸시하고, 다수의 보고서를 따르기로 결정한 것을 압니다. 이로 말미암아 그들은 그 당시 20세 이상의 모든 사람이 다 죽을 때까지 38년 동안 광야에서 방황해야만 했습니다. 이것은 분수령을 이루는 중대한 시기였으며 비극적인 시기였습니다. 그럼에도 불구하고 여호수아와 갈렙에게는 위대한 순간이었습니다. 이들 두 사람은 하나님과 그분의 약속을 위하여 일어섰으며, 그후 40여 년간 이 방법을 따랐고, 그들이 가나안 땅의 경계선에 이르기까지 계속하였습니다.

여호수아는 다수의 소리가 항상 옳은 것이 아니라는 것을 터득하였습니다.

그는 불순종이 치명적이라는 것도 터득하였습니다.

그는 장기적으로 지속할 수 있는 유일한 길은 하나님을 신뢰하고 순종하는 것임도 터득하였습니다. 그는 끝까지 신실하였습니다.

넷째, 여호수아의 임무 부여(Joshua's commissioning)입니다. 여호수아서의 앞서서 기록된 그의 생애 가운데 네 번째로 중요한 사건은, 그가 이스라엘을 출애굽시켰던 모세의 후계자로 임명된 것입니다. 이 이야기는 민수기 27 : 18-23절에 있습니다. 이 사건은 그 후에도 여러번 메아리치고 있습니다. 민수기에는 우리에게 이렇게 말하고 있습니다.

"여호와께서 모세에게 이르시되 눈의 아들 여호수아는 그 안에 영이 머무는 자니 너는 데려다가 그에게 안수하고 그를 제사장 엘르아살과 온 회중 앞에 세우고 그들의 목전에서 그에게 위탁하여 네 존귀를 그에게 돌려 이스라엘 자손의 온 회중을 그에게 복종하게 하라 그는 제사장 엘르아살 앞에 설 것이요 엘르아살은 그를 위하여 우림의 판결로써 여호와 앞에 물을 것이며 그와 온 이스라엘 자손 곧 온 회중은 엘르아살의 말을 따라 나가며 들어올 것이니라 모세가 여호와께서 자기에게 명령하신 대로 하여 여호수아를 데려다가 제사장 엘르아살과 온 회중 앞에 세우고 그에게 안수하여 위탁하되 여호와께서 모세에게 명령하신 대로 하였더라"(민 27 : 18-23)

후일 여호와 하나님은 여호수아에게 "… 너는 이스라엘 자손들을 인도하여 내가 그들에게 맹세한 땅으로 들어가게 하리니 강하고 담대하라 내가 너와 함께 하리라"고 명령하셨습니다(신 31 : 23).

나는 이 임무 부여가 이스라엘을 출애굽시켰던 모세가 별세하기 몇 해 전에 있었다고 생각합니다. 그래서 그가 모세의 후계자로 임명된 다음 얼마간의 기간이 있었고, 이 기간 동안 그는 다만 부관으로만 지냈습니다. 마치 사울이 왕위에 있는 동안 다윗이 기름부음 받은 것과 마찬가지였습니다. 이와 같은 경우 후계자는 자칫하면 잘못 처신할 수도 있었습니다. "나는 모세의 후계자가 될 사람이야!" 라며 거드름을 피울 수도 있었습니다. 또는 과도기를 앞당겨보려고 "모세의 말을 듣지 마시오. 그는 너무 늙었소. 이제부터 내 말을 들으시오!" 라고 할 수도 있었습니다. 여호수아는 이와 같은 일을 전혀 하지 않았습니다. 그는 하나님의 온전하신 시간 안에서 이 과도기가 실제로 잘 끝날 때까지 점잖고 충성스럽게 처신하였습니다. 신명기의 마지막, 모세의 죽음을 말하는 장에서 여호수아에 대하여 이렇게 말하고 있습니다. "모세가 눈의 아들 여호수아에게 안수하였으므로 그에게 지혜의 영이 충만하니 이스라엘 자손이 여호와께서 모세에게 명령하신 대로 여호수아의 말을 순종하였더라"(신 34 : 9).

마이어(F. B. Meyer)는 여호수아가 지도자로서의 자질을 준비하던 이 기간에 대하여 다음과 같이 말하였습니다.

"그의 경우, 항상 그러하듯이 영원한 법칙이 적용되었으니, 곧 작은 일에 신실함이 많은 일을 다스리는 조건이다."[2]

특별한 부르심

그리스도인의 강력한 리더십(leadership)을 발휘하는데 필요한 두 번째 요소는 "소명"(call)입니다. 우리 모두 일반적으로 하나님을 섬기기 위하여 부르심을 받았다는 것은 대단히 중요합니다. 우리는 예수 그리스도의 제자가 되어야만 하며 선한 일을 해야 합니다(눅 9 : 23, 엡 2 : 10). 그러나 내가 언급하고자 하는 것은 이것을 초월한 것입니다. 그것은 특별한 일을 위한 소명, 곧 부르심입니다. 그것은 그 일을 수행할 수 있도록 지도자에게 힘을 제공합니다. 만일 그가 그러한 힘을 받지 않았다면 소유하고 있지 않기 때문입니다. 여호수아는 이 소명을 두 방면으로 받았습니다. 첫째, 민수기 27장에 기록된 바와 같이 모세에 의하여 임무를 부여 받은 것과 둘째, 가나안 정복 직전 그에게 하나님께서 자세히 명령하심으로, 즉 하나님께서 "… 이제 너는 이 모든 백성과 더불어 일어나 이 요단을 건너 내가 그들 곧 이스라엘 자손에게 주는 그 땅으로 가라"고 말씀하셨기 때문이었습니다(수 1 : 2). 그리고 여호수아는 곧 선언하기를 "… 양식을 준비하라 사흘 안에 너희가 이 요단을 건너 너희의 하나님 여호와께서 너희에게 주사 차지하게 하시는 땅을 차지하기 위하여 들어갈 것임이니라 하라"(수 1 : 11)고 하였습니다.

이 부르심이 그에게 임했을 때, 여호수아는 앞에 어떤 일이 놓여 있는지 알았던 이스라엘의 유일한 두 사람 가운데 한 사람이었습니다. 여호수아와 갈렙은 38년 전 최초 열두 명의 정탐꾼들과 함께 가나안에 들어갔던 적이 있었습니다. 그래서 여호수아는 대적들의 세력을 알고 있었습니다. 그는 성벽으로 둘러싸인 성읍들을 보았습니다. 그는 거인들을 두려움으로 바라보았습니다. 인간적 관점으로 말하자면, 다수의 보고가 옳았습니다. 그 사람들은 난공불락이었습니다. 만일 하나님께서 이번 정복에 이스라엘 백성들과 함께 하지 않으신다면, 그들은 방향을 돌려야 하거나 완전히 궤멸 당해야만 했습니다.

그러나 여호수아는 인간적인 관점에서 그와 같은 것을 바라보지 않았습니다. 모든 것을 동일하게 지배하시는 하나님 없이 그는 군사력의 균형을 유지할 수 없었습니다. 그리고 하나님께서 그를 부르셨을 때, 그 땅을 정복할 수 있는 가능성 - 하나님과 함께 하면 모든 것이 가능하므로 이 가능성은 여호수아를 위하여 항상 존재했다 - 은 이제 확실해졌고, 그는 힘을 다하여 전진하였습니다. 하나님께서 부르셔서 임무를 맡기셨다는 것을 확신하는 사람을 대적할 자는 아무도 없습니다. 하나님께서 이미 승리를 주셨다는 것을 아는 사람처럼 용감한 자도 없습니다.

하나님의 특별한 부르심은 다른 방법으로 임했습니다. 그 부르심이 아직 임하지 않았을 때, 그것을 기다리거나 추구하는 것은 대단히 중요합니다. 많은 사람들이 성경을 공부하거나 읽고 있는 말씀을 생활에 실제로 적용할 때, 하나님의 특별한 부르심을 받게 되거나 다른 사람을 통하여 역사 하시는 하나님의 부르심을 받게 됩니다. 존 칼빈(John Calvin)은 그가 머물러 종교개혁을 돕지 않으면 하나님의 심판을 당할 것이라고 엄중히 경고하는 윌리엄 파렐(William Farel)에 의하여 제네바에서 이룬 위대한 일로 부르심을 받았습니다. 나는 아주 젊었을 때, 주관적인 방법으로 목회자로 부르심을 받았습니다. 내가 말한 것처럼 특별한 부르심은 각각 다른 방법으로 하나님의 백성에게 임합니다. 그러나 그것이 임할 때, 그 부르심은 리더십의 중요한 요소가 됩니다. 하나님께서 부르신 사람은 무엇보다 부르심 자체에 우선순위를 두어야만 합니다.

객관적인 계시

그리스도인의 강력한 리더십을 발휘하는데 필요한 세 번째 요소는 "객관적인 계시"(objective revelation)입니다. 성경은 사람이 여느 책을 소유하듯 소유하기 위함이 아닙니다. 장식용이나 참고용으로 선반 위에 놓아두기 위함도 아닙니다. 오히려 그것은 계시의 말씀을 공부하고, 말하고, 묵상하고, 순종함으로 소유하게 되는 내면적인 소유입니다. 우리가 앞에서 공부했던 것과 같이 성경을 알고 그 위에 세움으로 하나님을 성공적으로 섬길 수 있으며 그 외에 다른 것은 필요치 않습니다.

객관적인 기준은 하나님의 방향으로 주관적인 접근을 할 수 있도록 통제하는데 필요하다는 것을 인정하는 것이 중요합니다. 만일 우리가 특별한 일로 부르심을 받는다면 그 부르심의 방법은 필연적으로 주관적이 될 것입니다. 성경은 여러분에게 직업 소명과 관련하여 해야 할 일을 말해 주지 않습니다. 만일 하나님께서 여러분을 외교관이 되라고 부르셨다면, 여러분은 성경이 "존 스미스여, 나는 네가 국무부에서 일하기를 원한다!" 라고 말하는 것을 발견할 수 없을 것입니다. 하나님께서 이와 같은 책임으로 부르셨거나, 혹은 부르신다면 그것은 개인적인 소명감을 통하거나, 다른 사람들(아마도 교회나 신앙 공동체)을 통하거나 환경을 주관적으로 부르실 것입니다.

만일 그것이 이와 같은 경우라면 단순히 주관적인 방황에서 어떻게 구제될 수 있습니까? 환경 속에서 갈등을 일으키는 모든 소용돌이에 대한 주관적인 응답으로부터 어떻게 보호를 받을 수가 있습니까? 성경을 앎으로 그 대답은 여러분의 마음속에 놓여 있는 것입니다. 성경의 여러 범주들은 여러분의 사고의 틀을 구성하고 예수님이 현대에 사셨더라면, 그렇게 하셔야 하는 것처럼 여러분은 환경과 다른 사람의 충고를 평가하기 시작할 것입니다.

하나님의 특별한 인도는 99%가 성경을 통하여 임하고, 겨우 1%만이 주관적인 것을 통하여 온다고 할 수 있습니다. 그러나 그 주관적인 인도조차 성경으로 평가되고 교정되어야만 합니다. 우리는 여호수아서 1장에서 그 예를 볼 수가 있습니다.

하나님께서는 이스라엘 백성이 약속의 땅을 소유할 때가 이르렀다고 여호수아에게 말씀하셨습니다. 그것은 여호수아에게 특별한 계획의 어떤 번호를 제시한 것입니다. 그 계획은 여호수아가 백성의 지도자로서 부르심을 받은 데 기초하고 있습니다. 그러나 비록 그 부르심은 실제의 부르심이었으며 지도자로서 여호수아가 거둔 성공의 한 부분이었다고 하더라도 여호수아는 기록된 계시에 의하여 그의 계획을 구성했습니다.

민수기 32장과 신명기 3 : 18-20절에 그것은 르우벤과 갓 두 지파와 므낫세 반 지파가 요단 동편의 땅을 받았다고 기록되었습니다. 그러나 요단 서편에 있는 약속의 땅을 모두 차지할 때까지 다른 족속들과 함께 싸워야 했습니다. 여호수아는 이 기록을 기억하고 있었으며 그러므로 처음부터 이들 지파에게 이것을 명령했습니다 (수 1 : 13-15 참조).

하나님을 믿는 신앙

그리스도인의 효과적인 리더십을 발휘할 수 있는 마지막 요소는 "하나님을 믿는 신앙"(faith in God)입니다. 이것은 여호수아가 살았던 시기와 마찬가지로 오늘날에도 반드시 필요합니다.

여호수아서 1장 서두에는 신약성경에서 인용하고 우리에게 적용한 구절이 있습니다. 그 구절은 이 점에 관한 것입니다. 5절에서 하나님께서 이 위대한 군사 지도자에게 "내가 너를 떠나지 아니하며 버리지 아니하리니" 라고 말씀하십니다(모세는 동일한 말을 신명기 31 : 6절에서 이스라엘에게 말했음).

이 본문은 히브리서 13 : 5절에 또한 인용되었습니다. '내가 결코 너희를 버리지 아니하고 너희를 떠나지 아니하리라' 저자는 계속하여 덧붙입니다. "그러므로 우리가 담대히 말하되 주는 나를 돕는 이시니 내가 무서워하지 아니하겠노라 사람이 내게 어찌하리요" (히 13 : 6).

이것이 바로 여호수아가 삶에서 체험한 바요, 자기 자신에게 수백 번이나 되뇌었던 말입니다. 하나님은 그와 함께 하셨습니다. 하나님은 그를 부르셨습니다. 그는 하나님을 신뢰하였습니다. 그러므로 여호수아는 하나님께서 그들의 편에 서 계시는 한 그들은 패하지 않으리라는 것을 알고 백성들을 전쟁터로 인도할 수가 있었습니다.

그를 따르는 것이, 곧 하나님을 따르는 것이므로 백성들은 그와 같은 지도자를 따랐습니다. 1장의 마지막을 다음의 말로 맺는 이유가 여기 있습니다.

"그들이 여호수아에게 대답하여 이르되 당신이 우리에게 명령하신 것은 우리가 다 행할 것이요 당신이 우리를 보내시는 곳에는 우리가 가리이다 우리는 범사에 모세에게 순종한 것 같이 당신에게 순종하려니와 오직 당신의 하나님 여호와께서 모세와 함께 계시던 것 같이 당신과 함께 계시기를 원하나이다 누구든지 당신의 명령을 거역하며 당신의 말씀을 순종하지 아니하는 자는 죽임을 당하리니 오직 강하고 담대하소서"(수 1 : 16-18)

이스라엘 백성은 모세를 "청종"하지 않았으며, 여호수아도 "청종"하지 않았습니다. 그러나 그것은 여호수아를 당황하게 하지 않았습니다. 그는 마지막까지 꿋꿋하고 신실하게 자기 임무를 수행했습니다.

●각주●

1. F. B. Meyer, *Joshua and the land of Promise* (Fort Washington, Pa. : Christian Literature Crusade, 1977), 19-21.

2. 앞의 책, 19.

3

라합 콘트라 문덤

여호수아 2 : 1-24

말하되 여호와께서 이 땅을 너희에게 주신 줄을 내가 아노라 우리가 너희를 심히 두려워하고 이 땅 주민들이 다 너희 앞에서 간담이 녹나니 이는 너희가 애굽에서 나올 때에 여호와께서 너희 앞에서 홍해 물을 마르게 하신 일과 너희가 요단 저쪽에 있는 아모리 사람의 두 왕 시혼과 옥에게 행한 일 곧 그들을 전멸시킨 일을 우리가 들었음이니라 우리가 듣자 곧 마음이 녹았고 너희로 말미암아 사람이 정신을 잃었나니 너희의 하나님 여호와는 위로는 하늘에서도 아래로는 땅에서도 하나님이시니라 그러므로 이제 청하노니 내가 너희를 선대하였은즉 너희도 내 아버지의 집을 선대하도록 여호와로 내게 맹세하고 내게 증표를 내라 그리고 나의 부모와 나의 남녀 형제와 그들에게 속한 모든 사람을 살려 주어 우리 목숨을 죽음에서 건져내라(여호수아 2 : 9-13)

아모리 족속의 기생 라합이 라틴어를 알았다면, 그것은 요단을 건너는 것이나 여리고 성을 파괴한 것만큼 위대한 기적일 것입니다. 라합이 살았던 시대보다 천년이 훨씬 지나서 로마가 점령할 때까지 팔레스타인 땅에는 라틴어가 알려지지 않았습니다. 만일 그녀가 라틴어를 알았다면 가나안 정복 당시 여리고에서 당했던 자신의 상황을 **라합 콘트라 문덤**(Rahab Contra Mundum)이라고 기술했을 것입니다. 즉, "세상에 맞섰던 라합"이라는 뜻입니다.

교회사를 연구하는 신학도들은 콘트라 문덤(Contra Mundum)이라는 말에 친숙할 것입니다. 이 말은 초대교회의 교부 아타나시우스가 A.D. 4세기경 자신의 처지를 설명하면서 사용한 말입니다. 아타나시오스는 A.D. 295년경 이집트의 알렉산드리아에서 태어나 A.D. 373년에 세상을 떠났습니다. 그는 편안하게 여생을 보내지 못했습니다. 이 시기에는 삼위일체 논쟁이 계속되었으며 대부분의 시간을 아타나시오스는 오늘날 우리가 정통 기독교라고 인정하는 교리를 수호한 유일한 수호자였습니다. 근본적으로 아타나시오스는 예수님의 신성을 옹호하였습니다. 즉, 우리의 구원은 완전한 하나님이신 예수님에게 의지함으로 이룰 수 있다고 하였습니다. 아타나시오스는 모든 사람으로부터 반대를 당했습니다. 황제들은 공공연하게 그를 이단으로 몰아서 다섯 번씩이나 유배를 보냈습니다. 교회도 그에게서 돌아서 버렸습니다. 수십 년 동안 실제로 아타나시오스는 모든 사람과 맞서야만 했습니다. 비록 값비싼 대가를 치루고 고통스럽기는 하였지만 그의 자세는 오직 참되신 하나님만을 위한 것이었으며, 하나님은 또한 그를 보존하시고, 결국에는 승리하게 하셨습니다.

이것이 바로 내가 라합과 가나안이라는 세상에 맞섰던 그녀의 입장에 대하여 생각하는 것입니다. 어떤 면에서 라합은 아타나시오스보다 더 위대합니다. 왜냐하면 라합은 예수 그리스도를 몰랐기 때문입니다. 그녀는 성경도 없었고, 설교자들이 하나님의 진리를 그녀에게 선포하지도 않았습니다. 그럼에도 라합은 하나님을 알았고, 어떤 대가를 치르더라도 하나님을 따르겠다고 결심하였습니다.

라합과 정탐꾼

라합의 이야기는 가나안 정복이라는 맥락 가운데 놓여있습니다. 그것은 몇 년 전 모세가 그 땅을 탐지해 오도록 열두 명의 정탐꾼들을 보냈던 것처럼, 두 명의 정탐꾼들을 여리고로 보내는 여호수아의 이야기와 함께 얽혀 있습니다. 여호수아가 두 명의 정탐꾼들을 보낸 것은 대단히 흥미롭습니다. 38년 전, 모세가 열두 명의 정탐꾼들을 보냈을 때에 단지 두 명의 정탐꾼들만 하나님께서 그 땅을 그들에게 주실 것이라는 신실한 보고를 가지고 돌아왔습니다. "여호수아"가 그 중의 한 사람이요, 또 한 명은 그의 친구 "갈렙"이었습니다.

이 경우 여호수아는 앞에서 당했던 것과 같은 민족적인 재난을 반복하고 싶지 않았습니다. 아마도 상징적이기는 하지만, 그래서 그는 조심스럽게 두 사람을 선택하였으며 또한 불신앙으로 가득찬 보고보다는 신앙적인 보고를 기대하였을 것입니다. 더욱이 그는 이것을 행동으로 옮기면서 하나님의 지시를 받았으리라고 나는 생각합니다. 본문은 직접적으로 그와 같이 말하지는 않습니다. 어떤 사람들은 여호수아가 말로는 하나님만 의지하고 전진하자고 하면서 정탐꾼들을 보내는 실수를 저질렀다고 생각합니다. 그러나 하나님은 어떤 결과가 나오든지 간에 열두 명의 정탐꾼들을 보내라고 모세에게 말씀하셨습니다(민 13 : 1-2). 이와 같이 하나님은 동일하게 여호수아에게도 말씀하셨다고 생각하는 것이 합당합니다. 정탐꾼들은 여리고로 가서 며칠 후에 행하게 될 공격을 준비하기 위하여 성을 탐지하였습니다.

만일 정탐꾼들이 하나님의 명령에 대하여 순종함으로 보내졌다면, 우리는 모든 이유를 다 믿어야만 합니다. 그리고 그것은 단순히 정보만 수집하여 돌아가는 것이 아니라 라합을 구원하고자 함이었다고 생각하는 것이 옳은 것입니다. 여호수아는 여리고에 대한 정보가 필요하지 않았습니다. 필요한 것은 여리고를 점령할 때, 라합과 그녀의 가족을 구하기 위한 사전 계획이었습니다.

이 상황은 요한복음 4 : 4절과 유사합니다. 예수님께서는 "사마리아로 통행하여야 하겠는지라"고 말씀합니다. 사마리아를 통과하는 길이 갈릴리에 이르는 유일한 도로라는 뜻이 아닙니다. 보통 유대인들은 다른 길을 이용하였습니다. 그러므로 이것은 그 성에 하나님의 택하신 자녀 가운데 한 사람이 살고 있다는 말입니다. 그리고 예수님께서는 하나님의 택함을 받은 자녀 가운데 한 사람이 멸망당하는 것을 원치 않으심을 가르쳐 주는 것입니다. 예수님께서는 사마리아 여인을 구원하시기 위하여 사마리아 성으로 들어가셨습니다. 동일한 방법으로 두 정탐꾼들은 라합을 구원하기 위하여 여리고로 보내졌습니다. 하나님의 관점으로 본다면, 이것이 바로 그 이유였습니다. 하나님은 라합(Rahab)의 마음속에 역사 하셔서 그녀를 믿음으로 인도하셨습니다. 이제 하나님은 그분의 사자를 보내서 그녀의 믿음을 확인하게 하시고, 실제로 구원하게 하십니다. 이 위대한 여호수아서에서 여호수아가 아닌 최초의 인물이 바로 이 여인이며, 첫 번째 이야기가 그녀의 이야기라는 점은 대단히 흥미로운 것입니다.

넘치는 은혜

달리 말하자면 여호수아서의 첫 번째 이야기는, 하나님의 진노가 아니라 하나님의 자비를 말하는 것입니다. 여호수아서는 가혹한 정복을 기록한 책이며, 이 정복의 파괴적인 본질에 대한 전제는 "아모리 족속의 죄악"이 관영하였다는 것입니다(창 15 : 16 참조). 즉, 이 백성에 대한 심판이 무르익었다는 말입니다. 여호수아서 전체를 통하여 우리는 그 땅을 차지하고 있는 열국들을 쳐부수라고 이스라엘 백성에게 명령하시는 하나님과 그분의 심판을 보게 됩니다. 이 심판은 대홍수 때 노아와 그의 가족을 제외하고 땅 위의 모든 사람이 멸망하는 것과 가장 밀접하게 병행을 이루고 있습니다. 이렇게 가혹하고 철저한 심판의 책에서 최초의 이야기는 여리고의 기생을 구원하시는 이야기이며, 이것은 "위대한 자비의 이야기" 입니다. 왜냐하면 인간적으로 말하자면, 라합이 자기 자신을 위하여 한 일이 아무것도 없기 때문입니다. 오히려 라합의 부채를 나열해 보는 것이 더 충격적일 것입니다.

첫째, 그녀는 이방인이었습니다. 이스라엘 백성의 오랜 역사를 통하여 하나님께서는 특정한 대표적 이방인에게 복음을 전하게 하시고 구원하신 것도 사실입니다. 우리는 모압 여인 룻과 수리아 사람 나아만을 생각하게 합니다. 후일 예수님께서는 "… 구원이 유대인에게서 남이니라"(요 4 : 22)고 말씀하셨습니다. 그리고 참 종교가 관계되는 한 유대교를 무시할 수 없습니다. 바울은 수사학적으로 질문합니다. "그런즉 유대인의 나음이 무엇이뇨?" 그리고 그는 "범사에 많으니 첫째는 저희가 하나님의 말씀을 맡았음이니라"(롬 3 : 1-2)고 대답합니다. "… 저희에게는 양자됨과 영광과 언약들과 율법을 세우신 것과 예배와 약속들이 있고 조상들도 저희 것이요 육신으로 하면 그리스도가 저희에게서 나셨으니…"(롬 9 : 4-5). 가나안을 정복할 때, 이스라엘 백성들이 이러한 유익을 모두 소유하지는 못했습니다. 이것이 핵심인데, 그들 중 대부분을 소유했던 것은 다름이 아니라 이스라엘이라는 것입니다. 라합은 이 가운데 아무것도 소유하지 못했습니다. 그녀는 이방인이었으며, 그러므로 바울이 후일 에베소의 성도들에게 말했던 것처럼 "그때에 너희는 그리스도 밖에 있었고 이스라엘 나라 밖의 사람이라 약속의 언약들에 대하여 외인이요 세상에서 소망이 없고 하나님도 없는 자 이더니"(엡 2 : 12)였습니다.

둘째, 그녀는 아모리 족속이었습니다. 아모리 족속은 이 당시 가나안을 차지하고 있던 많은 민족 가운데 하나였습니다. 그 가나안 족속들은 "겐 족속과 그니스 족속과 갓몬 족속과 헷 족속과 브리스 족속과 르바 족속과 아모리 족속과 가나안 족속과 기르가스 족속과 여부스 족속"(창 15 : 19-21, 민 13 : 29)이었습니다. 그러나 그들의 악함으로 인하여 멸망을 당했던 많은 족속 가운데 아모리 족속은 그들의 특별한 죄악 때문에 심판을 받게 되었습니다. 그들은 부패하였고, 몹시 고약하여 그들의 부패한 종교적 관행을 따라 어린아이들을 제물로 드리기까지 하였습니다.

셋째, 그녀는 기생이었습니다. 여기 저기서 라합이 기생이었다는 점을 변명하려고 시도하였습니다. 어떤 사람들은 그녀가 정탐꾼들이 도착하기 전에 이미 하나님을 믿었다거나, 또는 이전의 죄악된 생활을 청산했다고들 합니다. 그들은 정탐꾼들이 부도덕한 여인의 집에는 갈 수 없었다고도 합니다. 심지어 아더 핑크(Arthur W. Pink)조차 잠언 31장의 현숙한 여인이 양털과 삼을 구하여 부지런히 손으로 일한다는 구절을 인용하여 그녀의 집 지붕 위에 삼대가 있었으므로 도덕적인 직업에 종사하였다(수 2 : 6)고 주장합니다.[1]

자, 라합은 두 정탐꾼들이 도착하기 전에 충분히 회심했을 수도 있습니다. 나는 그녀의 말이 그것을 암시한다고 생각합니다. 그러나 그럼에도 불구하고 그녀는 기생의 신분이었으며, 그렇기 때문에 정탐꾼들이 그녀에게로 갔음은 의심할 여지가 없습니다. 그들이 부도덕한 목적을 위하여 그녀에게 갔다는 뜻이 아닙니다. 이들 두 낯선 사람들이 당황스러운 질문을 피할 수 있는 곳으로 간다면 그 곳이 어느 곳입니까? 그들이 그 곳에 간 것은 비범한 능력이었습니다. 더욱이 왕은 정탐꾼들이 라합에게 갔다는 소식을 듣고 그들을 체포하기 위하여 사람을 보냈을 때, 왕은 사람들이 라합의 집을 드나드는 것은 정상이며 들어올 때처럼 황급하게 사라졌다는 말도 그대로 받아들였습니다. 그렇습니다. 사마리아 여자가 성적으로 부도덕했던 것과 같이 그녀도 기생이었다는 것을 의심할 필요가 없습니다. 그것은 이와 같은 사람을 구원하시려는 하나님의 위대하고 불가해한 은혜를 나타내는 또 다른 하나의 경우에 불과합니다. 프란시스 쉐퍼(Francis Schaeffer)는 하나님께서 이러한 사람을 구원하는 것이 "합당한가?" 라고 질문하면서, "그것은 정말 합당하다!" 라고 대답합니다.[2] 라합은 우리보다 더 악하지 않았습니다. 그러나 하나님은 우리도 구원하셨습니다. 그리스도께서 구속하시는 것은 의인이 아니라 죄인입니다.

믿음은 들음에서 난다

이방인, 아모리 족속, 기생, 이와 같은 부채의 명세서에도 불구하고 이 이방 여인은 자기 자신을 위하여 한 가지 위대한 것을 소유하고 있었습니다. 그녀는 이스라엘의 하나님에 대하여 듣고 있었습니다. 그 결과, 그녀는 참되신 하나님을 믿게 되었습니다. 왜냐하면 "믿음은 들음에서 나기"(롬 10 : 17) 때문입니다.

이것은 바로 라합이 신앙을 고백하는 말입니다.

"또 그들이 눕기 전에 라합이 지붕에 올라가서 그들에게 이르러 말하되 여호와께서 이 땅을 너희에게 주신 줄을 내가 아노라 우리가 너희를 심히 두려워하고 이 땅 주민들이 다 너희 앞에서 간담이 녹나니 이는 너희가 애굽에서 나올 때에 여호와께서 너희 앞에서 홍해 물을 마르게 하신 일과 **너희**가 요단 저쪽에 있는 아모리 사람의 두 왕 시혼과 옥에게 행한 일 곧 그들을 전멸시킨 일을 우리가 들었음이니라 우리가 듣자 곧 마음이 녹았고 **너희**로 말미암아 사람이 정신을 잃었나니 **너희의 하나님 여호와는** 위로는 하늘에서도 아래로는 땅에서도 하나님이시니라"(수 2 : 8-11)

의심의 여지가 없이 이스라엘의 역사와 신앙에는 라합이 모르는 것이 많았습니다. 그녀는 다만 이스라엘 백성을 애굽에서 구원하신 하나님의 행동과 요단 동편의 두 아모리 족속의 나라를 쳐서 승리하게 하신 것을 들었습니다. 그것만으로도 충분합니다! 그녀는 양자 삼음, 언약, 율법, 예배, 약속들을 소유하지는 못했습니다. 그럼에도 불구하고 그녀는 귀가 있었고, 하나님이 하신 일을 들었고, 그 결과 하나님을 믿었습니다.

"라합이 누구로부터 이스라엘 하나님의 이야기를 들었습니까?" 라고 묻는다면, 여기서 나에게 흥미로운 생각이 떠오르게 됩니다. 그 대답은 그녀가 살고 있는 곳을 자주 방문했던 사람들일 것입니다. 그녀의 집은 먼 곳이나 가까운 곳에 살고 있는 사람들이 그들의 지역에서 일어나는 외국의 진기한 이야기들을 말하는 곳이었습니다.

그들 중 한 사람이 "애굽에서 무슨 일이 일어났는지 들었어?" 라고 묻습니다. 그는 하나님께서 어떻게 애굽 사람들에게 재앙을 보냈으며 나일 강이 피로 변한 재앙이나 개구리와 파리가 그 땅에 들끓게 된 재앙이나 짐승 떼를 죽이고 해가 빛을 잃어버린 재앙에 대하여 말하였을 것입니다. 그리고 마지막으로 하나님께서 장자를 죽이신 일도 말했을 것입니다.

또 다른 사람이 계속해서 "홍해에서 무슨 일이 일어났는지 들었어?" 라고 말합니다. "이스라엘의 하나님이 물을 가르시고 사람들이 마른땅을 건너게 하셨어. 그리고 다시 물을 합쳐지게 해서 그들의 뒤를 따르던 애굽 군인들을 물에 빠져 죽게 하셨지!"

세 번째 손님은 "이 사람들이 아직 우리 주위에 있어!" 라고 말합니다. "얼마 전에 그들은 요단강 동쪽의 두 아모리 왕 시혼과 옥을 격퇴시키고 모두 죽였대!"

성경은 라합이 기생 노릇한 것을 변명하지는 않지만, 그녀가 기생이었기 때문에 이와 같은 소식을 먼저 들을 수 있었다는 것은 흥미롭습니다.

앞서 라합이 이스라엘의 하나님에 대하여 들었다고 말했습니다. 그러나 한 가지 놀라운 것은 하나님에 대한 이야기를 귀로 들었을 뿐만 아니라 마음으로도 들었음을 덧붙여야 하겠습니다. 기생 노릇을 하는 부도덕한 이방 여인이 이스라엘의 참 하나님에 대하여 들었으며, 그녀가 들었던 하나님을 참 하나님이라고 믿었습니다. 그것이 일어날 수 있으며, 일어나는 한, 우리는 어떤 사람에 대하여도 결코 절망할 수 없고, 우리 자신에 대해서도 절망할 필요가 없습니다.

믿음으로 라합은…

라합이 귀로만 아니라 마음으로도 들었다고 말할 때, 그녀는 하나님을 믿었습니다. 혹은 "믿음을 가졌다." 라고 말할 수가 있습니다. 신약성경은 이 점을 찬양하고 있습니다. 신약성경에서 라합을 두 번씩이나 믿음의 모델로 들고 있다는 것을 여러분은 아십니까? 첫 번째, 믿음의 영웅과 여걸의 목록이 기록되어 있는 히브리서 11 : 31절에서 볼 수 있습니다.

"믿음으로 기생 라합은 정탐꾼을 평안히 영접하였으므로 순종치 아니한 자와 함께 멸망치 아니하였도다" 라고 합니다. 그리고 두 번째, 야고보서에서는 "또 이와 같이 기생 라합이 사자를 접대하여 다른 길로 나가게 할 때에 행함으로 의롭다하심을 받은 것이 아니냐"(약 2 : 25) 라고 합니다. 여기에 참 신앙이 있습니다. 왜냐하면 그것은 행함의 신앙이기 때문입니다.

우리는 이 여인이 행한 것에 놀라워해야만 합니다. 하나님의 대표였던 정탐꾼들을 환영하고 숨겨줌으로써 하나님을 믿는 그녀의 신앙을 나타내 보여준 것이 사실입니다. 이것이 히브리서와 야고보서의 본문이 말하고 있는 것입니다. 그러나 라합은 이보다 더한 것을 실제로 행했습니다.

첫째, 라합은 생명을 걸었습니다. 그녀는 생명의 위험을 무릅쓰고 정탐꾼들을 위하여 가족의 생명을 걸었습니다. 여리고는 좋은 곳은 아니었습니다. 그곳은 실제로 군사 기지였으며 속임수가 발각되면 그녀의 목숨은 동전 한 닢의 가치조차 없었습니다. 만일 왕의 전령들이 정탐꾼들은 해가 지기 전에 떠났다는 말을 믿지 않고 그녀의 집에 들이닥쳐 지붕 위에서 그 사람들을 발견하였다면, 그녀는 즉시 왕 앞으로 끌려가서 아마 죽임을 당하기 전에 무서운 고문을 당했을 것입니다. 그녀의 가족도 붙잡혀 가서 그녀와 함께 죽임을 당했을 것입니다. 라합은 그녀가 짊어져야 할 극한의 위험을 알아야만 했습니다. 그럼에도 그녀는 영적인 발견과 새로운 삶을 위하여 모든 위험을 감수하였습니다.

둘째, 라합은 그녀의 과거와 민족을 거부하였습니다. 이것은 군사적인 상황이었습니다. 성읍 안의 다른 사람들처럼 이스라엘 백성이 공격하면 숨을 곳이 없다는 것을 잘 알고 있었습니다. 만일 이스라엘 백성이 성공적으로 성읍을 점령하게 되면, 가나안 주민이 기회를 잡고 이스라엘 백성을 죽이듯 그들도 죽임을 당하게 될 것입니다. 라합은 여리고의 거민이었습니다. 인간적으로 말하자면, 그녀는 그녀 자신의 성읍과 백성에게 충성스러워야 했습니다. 그럼에도 그녀는 이스라엘의 하나님을 믿는 그녀 자신의 새로운 신앙 때문에 그녀의 과거를 거부하였습니다.

셋째, 라합은 이스라엘 백성과 동일하게 생각하였습니다. 그녀는 이스라엘 사람은 아니었습니다. 그러나 그녀는 이스라엘의 하나님을 믿었으므로 그녀는 본능적으로 자신이 설 자리는 자기 동족이 아니라 이 새로운 백성들과 함께 해야 한다고 이해하였습니다. 다른 말로 바꾸어 말하자면, 어두움의 왕국을 벗어나 빛의 왕국으로 들어가듯 그녀 또한 여리고의 자연적인 시민에서부터 하나님의 영적인 시민이 되었다는 것입니다. 사실상 모든 이스라엘 백성이 그녀처럼 순수하게 믿지 않았습니다. 영적으로 말하자면, 실제로 그녀는 그녀의 새로운 동료 시민들보다 더 이스라엘 사람답게 되었습니다.

하나님께서는 그녀의 새로운 충성을 받아주셨습니다. 자비하심을 통하여 하나님께서 택하신 나라의 보호 아래서 그녀를 받아주시고 이스라엘 백성 가운데서

"… 회중을 위하며 여호와의 제단을 위하여 나무를 패며 물을 긷는 자들…"(수 9 : 27)로 허락을 받았던 기브온 족속처럼 저지대 평야에서 하나님의 백성 가운데 거처하도록 허락을 하셨다는 점을 상상해 보십시오. 그것만이 아니었습니다. 그녀가 비록 이방인이요, 아모리 족속이요, 기생이지만, 그녀는 즉시 은혜 받은 나라의 완전한 백성으로 받아들여졌습니다. 그녀는 이스라엘 백성과 결혼하였고, 예수 그리스도의 조상이 되었습니다. 그녀는 살몬이라는 유다 지파의 남자와 결혼하였습니다. 그들의 아들은 보아스요, 그는 모압 여인 룻과 결혼하였고, 그들의 아들은 오벳이요, 그는 다윗 왕의 아버지인 이새의 아버지였습니다(마 1 : 5-6 참조). 이것은 매우 놀랍지 않습니까? 라합은 이등 구원을 받은 것이 아니었습니다. 처음부터 그녀는 "완전한 구원"을 받았습니다. 그녀의 위치는 이스라엘의 어떤 백성과도 동일하였으며, 이것을 입증하는 것이 바로 유다 지파의 고상한 족보이고, 우리 예수님의 조상이 되었다는 것입니다.

붉은 줄

라합의 체험은 오늘날도 예수 그리스도를 믿는 믿음을 통하여 하나님께 나아오는 모든 사람의 체험과 병행을 이루는 것입니다. 라합이 정탐꾼들을 도와준 다음에 그들은 성읍이 점령될 때, 그녀와 그녀의 가족의 생명을 구해주기로 동의하고 "그 사람들이 그에게 이르되 네가 우리에게 서약하게 한 이 맹세에 대하여 우리가 허물이 없게 하리니 우리가 이 땅에 들어올 때에 우리를 달아 내린 창문에 이 붉은 줄을 매고 네 부모와 형제와 네 아버지의 가족을 다 네 집에 모으라"(수 2 : 17-18)고 말했습니다. 라합도 동의하고 붉은 줄을 그녀의 창문에 매었습니다. 로마의 클레멘트나 좀 더 그 이전으로 거슬러 올라가면 붉은 줄은 예수 그리스도의 보혈을 대표한다는 전통이 있었고, 성경 교사들은 아벨의 제사로부터 갈보리에 이르기까지 성경 전체를 통하여 이어지는 "붉은 줄"이 있다고 말했습니다.

죽음의 천사가 이스라엘 백성의 가정을 넘어 다닐 때, 애굽에 있는 이스라엘 가

정의 문설주와 인방에 뿌려졌던 양의 피와 라합의 집을 표시하였던 붉은 줄 사이에는 분명히 병행적인 사실이 있다고 하더라도 라합의 집의 붉은 줄이 예수 그리스도의 보혈을 대표하는 지는 확실하지 않습니다. 그러나 그것이 명백하게 의도되었든지 아니든지 간에 구원의 방법은 항상 동일하며, 하나님이 구원하시는 사람들의 체험은 병행적이라는 것을 나는 압니다.

만일 우리가 그녀의 이야기를 진실하게 이해하면, 우리가 곧 라합입니다. 결국 우리는 하나님의 가족의 일원이요, 인류 역사에서 하나님이 구원을 시행하는 범위 안에 있다는 것입니다. 보다 더 나쁜 것은 우리 각자가 비난을 받아야 할 범죄를 지니고 있으며, 이 부패하고 타락한 사회의 일원이라는 것입니다. 그러나 하나님께서는 그분의 위대한 구원을 행하셨고, 그분의 보내신 사자와 대언자들과 접하게 하셨습니다. 그분은 우리에게 믿음을 요청하셨습니다. 그 믿음은 그분의 은혜로 말미암아 우리 또한 우리 자신의 백성들을 거부하고 하나님의 백성과 동일하게 여기라는 부르심을 받았습니다. 그 표적으로 붉은 줄처럼 예수 그리스도의 보혈이 우리 가정과 삶에 뿌려졌습니다.

지금은 어떻습니까? 지금 우리는 우리가 믿음으로 헌신한 순간과 우리의 완전한 구원의 때가 될 최후 심판의 순간 사이에서 외국 땅에 살고 있습니다. 이 중대한 중간 시기에 우리도 라합처럼 하나님만을 위하여 일어서야 합니다. "세상에 맞서라!" (Contra mundum) 우리는 우리를 둘러싸고 있는 무신론의 문화와 세상의 조류에 항거하는 하나님의 백성이 되어야만 합니다.

여러분이 만일 이렇게 하지 않는다면? 여러분의 국가와 민족도 여리고의 거민과 동일하게 되고 말 것입니다. 여러분의 위대한 세속 도시를 둘러싸고 있는 성벽을 바라보고, 그리고 자기 자신에게 이렇게 말하고 있습니다. '정녕 나는 이곳에서 안전하다. 성벽은 튼튼하다. 이 도시는 수천 년간 끄떡없이 견뎌왔다.' 그러나 내면은, 여러분의 마음이 두려움으로 실패하고 있습니다. 여러분은 특별히 언급된 어떤 날, 심판이 다가오고 있음을 알고 있습니다. 어찌하여 여러분은 라합처럼 되기를 거절합니까? 그녀는 여호와 하나님의 전능하신 역사에 대한 말만 들었습니다. 그것은 선택적이었고 제한적이었습니다. 여러분은 "율법과 복음"을 소유하고 있습니다. 율법은 여러분의 죄를 정죄하고, 복음은 예수 그리스도의 죽으심과 흘리신 보혈을 통하여 여러분의 죄에 대한 해결책을 제시합니다.

　어찌하여 여러분은 하나님의 의로우신 진노와 저주 아래 살아가려고 하십니까? 어찌하여 여러분은 자신의 죄악된 과거에서 돌이켜 예수 그리스도를 믿고, 하나님의 백성과 한 자리에 서려고 하지 않습니까?

● 각주 ●

1. Arthur W. Pink, *Gleanings in Joshua* (Chicago : Moody Press, 1964), 64.

2. Francis A. Schaeffer, *Joshua and the flow of Biblical History* (Downers Grove, I11 : Inter-Varsity Press, 1975), 81.

4

여행은 끝나고 요단 강을 건너다

여호수아 3 : 1-5 : 12

… 궤를 멘 자들이 요단에 이르며 궤를 멘 제사장들의 발이 물 가에 잠기자 곧
위에서부터 흘러내리던 물이 그쳐서 사르단에 가까운 매우 멀리 있는 아담 성
읍 변두리에 일어나 한 곳에 쌓이고 아라바의 바다 염해로 향하여 흘러가는 물
은 온전히 끊어지매 백성이 여리고 앞으로 바로 건널 새 여호와의 언약궤를 멘
제사장들은 요단 가운데 마른 땅에 굳게 섰고 그 모든 백성이 요단을 건너기를
마칠 때까지 모든 이스라엘은 그 마른 땅으로 건너갔더라(여호수아 3 : 15-17)

여러분은 여러분의 인생길, 특히 여러분
의 어린 시절을 돌이켜 생각할 수 있을 것입니다. 내가 확신하건대 여러분은 대단
히 오랫동안 기다려왔던 날이 다가왔을 때의 흥분을 기억할 수 있을 것입니다. 아
마도 그것은 생일날 이었을 수도 있습니다. 크리스마스나 여러분과 여러분의 가족
이 휴가를 떠났던 날일 수도 있고, 첫 아기가 태어났던 날일 수도 있습니다. 여러 주

간, 여러 달 동안 여러분은 기다려왔으며 그날을 고대하였습니다. 그런데 그 날이 갑자기 다가왔습니다.

그것은 이스라엘 백성이 광야를 떠나 요단 강을 건너 마침내 가나안으로 들어가는 날이었습니다. 그들은 아주 오랫동안 이날을 기다려왔습니다. 대부분의 사람들은 광야에서 태어난 새로운 세대였습니다.

이들은 몇 해 앞서 가나안을 정복할 수 있도록 하나님을 의지하기를 거절하였던 사람들을 대신하게 되었습니다. 여호수아와 갈렙(Caleb)도 오랫동안 기다렸습니다. 이 사람들은 80세가 되었고, 그들의 생애 대부분을 가나안 정복을 기다리는데 소비했습니다.

이것은 이 순간을 기다려 온 이스라엘 백성의 기대를 지치게 하지 않았습니다. 오백여 년 전, 하나님께서는 아브라함에게 가나안 정복을 약속하셨습니다(창 15 : 18-21). 그 약속은 수 세기 동안 족장들에게 반복되었습니다. 합당하게 생각하자면 오백년 동안 열렬하게 기다려왔고, 이제 그 순간이 다가온 것입니다. 여호수아는 백성들에게 "… 너희는 자신을 성결하게 하라 여호와께서 내일 너희 가운데에 기이한 일들을 행하시리라"(수 3 : 5)고 말했습니다.

전체 이야기

우리의 성경에서 요단 강을 건너가는 이야기는 여호수아 3-5장의 세 장에 걸쳐 기록되어 있습니다. 그러나 그것은 실제로 하나의 이야기이며, 이 세 장은 이야기의 충분한 효과를 위하여 함께 묶어야만 합니다.

우리는 여러 방면에서 이들 세 장의 통일성을 볼 수 있습니다. 3장에서 하나님은 여호수아에게 "… 내가 오늘부터 시작하여 너를 온 이스라엘의 목전에서 크게 하여 내가 모세와 함께 있었던 것 같이 너와 함께 있는 것을 그들이 알게 하리라"(7절)고 말씀하십니다. 여호수아 4장에서 그 주제는 반복됩니다. "그 날에 여호와께서 모든 이스라엘의 목전에서 여호수아를 크게 하시매 그가 생존한 날 동안에 백성이 그를 두려워하기를 모세를 두려워하던 것 같이 하였더라"(14절). 이와 유사하게 3장에서 여호수아는 이스라엘 백성에게 "이제 이스라엘 지파 중에서 각 지파에 한 사람씩 열두 명을 택하라"(12절)고 말합니다. 우리는 그들을 택한 이유에 대하여 듣지 못합니다. 그러나 다음 장에서 그 명령은 반복되고 설명되었습니다.

"백성의 각 지파에 한 사람씩 열두 사람을 택하고 그들에게 명령하여 이르기를 요단 가운데 제사장들의 발이 굳게 선 그 곳에서 돌 열둘을 택하여 그것을 가져다가 오늘밤 너희가 유숙할 그 곳에 두게 하라 하시니라"(수 4 : 2-3).

열두 사람이 취한 돌들은 기념물이 되어야 했습니다. 세 장 모두 언약에 대한 강조로 연결되어 있습니다.

이들 세 장에서 밀접하게 관계가 되는 세 가지 사건이 있습니다. 첫 번째는 요단 강을 건너갔고, 두 번째는 건넌 곳에 기념비를 세웠고, 세 번째는 요단 강을 건넌 후에 가나안 정복을 시작하기 전, 길갈에서 언약을 갱신하고 언약의 표징을 발표하게 하였습니다.

언약궤

요단 강을 건너는 사건은, 모세의 인도 아래 애굽을 떠나 나올 때에 홍해를 건너는 사건과 정확하게 병행구를 이루고 있습니다. 강을 건너는 방법과 별개로 이 사건에서 가장 중요한 것은 언약궤가 눈에 띄게 두드러진다는 점입니다. 언약궤는 3장에서 아홉 번, 4장에서 일곱 번이나 언급되고 있으며, 대명사를 사용하여 네 번이나 더 간접적으로 언급되어 눈에 띄게 두드러집니다.

언약궤에서 무엇이 그렇게도 중요합니까? 중요한 것은 그것이 이스라엘 백성 가운데 하나님의 임재를 상징하는 것이기 때문입니다.

성경에서 언약궤가 처음 언급된 곳은 언약궤를 만들라는 명령이 기록된 출애굽기 25장에서입니다. 여기서 말하는 언약궤는 그다지 크지 않음을 알 수 있습니다. 그것은 길이 114cm, 넓이와 높이 68cm의 상자였습니다. 안과 밖을 모두 금으로 쌌으며, 뚜껑은 순금으로 만들었고, 두 그룹(두 천사)은 뚜껑 양쪽 끝에서 서로 마주 보고 서 있게 하였습니다. 그룹들의 편 날개 사이에 상징적으로 하나님이 거하신다고 이해하였습니다. 언약궤를 운반할 때는 궤 양쪽에 부착된 고리에 막대기를 꿰어서 어깨 위에 메고 운반하였습니다. 언약궤가 제사장들에 의하여 움직이면, "… 모세가 말하되 여호와여 일어나사 주의 대적들을 흩으시고 주를 미워하는 자가 주 앞에서 도망하게 하소서 하였고 궤가 쉴 때에는 말하되 여호와여 이스라엘 종족들에게로 돌아오소서 하였더라"(민 10 : 35-36) 라고 하였습니다.

그러므로 이것이 첫 번째로 중요한 점입니다. 이스라엘 백성들이 약속의 땅(Promised Land) 정복을 시작하려고 요단 강을 건너기 시작할 때, 영적으로 성공했던 모든 경우에서와 같이 하나님께서 친히 앞서 가셨다는 점입니다. 하나님께서 앞서 갈 준비가 되셨을 때, 그들은 따르기를 거절하였습니다. 그리고 하나님께서 인도하지 않을 때, 그들은 전진을 시도하였습니다. 이 두 경우, 결과는 재앙이었습니다. 언제 어디서나 전진에 합당한 유일한 길은 하나님의 인도하심을 따르는 것입니다. 오직 하나님께서만 승리하게 하실 수가 있습니다.

요단 강으로 앞서 진행하는 언약궤의 중요성은 그 계획을 성공적으로 이끄시는 분이 하나님이시라는 것을 보여줄 뿐만 아니라 인도하시며 따라야 할 분은 동일한 하나님이시라는 것입니다. 여호수아를 인도하시는 하나님은 모세를 인도하시고 그를 통하여 역사하셨던 하나님과 동일한 분이십니다. 가나안을 정복하게 하시는 하나님은 출애굽의 하나님이시요, 아브라함의 시대와 창조에 이르기까지 거슬러 올라가서도 동일한 하나님이십니다. 하나님께서는 영원하시며, 하나님께서는 그분의 영원하심에서 항상 동일하시고 변함이 없으십니다.

언약궤는 이것을 상징하였습니다. 궤는 하나님의 주권, 능력, 통치를 상징하였습니다. 언약궤의 인도를 따라 요단강을 건너는 사건의 요점은, 앞서 이스라엘 백성이 모세의 인도 아래 홍해를 건널 때, 하나님께서 행사하셨던 능력에 있어서 동일하다는 점입니다. 두 개의 기적은 의도적으로 병행구를 이루고 있습니다. 하나님께서는 사십 년 전에 행하셨던 것보다 이 경우 덜 주권적이라는 것은 아닙니다.

언약궤는 하나님의 거룩하심을 상징하였습니다. 상자 안에는 시내 산에서 모세에게 주셨던 율법의 돌판이 있었습니다. 언약궤는 하나님의 도덕적 성품을 기록된 표현으로 저장해 놓은 저장고입니다. 그것은 하나님께서 거룩한 분이시며, 그분의 율법을 범하는 것은 그분의 성품에 대한 모독이요, 그분의 의로운 통치에 대항하는 반역임을 상기시켜 주었습니다.

언약궤는 또한 하나님의 공의를 상징하였습니다. 이것은 사실이지만 공의가 시행되는 것은 언약궤의 임재 앞에서만 아니었습니다(아론과 미리암이 모세의 권위에 도전하였을 때, 세 사람은 언약궤가 놓여 있는 회막 앞으로 부름을 받았고, 미리암은 거기서 판결을 받았음, 민 12 : 1-15). 그러므로 언약궤 전체는 하나님의 심판을 묘사하고 있습니다. 또한, 그 안에는 이스라엘 백성이 범했던 율법이 있었습니다. 무엇보다도 그룹의 날개 사이에 거룩하신 삼위의 하나님께서 임재 하셨습니다. 하나님께서 굽어살피실 때, 그분은 범한 율법을 보셨습니다. 그러므로 언약궤는 의롭게 행해야 할 온 세상에 재판장이 필요하다는 것을 항상 상기시켜 주었습니다. 죄에는 반드시 심판이 따라야만 합니다.

언약궤가 상징하는 것은 이것 뿐만이 아닙니다. 만일 그것이 모두 전부라면, 그것은 정말 무서운 묘사임에 틀림없습니다. 언약궤는 또한 하나님의 자비를 상징하였습니다. 언약궤의 덮개를 "시은소"(mercy seat)라고 불렀습니다. 왜냐하면 일 년에 한 차례 대속죄일(Day of Atonement)에 백성들의 죄를 위하여 피를 뿌렸습니다. 백성들의 죄는 제물로 드리는 짐승의 머리 위에서 고백되었고, 죽음에 해당하는 죄를 지닌 백성들이 있는 곳에서 그 짐승을 죽였습니다("죄의 삯은 사망이요 …" 롬 6 : 23). 그리고 그 피는 성막의 지성소로 가지고 들어가서 하나님의 거룩하신 임재와 백성이 범한 율법 사이에 있는 시은소에 뿌렸습니다.

이러한 방법으로 언약궤는 대속의 원리를 증거하였습니다. 이 점에 있어서 무죄한 희생물은 유죄한 자들을 위하여 죽어야만 했습니다. 그 윤리는 하나님께서 아담과 하와를 위하여 짐승을 죽이시고, 그 가죽으로 그들에게 옷 입히셨던 에덴 동산으로 거슬러 올라갈 수 있습니다. 그리고 그것은 갈보리 언덕에서 예수 그리스도의 죽으심으로 종료되었습니다.

그러므로 언약궤는 하나님의 변함없으신 성품을 가리키는 것입니다. 그것은 하나님이 그분의 주권, 거룩하심, 공의, 자비, 다른 속성에 있어서 항상 동일하심을 우리에게 교훈하는 것입니다.

우리가 잊지 않기 위하여

요단 강을 건너는 것과 연관된 두 번째 사건은 강에서 취한 돌로 기념비를 세운 것입니다. 본문은 이렇게 말하고 있습니다.

"여호수아가 이스라엘 자손 중에서 각 지파에 한 사람씩 준비한 그 열두 사람을 불러 그들에게 이르되 요단 가운데로 들어가 너희 하나님 여호와의 궤 앞으로 가서 이스라엘 자손들의 지파 수대로 각기 돌 한 개씩 가져다가 어깨에 메라 이것이 너희 중에 표징이 되리라 후일에 너희의 자손들이 물어 이르되 이 돌들은 무슨 뜻이냐 하거든 그들에게 이르기를 요단 물이 여호와의 언약궤 앞에서 끊어졌나니 곧 언약궤가 요단을 건널 때에 요단 물이 끊어졌으므로 이 돌들이 이스라엘 자손에게 영원히 기념이 되리라 하라 하니라"(수 4 : 4-7)

이 돌들을 취하여 세우는 설명을 주의 깊게 읽는 사람에게 스치는 기술적인 문제가 있습니다. 여호수아가 택한 열두 명은 요단 강 강바닥에서 열두 개의 돌을 취하여 강 서쪽 뚝에 기념으로 세워야 했습니다. 그것은 아무런 문제가 되지 않습니다. 문제는 여호수아 4 : 9절에 있습니다. 문자적으로 말해서 여호수아는 열두 개의 돌들을 언약궤를 운반하는 제사장들이 서 있었던 곳, 즉 요단 강 한가운데 세웠다고 합니다. 이것은 실제로 두 개의 기념물을 세웠음을 의미하는 것입니다. 하나는 요단 강 한 가운데서 돌들을 취하여 길갈에 있는 강 서쪽 둑에 세운 것이며, 또 다른 하나는 그 둑에서 돌들을 취하여 요단 강에 세운 것입니다. 이것은 옛 번역본들이 이 구절을 다루는 방법이며, 그 결과 대부분의 주석가(마이어, 레드파스, 쉐퍼, 우드스트라, 그외 다른 사람들)들은 두 개의 기념물이라고 합니다.

과연 두 개의 기념물이 있었습니까? 물론 그럴 수 있습니다. 내가 판단하건대 NIV성경이 올바로 번역했다고 봅니다. 그 말은 9절에서 "있었던"이라고 보아야 합니다(개역개정성경에서도 "세웠더니"로 번역되었으며, 이 말은 "제사장이 서 있는 곳에 있었던 돌"이라고 번역하는 것이 옳음-역주). 만일 "있었던"이라는 말로 번역하게 되면 문장은 제사장들이 서 있었던 곳에 있었던 돌 열두 개들을 세웠다는 말이 됩니다. 따라서 강 한 가운데 또 하나의 기념물을 세웠다는 것이 아닙니다. 달리 말하자면 다만 하나의 기념물만 있을 따름입니다.

나는 이것이 두 가지 이유에서 옳다고 봅니다.

첫째, 여호수아에게 주신 하나님의 명령과 그를 통하여 백성에게 주신 명령은 유일한 하나의 기념물입니다. 여호수아는 물론 자신만을 위하여 두 번째 기념물을 세우겠다고 결정할 수도 있었습니다. 그러나 이것은 그의 성품과 걸맞지 않으며, 또한 모든 일에 있어서 하나님께 순종하며 그분의 율법에서 돌이켜 좌로나 우로나 치우치지 말라는 하나님의 본래 명령과도 어울리지 않습니다. 여호수아가 하나님의 특별한 명령을 순종하고 거기 덧붙이지도 말라는 말씀과 어울려야만 했습니다.

둘째, 이야기를 전개함에 있어서 9절은 요단 강에서 취한 돌로 무엇을 했느냐를 설명하는 것이지 추가로 돌을 더 취해서 기념물을 세웠다는 것을 의미하는 것이 아닙니다. 이 연속적인 상황에서 먼저 열두 사람들은 요단 강에서 돌들을 취하여 내고 이스라엘 진에 가져다 놓았다고 말했습니다(8절). 그리고 여호수아 자신이 기념으로 그것들을 세웠다고 말했습니다(9절). 그리고 이 장 마지막에서 돌들이 다시 언급되었을 때, 요단 강에 세운 기념물에 대하여 아무런 언급이 없다는 것이 중요합니다. 여러 구절들은 여호수아가 길갈(Gilgal)에 세운 돌들에 대해서만 말하고 있습니다(20절).

물론 기념물이 하나였든 두 개였든 간에 그 행동의 요점은 동일한 것입니다. 백성은 기념물이 필요하였습니다. 왜냐하면 우리처럼 그들도 그들을 대신하여 역사하시는 하나님의 전능하신 행동과 선하심을 쉽게 잊을 수가 있기 때문입니다.

이야기는 이 기념물에 대하여 세 가지 특이한 이유를 제시하고 있습니다.

첫째, 가나안을 정복하기 위하여 그 땅에 들어간 세대는 기념물이 필요하였습니다. 왜냐하면 그들 앞에 놓여있는 길은 어렵고 그들이 낙심하기 쉬운 때가 많이 있기 때문입니다. 본문은 이 세대를 언급하면서 "… 각기 돌 한 개씩 가져다가 어깨에 메라 이것이 너희 중에 표징이 되리라 …"(수 4 : 5-6)고 말합니다. 정상적으로 볼 때, 길갈로 회정(回程)함에 있어서 길갈은 그들의 전술 기지였기 때문에 그들은 돌을 바라볼 수 없었으며, 그들과 함께 하시고 그들의 정복을 인도하시는 위대한 하나님의 능력과 신실함을 회상하게 하였습니다.

둘째, 오는 세대도 그들의 부모가 준 신앙과 교훈을 쉽사리 잊을 수가 있으므로 이 기념물이 필요합니다. 4장 처음과 마지막에서 이 이유가 강조되었습니다.

"이것이 너희 중에 표징이 되리라 후일에 너희의 자손들이 물어 이르되 이 돌들은 무슨 뜻이냐 하거든 그들에게 이르기를 요단 물이 여호와의 언약궤 앞에서 끊어졌나니 곧 언약궤가 요단을 건널 때에 요단 물이 끊어졌으므로 이 돌들이 이스라엘 자손에게 영원히 기념이 되리라 하라 하니라"(수 4 : 6-7)

"이스라엘 자손들에게 말하여 이르되 후일에 너희의 자손들이 그들의 아버지에게 묻기를 이 돌들은 무슨 뜻이니이까 하거든 너희는 너희의 자손들에게 알게 하여 이르기를 이스라엘이 마른 땅을 밟고 이 요단을 건넜음이라 너희의 하나님 여호와께서 요단 물을 너희 앞에서 마르게 하사 너희를 건너게 하신 것이 너희의 하나님 여호와께서 우리 앞에 홍해를 말리시고 우리를 건너게 하심과 같았나니 이는 땅의 모든 백성에게 여호와의 손이 강하신 것을 알게 하며 너희가 너희의 하나님 여호와를 항상 경외하게 하려 하심이라 하라"(수 4 : 21-24)

율법서처럼 여기서도 백성들은 그들의 자녀들에게 과거 역사에서 전능하신 하나님의 행동에 대하여 말해줌으로써 자녀들이 그들의 부모의 하나님을 잊지 않고 그 하나님께 신실하게 살아 갈 것을 상기시켜 주고 있습니다.

셋째, 이 세상의 모든 백성이 오직 한 분뿐이신 하나님만 존재하는 것과 그분의 성품에 대한 증거로 기념물이 필요했습니다. 이 장의 마지막 절이 이 의미를 전해 주고 있습니다. "이는 땅의 모든 백성으로 여호와의 손이 능하심을 알게 하며 너희로 너희 하나님 여호와를 영원토록 경외하게 하려 하심이라 하라"(수 4 : 24).

프란시스 쉐퍼(Francis Schaeffer)는 이렇게 말했습니다.

"그 돌들은 이 하나님이 다르다시는 것을 주위 다른 나라들에게 말하려는 것이다. 그분은 실제로 존재하신다. 그분은 살아 계신 하나님이시요, 이 세상에 편재(偏在)하시며, 실제적인 능력을 소유하신 하나님이시다."[1]

성별(聖別)

이야기의 세 번째 부분은 언약의 표징으로서 할례와 유월절을 길갈에서 다시 시행함으로써 백성을 성별한 것입니다. 이것은 요단 강을 건넌 다음, 그리고 여리고를 공격하기 전에 일어난 사건입니다.

이 언약을 재확정함에 있어서 흥미로운 것은 세상적인 지혜와 정반대가 된다는 것입니다. 의심할 바 없이 이것은 여호수아와 다른 사람들에게도 분명한 사실이었습니다. 왜냐하면 그들이 요단 강을 건넜다는 보고는 그 땅에 살고 있는 사람들을 두려움에 떨게 하였기 때문입니다.

"요단 서쪽의 아모리 사람의 모든 왕들과 해변의 가나안 사람의 모든 왕들이 여호와께서 요단 물을 이스라엘 자손들 앞에서 말리시고 우리를 건너게 하셨음을 듣고 마음이 녹았고 이스라엘 자손들 때문에 정신을 잃었더라"(수 5 : 1)

가나안 여러 족속들에게 앞서 일어났던 사건들은 공포의 이야기였습니다. 그들은 요단 동쪽 둑에 퍼져있는 2백만 명에 가까운 이스라엘의 큰 무리를 보는 것만으로도 두려움에 사로잡히기에 넉넉하였습니다. 이스라엘이 강 서쪽을 공격하려는 것이 분명하였습니다. 그리고 강물은 홍수가 날 정도였습니다. 백성들은 강을 건널 수 없었습니다. 준비를 끝내려면 시간이 걸릴 것처럼 보였습니다. 그런데 갑자기 물의 흐름이 멈추고, 백성들은 강을 건넜으며, 전투가 임박하게 되었습니다. 강을 그렇게 급작스럽게 건넜다는 사실이 모든 사람을 두렵게 하였습니다.

세상적인 지혜로 말하자면 사람들이 최후의 준비를 마치기 직전, 그 땅의 백성들이 용기를 잃고 낙심하고 있는 동안 즉시 공격을 개시하는 것입니다. 그러나 하나님께서는 이스라엘이 두 가지 성례를 행하는 동안 사흘을 연기하라고 말씀하셨습니다.

더욱이 할례를 시행하면 군대는 한동안 제 기능을 발휘할 수 없습니다. 우리는 창세기 34장에서 할례의 상태가 어떤 것인지 알고 있습니다. 시므온과 레위의 누이동생 디나가 세겜 족속 추장의 아들인 세겜에게 성폭행을 당했습니다. 세겜은 이 문제를 바로 처리하고 싶었습니다.

그 결과 이스라엘 자손과 혼인하려면, 이방 족속의 모든 남자는 먼저 할례를 받아야 한다고 야곱의 아들들이 주장하였습니다. 세겜은 이 요구에 응하였으나 이것은 야곱의 아들들의 계략에 불과하였습니다. 본문은 "제 삼일에 미쳐 그들이 고통할 때에 … 디나의 오라비 시므온과 레위가 각기 칼을 가지고 가서 부지중에 성을 엄습하여 그 모든 남자를 죽이고"(창 34 : 25) 라고 합니다. 세겜 족속들은 할례의 식으로 인하여 무기력하게 되고 말았습니다. 여호수아가 하나님의 명령하심에 따라 자기 군대에게 행한 것은 바로 이 의식이었습니다.

한편, 할례를 시행하는 이 시기는 이스라엘이 여리고의 가나안 군사력을 공격해야 할 순간이었습니다. 반면, 여리고의 군대가 이스라엘 군대가 할례를 시행했다는 것을 알게 되면, 그들 편에서 요새를 열고 나와서 무기력해진 이스라엘을 공격할 찰나였습니다. 인간적으로 말하자면, 이스라엘이 취한 행동은 전적으로 어리석은 것이었습니다.

그러나 하나님의 지혜는 인간의 지혜와 같지 않습니다. 이스라엘 백성의 마음이 하나님과 올바른 관계를 갖는 것이 순간적으로 군사적인 유리함을 취하는 것보다 훨씬 중요합니다. 이것이 바로 이 의식이 말하고자 하는 것입니다. 할례는 언약의 표식이었습니다.

세례가 오늘날 교회의 언약 공동체의 일원으로 편입되는 것을 의미하는 것처럼 할례는 이스라엘의 언약 백성의 일원이 되는 것을 의미합니다. 그것은 하나님께서 자기 백성으로 택한 자들에 대한 신적인 인(印)이었습니다. 그리고 그것은 그 선택이 전하고자 하는 하나님의 언약에 대한 인간의 응답이었습니다. 10절에서부터 12절까지 기술된 유월절(Passover)의 이행은 주의 만찬(Lord's Supper)이 오늘날 예수 그리스도의 교회가 기념하는 성례이듯이 기념의 식사였습니다. 길갈에서 백성들은 장차 하나님의 백성으로 살아가기 위하여 하나님의 언약, 약속과 과거의 구원 역사를 기념해야만 하였습니다.

우리도 또한 그 교훈을 배워야 할 필요가 있습니다. 사람들은 항상 조바심을 내며, 프로그램을 성급하게 진행하려 하거나 보다 빨리 그 프로그램을 시행하면 할수록 더 좋은 결과를 얻는다고들 생각합니다. 우리는 항상 하나님의 방법이 아니라는 점을 배워야 할 필요가 있고, 우리가 현재 행동하는 것이 중요합니다. 그러나 우리가 현재 어떤 상태에 있느냐 하는 것은 훨씬 더 중요합니다. 하나님께서는 우리의 칼보다 우리의 마음과 생각을 소유하시기를 원하신다는 것을 여러분은 늘 기억해야만 합니다.

●각주●

1. Francis A. Schaeffer, *Joshua and the Flow of Biblical History* (Downers Grove, Ill. : Inter-Varsity Press, 1975), 87.

5

사령관의 군대 대장

여호수아 5 : 13-15

여호수아가 여리고에 가까이 이르렀을 때에 눈을 들어 본즉 한 사람이 칼을 빼어 손에 들고 마주 서 있는지라 여호수아가 나아가서 그에게 묻되 너는 우리를 위하느냐 우리의 적들을 위하느냐 하니 그가 이르되 아니라 나는 여호와의 군대 대장으로 지금 왔느니라 하는지라 여호수아가 얼굴을 땅에 대고 엎드려 절하고 그에게 이르되 내 주여 종에게 무슨 말씀을 하려 하시나이까 여호와의 군대 대장이 여호수아에게 이르되 네 발에서 신을 벗으라 네가 선 곳은 거룩하니라 하니 여호수아가 그대로 행하니라

이 본문은 예기치 못했던 짧막한 사건으로서 여호수아가 하나님의 군대를 이끄는 군대 대장을 만난 사건을 묘사를 하고 있습니다. 요단 강을 건너고, 백성들을 성별하고, 이스라엘의 군대가 생각에 잠겨 침착하게 진행하는 이야기는 세 장에 걸쳐 진행됩니다.

이제 갑자기 여리고 성 공격을 준비하고 있을 때, 여리고 근처를 거닐고 있는 여호수아가 하나님의 군대 대장으로 판명된 한 인물과 부딪치게 된 이야기가 세절에 걸쳐 소개되고 있습니다. 여호수아는 처음에 그를 알아보지 못하였습니다. 그는 손에 칼을 빼 들고 있는 사람으로만 묘사되고 있습니다. 그러나 그가 하나님의 군대를 이끄는 대장임을 알게 되자 여호수아는 즉시 그의 얼굴을 땅에 대고 엎드려 절하며 경배를 드렸습니다.

이 인물은 과연 누구입니까? 그분은 다름이 아닌 여호와이시며, 그분은 삼위일체의 제2위 하나님께서 성육신 전(前) 모습을 보여주신(현현; 顯現) 주 예수 그리스도이십니다.

주의 천사

물론 이 이야기는 이렇게 결론을 내리고 있습니다. 왜냐하면 예고없이 찾아 온 방문자가 사람에 불과하였다면, 바울과 바나바를 루스드라의 남자와 여자들이 제우스와 헤르메스(그리스 신화에 나오는 12신 중에서 제우스는 올림포스 산의 주신(主神)이며, 헤르메스는 신들의 사자(使者)-역주)로 경배하려고 할 때, 바울과 바나바가 두려움으로 반응하였던 것처럼 여호수아의 경배를 거절하였을 것이기 때문입니다.

"루스드라에 발을 쓰지 못하는 한 사람이 앉아 있는데 나면서 걷지 못하게 되어 걸어 본 적이 없는 자라 바울이 말하는 것을 듣거늘 바울이 주목하여 구원 받을 만한 믿음이 그에게 있는 것을 보고 큰 소리로 이르되 네 발로 바로 일어서라 하니 그 사람이 일어나 걷는지라 무리가 바울이 한 일을 보고 루가오니아 방언으로 소리 질러 이르되 신들이 사람의 형상으로 우리 가운데 내려오셨다 하여 바나바는 제우스라 하고 바울은 그 중에 말하는 자이므로 헤르메스라 하더라 성밖 시외 제우스 신당의 제사장이 소와 화환들을 가지고 대문 앞에 와서 무리와 함께 제사하고자 하니 두 사도 바나바와 바울이 듣고 옷을 찢고 무리 가운데 뛰어 들어가서 소리 질러 이르되 여러분이여 어찌하여 이러한 일을 하느냐 우리도 여러분과 같은 성정을 가진 사람이라 여러분에게 복음을 전하는 것은 이런 헛된 일을 버리고 천지와 바다와 그 가운데 만물을 지으시고 살아 계신 하나님께로 돌아오게 함이라 하나님이 지나간 세대에는 모든 민족으로 자기들의 길들을 가게 묵인하셨으나 그러나 자기를 증언하지 아니하신 것이 아니니 곧 여러분에게 하늘로부터 비를 내리시며 결실기를 주시는 선한 일을 하사 음식과 기쁨으로 여러분의 마음에 만족하게 하셨느니라 하고 이렇게 말하여 겨우 무리를 말려 자기들에게 제사를 못하게 하니라 유대인들이 안디옥과 이고니온에서 와서 무리를 충동하니 그들이 돌로 바울을 쳐서 죽은 줄로 알고 시외로 끌어 내치니라 제자들이 둘러섰을 때에 바울이 일어나 성에 들어갔다가 이튿날 바나바와 함께 더베로 가서"(행 14 : 8-20)

　　그러나 사도행전에 나오는 이 이야기 때문에 예고하지 않고 찾아온 군대 대장이 하나님과 동일하다고 생각하는 것은 아닙니다. 우리는 이와 유사한 이야기를 구약 성경에서 찾아 볼 수가 있습니다.

　　첫 번째 이야기는 창세기 3장에 기록되어 있습니다. 그것은 인간의 타락 이후에 하나님께서 아담과 하와에게 나타나신 것입니다. 하나님께서 그들에게 어떻게 나타나셨는가를 말씀하지 않을 뿐만 아니라 이 이야기는 신현(神顯, theophany)이나 초자연적인 일이 일어났다는 것을 암시하지도 않습니다. 다만 "그들이 날이 서늘할 때에 동산에 거니시는 여호와 하나님의 음성을 듣고…"(창 3 : 8) 라고만 말합니다. 이 구절은 하나님께서 또 다른 사람의 모양으로서 아담과 하와에게 나타나셨거나, 적어도 그들에게 말씀하시고 거니실 수 있는 형태로 나타나셨음을 암시하는 것입니다.

　　두 번째 이야기는 마므레 상수리 나무에서 아브라함을 찾아 온 천상의 방문자 세 분의 나타남이 또한 이와 유사한 이야기입니다. 어떤 주석가들은 세 분의 방문자는 삼위일체를 암시한다고들 말하며, (또한 그럴 수도 있음) 세 분은 한 명으로 간주되는 것처럼 보이기도 하고 한 명이라고도 말하고 있습니다. 반면 이야기를 진행하는 방법에 비추어 볼 때, 세 명 중 두 분(롯을 구출하기 위하여 소돔으로 갔음)은 천사들이었으며, 세 번째 인물은 아담과 하와에게 나타나셨던 것과 유사한 형태로 나타난 삼위일체의 제2위 하나님이십니다.

이 이야기의 처음에서 이 점에 대하여 주의를 하지 않으면 안 됩니다. "여호와께서 마므레 상수리 나무들이 있는 곳에서 아브라함에게 나타나시니라 날이 뜨거울 때에 그가 장막 문에 앉아 있다가"(창 18 : 1). 10절에서 천상의 방문자 가운데 한 명은 사라가 명년 이때 즈음하여 아들을 낳으리라는 약속을 하면서 하나님으로서 말씀하고 있습니다. 13절에서 우리는 "여호와께서 아브라함에게 이르시되…" 라는 말씀을 읽을 수 있습니다. 이야기가 좀더 진행하여 아브라함이 그들을 전송하려고 함께 나갔을 때, "여호와께서 이르시되 내가 하려는 것을 아브라함에게 숨기겠느냐"(17절) 라고 말하는 본문을 읽을 수 있습니다. 이 구절과 아울러 다른 여러 참고 구절들은 예수님께서 그분 자신의 성육신을 기대하고 있으며, 후일 베들레헴에서 탄생하기 전에도 사람의 모양으로 나타나셨음을 암시하고 있습니다.

세 번째 이야기는 야곱이 에서와 재회하기 전날 밤, 얍복강 나루터에서 야곱과 씨름하셨던 분에 대한 것입니다. 창세기 32 : 24절은 이 인물을 "어떤 사람" 이라고 하였습니다. 호세아 12 : 4절에서 후일 영감에 가득 찬 선지자는 이 이야기를 주석하면서 그를 "천사" 라고 부르고 있습니다. 우리가 바로 이 인물이 "주의 천사", 즉 우리가 다른 경우에서 이미 살펴본 것과 같이 특별한 신적 인물이라고 인식하지 않는 한 이것은 말해야 할 필요가 있는 것을 모두 속시원하게 말해 주지 않습니다. 이 인물은 야곱이 항복하는 시점까지 그를 붙들고 씨름하였으며 그에게 새로 이름을 지어주었습니다. 그의 이전 이름은 야곱, 즉 "찬탈자" 구어체(口語體)로 말하자면 "속이는 자" 라는 뜻이었습니다. 이제 신적인 명령을 통하여 그를 재창조하고 새로운 이름을 주셨습니다. 이 인물은 그에게 이스라엘, 곧 "하나님과 겨루어 이겼다." 라는 뜻의 이름을 주셨습니다.[1]

추측하건데, 이 분은 여리고를 공격하기 전에 그분의 군대를 지휘하기 위하여 여호수아에게 나타나셨던 분과 동일한 인물입니다.

하나님의 군대

이 말이 표면에 드러난 것은 이번이 처음은 아닙니다. 이 신적인 인물은 이스라엘 군대를 지휘하기 위하여 찾아왔습니다. 그리고 그것은 틀림없는 사실입니다. 여호수아가 주님께서 종에게 무슨 말씀을 하시겠느냐고 물었을 때, 이 인물은 여리고 전투의 작전 지시, 다시 말해서 다음 장에서 수행해야 할 작전 명령을 주었다고 우리는 이해해야만 합니다. 이 인물은 의심할 여지없이 이 순간 이후 칠년 동안 계속된 가나안 전투 전체에서 이스라엘 군대를 지휘한 군대 대장임이 틀림없습니다.

그러나 "하나님의 군대"란 말은 성경에서 전혀 다른 의미를 지니고 있습니다. 그것은 천사들로 이루어진 군대를 뜻하는 말입니다. 그러므로 우리는 이 인물을 이스라엘 군대 배후에 서서 그들의 전투를 도와주는 보다 더 큰 군대의 군대 대장으로 생각하는 것이 옳을 것입니다.

여기 두 가지 예가 있습니다. 첫 번째는 창세기 32 : 1-2절에서 하나님의 군대가 야곱을 만났으며, 그는 그들을 볼 때 이르기를 "두개의 진(陣)"이라는 의미의 마하나임(Mahanaim)이라고 불렀습니다. 이들 천상의 군대는 하나님의 군대였으며 그들은 야곱을 격려하기 위하여 그에게 계시되었고, 하나님께서 친히 그를 공격하려는 자들로부터 보호하심을 확신시켜 주기 위함이었습니다. "두 개의 진"은 야곱이 직접 거느리는 지상의 진영과 이에 대하여 천사의 군대(Armies of Angels)라는 보다 더 큰 진영이 있음을 이르는 말입니다.

두 번째는, 후대 이스라엘의 역사에서 찾아 볼 수가 있습니다. 이야기는 선지자 엘리사에 대한 것입니다. 수리아 왕 벤하닷(Ben-Hadad)이 이스라엘 왕과 싸우려고 하였습니다. 매번 그가 이스라엘을 공격하려고 계획할 때마다 하나님은 그 계획을 엘리사에게 계시하셨고, 엘리사는 이스라엘 왕에게 말하여 주었습니다. 그래서 이스라엘 군대는 함정을 모면할 수 있었습니다. 자연히 벤하닷은 그의 고위 지휘관들 가운데 반역자가 있다고 믿게 되었습니다. 그는 그 반역자가 누구인지 알아내라고 명령하였습니다. 지휘관들은 사실을 말해 주었고, 그 결과 그는 엘리사를 사로잡기로 작정하였습니다. 엘리사는 그의 선지 생도들과 함께 도단(Dothan)에 있었습니다. 그래서 벤하닷은 진격하여 한밤에 그 성읍을 포위하였습니다.

이튿날 아침, 엘리사의 사환이 눈을 뜨고 물을 뜨러 나갔다가 "… 군사와 말과 병거가 성읍을 에워싸고"(왕하 6 : 15) 있는 것을 보았습니다. 그는 무척 걱정하였습니다.

그는 엘리사에게 "내 주여 우리가 어찌하리이까?" 라고 질문하였습니다. 엘리사는 "대답하되 두려워하지 말라 우리와 함께 한 자가 그들과 함께 한 자보다 많으니라"(16절)고 하였습니다.

그가 그 젊은 사환의 눈을 열어서 보게 하여 주시기를 하나님께 기도하자 그 사환은 "… 불말과 불병거가 산에 가득하여 엘리사를 둘렀더라"(17절)는 것을 보았습니다. 이것은 하나님의 천사들의 군대였고, 그들은 강력한 군대였습니다. 이 싸움에서 그들은 수리아 왕의 군대를 쳐서 눈이 멀게 함으로써 엘리사는 그 군대를 이끌고 사마리아 성으로 들어가 모두 사로잡았습니다.

시편 기자들은 "하나님의 군대", 곧 이 천사의 군대들을 지휘하는 주님이, 곧 하나님이시라고 여러 차례 말하고 있습니다. 시편 34 : 7절에서 "여호와의 사자가 주를 경외하는 자를 둘러 진치고 저희를 건지시는도다" 라고 말합니다.

신약성경에서는 주 예수 그리스도께서 베드로에게 이들 군대에 대하여 말씀하셨습니다. "너는 내가 내 아버지께 구하여 지금 열두 군단(legions, 로마제국의 한 개의 군단은 6천명의 정예 군인으로 구성됨-역주) 더 되는 천사를 보내시게 할 수 없는 줄로 아느냐"(마 26 : 53).

내가 판단하건대, 이것은 바로 군대 대장이 자기 자신에 대하여 언급하고 있는 것이며, 이러한 사실은 여호수아에게 큰 위로와 격려가 되었음이 틀림없습니다. 여호수아는 여리고를 향하여 어떻게 진격해야 할 바를 몰라 당황하고 있었음에 틀림없습니다. 여리고는 우회하여 뒤에 남겨둘 수 없는 대단히 중요한 요새였습니다. 반면, 성은 대단히 방비가 잘되어 있는 요새였습니다. 그는 그 성을 장기적으로 포위하기도 어려웠습니다. 그가 포위하고 있는 동안 싸움에 익숙하지 못한 그의 군대는 점점 낙심하게 되고, 가나안의 군사들은 힘을 모아 반격할 것이 틀림없기 때문입니다. 하나님께서 천상의 군대를 지휘하시는 군대 대장으로 나타나심은 여호수아의 사기를 높여주었고, 여리고 성을 공격할 때, 필요한 군대를 사용할 수 있으리라는 것을 확신시켜 주었습니다. 사실이 그러하였습니다. 여리고의 성벽을 무너뜨리고 주저앉게 한 것은 이스라엘 군대가 아니라 "하나님의 군대" 였습니다.

우리를 위하느냐, 우리의 대적을 위하느냐?

이 이야기의 또 다른 부분이 나의 관심을 끌고 있습니다. 그것은 여호수아와 군대 대장이 주고 받은 대화입니다. 여호수아가 "너는 우리를 위하느냐 우리의 적들을 위하느냐" 라고 묻자 여호와의 군대 대장은 "아니라 나는 여호와의 군대 대장으로 이제 왔느니라"고 대답하였습니다.

매력적이지 않습니까? 이 인물이 여호수아를 보호하기 위하여 하늘의 군대를 이끌고 오신 삼위일체의 제2위 하나님이시요, 여리고를 정복하시기 위하여 오신 분으로 이해한다면, 그는 왜 "네 편이다. 나는 너와 이스라엘을 위하여 왔다." 라고 대답하지 않았습니까? 비록 우리가 그는 여호수아를 위하여 여리고 전투를 도우러 왔다고 하더라도 그 군대 대장은 부정으로 대답하였습니다. "아니라" 그것은, 즉 "나는 네 편도 아니요 너의 대적 편도 아니다. 나는 여기 여호와의 군대를 지휘하러 왔다." 라는 말입니다. 이 대화의 요점은 여호수아가 하나님에게 충성을 요구하는 것이 아닙니다. 그러나 본문의 말이 옳다면 오히려 하나님께서 여호수아에게 요구하시는 것입니다. 두 사람은 함께 싸워야만 합니다. 그러나 여호수아는 그분이 하나님이시기 때문에 여호와의 군대 대장을 따라야 하는 것이지 그와 반대로 싸움 때문에 그를 따라야 하는 것이 아닙니다.

이것은 대단히 "심오한 원리" 입니다. 그리스도인들은 단순하게 하나님이 인도하시는 곳은 어디든지 따라가는 것이 아니라, 그들의 프로그램을 위하여 하나님을 최고 사령관으로 모시려는 경향이 있습니다. 그 결과 그들이 말하는 하나님은 불신자들에게 진정으로 존재하시며, 모든 남녀의 하나님이 아니라 마치 여기 저기 출몰

하여 비정규전을 벌이는 게릴라처럼 보이게 됩니다.

몇 해 전에 영국의 성경 번역자인 필립스(J. B. Phillips)는 하나님에 대하여 가지고 있는 적합하지 못한 관념에 대한 책을 저술하였습니다. 나는 그 책에서 깊은 인상을 받았으며 여러 해 동안 여러 방법으로 그의 글에 대하여 언급하고 있습니다. 그 책의 첫 부분은 여러 열등한 신들에 대하여 다루고 있습니다. 이를테면 "경찰 수련생", "부모의 유물", "위대한 늙은이" 등등입니다. 이들 가운데 "상자 속의 하나님" (God-in-a-Box)이라는 제목이 있습니다. 이 제목의 글은 불공평함을 분석한 것입니다. 이것은 자기 교파의 관심사를 반영하기 위하여 하나님을 크신 분으로 여기는 종교인들이 하나님을 논한 것에 대한 글입니다.

"또한 그리스도인들은 그들의 교회가 무엇이든지 간에 그들이 섬기는 신(神)은 자기 교파가 그 빼어난 본보기라는 생각을 거부해야 한다. 그리고 그것은 예배가 의식적이라고 암시하지도 않는다. 그런데도 불구하고, 예를 들면 비판적이며 의식적인 생각 아래 영국 국교도들은 복음주의는 다소 의심스럽지만 하나님은 오직 영국 국교회만을 기뻐하시고, 솔직히 말하자면 모든 형태의 비국교도들은 기뻐하시지 않는다고 생각할 수 있다. 영국 국교회의 성직 수임(受任)은 "무효"이며, 영국 국교회의 성례를 통하여 아무런 "은혜"도 받을 수 없다고 주장하는 로마 가톨릭교도는 로마 가톨릭이라는 신을 섬기며 비(非)로마 가톨릭교회라는 통로를 통하여 공작(工作)하기를 망설이는 신을 예배하는 것이다. 반면, 그가 정직하다면 저교회(低教會 : 의식 중심의 영국 국교회를 高教會 : High church라 하며 이에 대하여 말씀 중심의 개혁신학과 신앙을 유지하는 영국 국교회를 일컫는 말-역주) 신도는 성직자의 가운, 분향과 제단의 촛불을 강력하게 인정하지 않는 신을 예배하고 있다. 이러한 본보기의 비극은 한 주간 가운데 어떤 날을 구역질나게(ad nauseam) 만들었다. 그러한 것은 전혀 의견의 차이가 아니며 그것은 심판의 날까지 우리와 계속 함께 할 것이고 하나님을 특별한 관점을 지니고 있는 정당의 당수쯤으로 생각하는 어리석은 분노와 저주스러운 죄를 짓게 할 것이다.

교회 밖의 사려 깊은 사람은 교파의 차이로 인하여 많은 범죄를 범하지 않을 것이다. 그에게 있어서는 그의 행복한 무지(無地)에 있어서 이러한 것들은 인간의 취향에 따르는 정상적인 심리 변화에 불과하며 종교 세계에서 표현되고 있는 기질의 변화에 불과하다. 우리가 소화할 수 없는 것은 각자가 "자기주장이 옳다."는 독선적인 주장이다. 그리스도께서 "나무는 각각 그 열매로 아나니" 라고 말씀하지 않으셨는가? 이 어찌 경험에서 나온 판단이 아니겠는가? 만일 그분께서 전능자 하나님 자신의 생각에 의하여 조직되고 유지되고 있다고 가장 용감하고 가장 독선적으로 주장하는 교회를 관찰하신다면 명백히 가장 훌륭한 그리스도인의 성품을 산출하며 명백히 최고 그리스도인의 영향력을 행사하고 명백히 살아 계신 하나님의 영이 가장 충만하여야 하지 않는가? 그렇다면 그분은 아마도 이러한 독선적인 주장을 용서하실 수 있을 것이다. 그러나 그분은 그와 같은 것은 아무 것도 발견하실 수 없을 것이다. 어떤 교파도 하나님의 은혜를 독점할 수 없다. 어떤 사람도 그리스도인의 성품을 산출할 수 있는 독선적인 처방을 소유할 수 없다. 실제로 하나님은 상자 안에 들어있는 것이 무엇이든지 간에 주목하시지 않는다는 것을 깨달은 흥미 잃은 관찰자에게 이러한 것들은 정말 평범한 것에 불과할 따름이다. "성령은 그것이 기재되어 있는 곳에 불어 넣으신다. 그리고 인간의 규정에 복속(服屬)되지 않으신다."[2]

「너무 작은 당신의 하나님」(Your God Is Too Small)이라는 것이 이 책의 제목입니다. 물론 저자 필립스는 그의 책에서 하나님에 대한 우리의 생각을 좀더 확대시켜 보려고 시작하였으며, 제목이 시사하고 있는 것이 바로 그 요점입니다. 우리가 교회의 교인이 되는 것과 의식에 대단히 민감한 영국 국교도이든지, 사도직의 계승에 확고부동한 신념을 갖고 있는 로마 가톨릭교도이든지, 형식이나 의식에 얽매이는 것을 두려워하는 독립교회 신자이든지, 종교개혁 신학, 특별히 칼빈적인 형태에 지대한 관심을 갖고 있는 장로교회 신자이든지 간에 우리 생각 속의 하나님은 우리 생각(성경에 의하여 제아무리 확장된다고 하더라도)이 완전히 깨닫거나 그분을 능가하기에는 너무나도 작기 때문에 참되고 살아 계신 하나님보다 항상 작을 수 밖에 없습니다. 만일 우리가 종교적인 관행의 외면적인 형태에만 집착하지 않고 실제로 하나님을 만날 수만 있다면, 하나님은 항상 우리의 생각을 확장시켜 주시며 놀라게 하실 것입니다.

"당신은 우리를 위합니까? 우리의 적들을 위합니까?" 경건한 신자는 오늘도 질문합니다. 예수님께서는 "아니라 나는 여호와의 군대 대장으로 지금 왔느니라"고 대답하십니다.

하늘과의 접촉

이 이야기는 여호수아가 군대 대장 앞에 엎드려 절하는 것으로 끝을 맺고 있습니다. 여호수아는 처음에는 이 예기치 못했던 인물을 사람이나 군인으로 생각하였습니다. 그러나 그가 그분의 신분을 깨닫고 난 다음, 여호수아는 그분이 바로 하나님의 하나님이심을 알고 땅에 엎드려 그분을 경배하였습니다. 그는 "… 내 주여 종에게 무슨 말씀을 하려 하시나이까"(수 5 : 14)라고 질문하였습니다. "여호와의 군대 대장이 여호수아에게 이르되 네 발에서 신을 벗으라 네가 선 곳은 거룩하니라 …"(수 5 : 15).

이 하나님과의 만남 사건 이후 여호수아를 표현하는데 걸맞는 사람을 여러분은 알고 있습니까? 나는 앞서 신앙의 표현이 다를 경우 불쾌하여 도무지 견디지 못하는 사람, 특별히 하나님이 자기가 속한 교파와 그 교파의 신학과 의식만을 좋아하신다고 확신하는 신자에 대해서 말하였습니다. 우리는 이런 유형의 사람들을 많이 알고 있습니다.

그러나 내가 묻건대 그와 정반대의 인물도 알고 있습니까? 그들은 어느 한 교파에 속하지 않았으며 성경에 대한 참된 신학과 강력한 신앙 그리고 교회 정치의 합당한 형태나 참된 예배를 소유하고 있지 않다는 말이 아닙니다. 그들은 신학으로 말하자면, 그리고 교파로 말하자면 떠돌이에 불과합니다. 그들은 강력한 신앙을 소유했습니다. 그 결과 다른 사람들이 그들이 지닌 바 특별한 신학은 무엇이며, 그들이 속한 교파가 어떤 특징을 가지고 있다고 주장하며 강조하든지 간에 그들은 일차적으로 이러한 것에 아무런 관심이 없습니다. 그들은 다만 하나님을 섬기는 것에만 관심을 가지고 있으며, 하나님께서 당신의 방법으로, 당신의 때에 맞춰 그들도 인도하실 것을 기대할 따름입니다.

무엇이 이 사람들로 하여금 이런 유(類)의 그리스도인이 되도록 만들었습니까? 그 대답은 정말 간단합니다. 그들은 실제로 하나님을 만났으며, 그분 앞에 엎드렸고, 하나님께서 행하시려는 것이 무엇인지 여쭈어 본 사람들인 것입니다. 그래서 그들은 하나님과 접촉한 체험을 가지고 있으며, 어떤 면으로는 하나님의 말씀이라고 할 수 있는 말을 하는 사람들입니다.

우리도 이와 같은 사람이 될 필요가 있습니다. 그리고 우리는 이와 같은 사람을 따라가야 할 필요가 있습니다.

●각주●

1. James Montgomery Boice, *Genesis : An Expositional Commentary*, vol. 2, Genesis 12 : 1-36 : 43(Grand Rapids : Zondervan Publishing House, 1986), 334, 335 에 있는 이름과 의미의 변화에 대한 나의 서술을 보라.

2. J. B. Phillips, *Your God is Too Small* (New York : The Macmillan Company 1967), 38-40

6

외칠 때

여호수아 6 : 1-27

이에 백성은 외치고 제사장들은 나팔을 불매 백성이 나팔 소리를 들을 때에 크게 소리 질러 외치니 성벽이 무너져 내린지라 백성이 각기 앞으로 나아가 그 성에 들어가서 그 성을 점령하고 그 성 안에 있는 모든 것을 온전히 바치되 남녀 노소와 소와 양과 나귀를 칼날로 멸하니라 (여호수아 6 : 20-21)

여호와께서 여호수아와 함께 하시니 여호수아의 소문이 그 온 땅에 퍼지니라 (여호수아 6 : 27)

펜실베이니아대학교에서 군사학 교수로 있었던 파리스 커크랜드(Faris Kirkland) 중령에 의하면, 그가 들었던 가장 놀라운 강의는 고대 장수들이 취했던 군사 공격에 대한 것이었습니다. 그 강의는 정규 교수가 아니라 방문 교수가 행한 것이었습니다. 그는 이 사람의 군사 전략을 설명하면서 학생들을 매혹시켰습니다. 그는 적군의 영토의 심장부를 급습한 다음, 그의 군사력을 양분하여 남쪽과 북쪽을 공격하는 작전을 벌였습니다. 그는 심리전의 기술은 속도, 기습, 공포의 요소로 구성되었다고 말하였습니다.

이 고대의 군사적인 천재는 누구였습니까? 학생들은 알렉산더 대왕(Alexander the Great), 나폴레옹(Napoleon), 줄리어스 시저(Julius Caesar), 훈족(Hun : 흉노족이라고도 하며 4-5세기경 유럽을 휩쓴 아시아의 유목민-역주)의 아틸라(Attila : 훈족의 왕 : 406~453-역주) 라고 대답하였습니다. 가능성이 있음직한 이름을 모두 열거하고 난 다음 강의 끝에서 그가 강의한 전투 가운데 한 전투의 특징을 설명하였습니다. 그는 다름이 아닌 여호수아였습니다.

첫 번째 장애물 : 여리고

한 때 화려한 명성을 떨쳤던 영국 야전군의 중동지역 사령관이었던 에드먼드 알렌비(Edmund Allenby)도 역시 이 책을 연구해야만 하였습니다. 왜냐하면 여호수아의 전략이야말로 제1차 세계대전 당시 팔레스타인을 성공적으로 해방시킬 수 있는 것이었기 때문이었습니다. 팔레스타인은 구릉(丘陵)지대입니다. 팔레스타인을 관통하는 주요 협로는 그 땅의 가장 높은 고지대를 남과 북으로 가로지르는 연결로입니다. 여호수아의 전략(그리고 알렌비의 전략)은 이 길을 따라 요단 계곡의 서쪽에서부터 진격하여 그 땅을 양분하는 것이었습니다. 그리고 나서 적군의 병력이 양분되었을 때, 그들은 남쪽의 반대편을 먼저 공격한 다음 북쪽의 반대편을 공격하였습니다. 이것이 바로 여호수아 6-11장에 기술된 전술의 개요입니다.

그 땅을 양분하기 전에 요단 강에서부터 산악지대까지 쐐기를 박아야만 하였습니다. 그 첫 번째 장애물이 여리고(Jericho)였습니다. 여리고는 고지대에 접근하기 위해 동쪽에서 공격을 방어하기 위하여 건설한 군사적 요새였습니다. 그것은 우회할 수 없었습니다. 여리고를 우회하는 것은 그들의 배후에 거대한 적의 병력을 남겨 두는 것을 의미하였습니다. 그러나 반면 여리고를 정복하는 것은 적 병력을 당황시키는 도전이었습니다. 이렇게 양분시키는 작전의 장애물을 여호수아는 어떻게 하였습니까?

만일 여호수아가 작전 회의를 열었다면 그가 들었던 대로 조언했으리라는 것을 상상하기가 어렵지 않을 것입니다. 한 조언자는 이렇게 강화된 성읍을 취하는 유일한 길은 포위 공격이라고 할 것입니다. 성벽 꼭대기에 이르는 접근로를 건설해야만 하였습니다(이것은 천 년이 지난 다음 로마제국의 군인들이 강화된 성읍을 공격하는 방법이었음).

또 다른 조언자는 여리고의 방어 병력을 굶주리게 하여 항복을 받자고 할 것입니다. "여리고를 봉인해 버리자!" 라고 할 것입니다. "그들은 영원히 나올 수 없다. 결국 그들은 타협을 할 것이고 성문을 열고 항복할 것이다."

성경의 본문을 따르면, 여호수아는 이러한 조언 가운데 아무것도 채택하지 않았습니다. 그는 실제로 이런 것을 추구하지도 않았습니다. 그는 이미 참된 전략가요, 군대 대장이신 분과 접촉했던 것입니다.

우리가 5장 마지막 부분에서 만났던 참된 군대 대장은 이 전투를 위하여 독특한 계획을 가지고 있었습니다. 그분은 여호수아에게 이렇게 말씀하셨습니다.

"… 보라 내가 여리고와 그 왕과 용사들을 네 손에 넘겨 주었으니 너희 모든 군사는 그 성을 둘러 성 주위를 매일 한 번씩 돌되 엿새 동안을 그리하라 제사장 일곱은 일곱 양각 나팔을 잡고 언약궤 앞에서 나아갈 것이요 일곱째 날에는 그 성을 일곱 번 돌며 그 제사장들은 나팔을 불 것이며 제사장들이 양각 나팔을 길게 불어 그 나팔 소리가 너희에게 들릴 때에는 백성은 다 큰 소리로 외쳐 부를 것이라 그리하면 그 성벽이 무너져 내리리니 백성은 각기 앞으로 올라갈지니라 하시매"(수 6 : 2-5)

인간적인 관점에서 볼 때, 이 요새를 분명히 공격해야 함에도 불구하고 이 계획은 아무짝에도 쓸모가 없는 것처럼 보였습니다. 행군하는 발자국 소리에는 높은 벽이 무너지지 않습니다. 나팔 소리로 성읍을 취할 수는 없습니다.

그러나 이것이 바로 엄밀하게 말해서 일어난 일입니다. 그 이야기는 백성이 여호와의 명령을 어떻게 따랐는가를 말해 주고 있습니다. 엿새 동안 날마다 그들은 그들을 바라보고 있는 성읍을 조용히 돌았습니다. 그리고 제 칠일에는 정말 쓸모없는 짓을 일곱 번이나 반복하였습니다. 아무도 말하지 않았습니다. 유일한 소리는 제사장들이 부는 양각 나팔소리 뿐이었습니다. 제 칠일에 일곱 번째 돌고 나서 이스라엘 군대가 성을 완전히 둘러싸고 나자 여호수아는 백성들에게 "… 외치라 여호와께서 너희에게 이 성을 주셨느니라"(수 6 : 16)고 명령하였습니다.

백성들이 외쳤습니다! 이젠 "외칠 때" 입니다!

그 결과를 성경은 다음과 같이 기록하고 있습니다.

"이에 백성은 외치고 제사장들은 나팔을 불매 백성이 나팔 소리를 들을 때에 크게 소리 질러 외치니 성벽이 무너져 내린지라 백성이 각기 앞으로 나아가 그 성에 들어가서 그 성을 점령하고"(수 6 : 20)

여리고 성은 여호수아에게 주신 하나님의 명령에 의하여 함락되었습니다. 오직 라합과 그녀의 가족만이 두 정탐꾼들을 구해 주었기 때문에 살아날 수 있었습니다.

승리에 이르는 길

나는 어떤 목사 한 사람이 남미 아르헨티나에서 일어났던 부흥에 관해 보고하는 모임에 참석하였습니다. 그 나라는 복음의 문을 활짝 열어 놓고 있었습니다. 수만 명의 사람들이 정기적으로 열리는 거대한 노천 집회에서 예수 그리스도를 영접하고 있었습니다. 이 부흥에서 충격적인 사실은 - 적어도 나에게 있어서 - 이것을 위한 준비가 이미 이십 년 전부터 진행되었다는 것입니다. 그 당시 아르헨티나 교회의 지도자들은 부흥을 위하여 기도하기 시작하였고, 그들이 하나님께 간구하는 은총을 받기 위하여 준비해야 할 것이 무엇인지 자문하였습니다. '회심을 요청할 사람들을 어디에 모이게 할 것인가? 교회에 나오리라고 예상되는 사람들을 어떻게 제자 삼을 것인가?' 그들의 계획은 확장될 교회를 위하여 지도자들을 훈련시키고, 상담과 제자 삼는 작업을 수행할 수 있는 강력한 그리스도인 가정을 세우는 것이었습니다.

이스라엘 백성의 여리고 성 정복을 연구할 때처럼 내가 그 보고에서 생각한 것은 승리의 함성을 외치기 전에 준비가 따랐다는 점입니다. 그 준비 가운데 어떤 것은 여호수아와 갈렙이 준비하기 사십 년 전에 이미 시작되었고, 군인들이 광야에서 훈련을 받았습니다. 요단 강을 건너고 난 후, 좀 더 많은 준비를 하였습니다. 할례의 언약적 예식을 다시 시행하였고, 유월절을 새롭게 지켰습니다. 하나님의 은총을 충만하게 부어주시기 전에 백성의 마음이 바르게 되어야만 했습니다.

그러나 준비는 거기서 그치지 않았고, 사실상 함성을 외칠 때까지 계속되었으며, 그 순간 백성들의 마음이 준비되었습니다. 이 이야기는 세 단계를 강조하고 있습니다.

첫 번째, 침묵(Silence)입니다. 이 최고 절정에 달하는 주간을 위하여 백성들이 준비하면서 취한 첫 번째 단계는 침묵을 유지하라는 명령이었습니다. 그들은 이 운명이 정해진 성을 돌 때, 전적으로 침묵해야만 하였습니다. 그들의 입술로 한마디의 말도 해서는 안 되었습니다. 본문은 "… 이르되 너희는 외치지 말며 너희 음성을 들리게 하지 말며 너희 입에서 아무 말도 내지 말라 그리하다가 내가 너희에게 명령하여 외치라 하는 날에 외칠지니라"(수 6 : 10)고 말합니다.

이것은 백성들이 행하기에 어려운 일임에 틀림없습니다. 한 가지 일을 위하여 수백만 명의 사람들이 있었으며, 이렇게 거대한 집단이 전혀 소리를 내지 않고 움직이다가 일시에 목청을 돋구어 함성을 지른다는 것을 상상하기란 어려운 일입니다. 열을 맞추어야 하는 군인들, 지시된 길만 따라가야 하는 어린이들도 있었습니다. 이런 일이 어떻게 침묵 가운데 이루어질 수 있었는지 나도 모르겠으나 그 백성들은 해 냈던 것입니다. 더욱이 그 백성들은 그들을 둘러싸고 있는 여리고 거민들의 조소도 무시해야 하는 어려움이 있었습니다. 첫째 날 에워싸고 있는 군인들이 하는 행동을 바라보면서 가나안 사람들도 역시 잠잠하였을 것입니다. 그것은 정말 이색적인 것이었습니다. 침묵의 방어군이 침묵의 공격군을 바라보았습니다. 그러나 이 침묵은 둘째 날까지 계속되었습니다. 바로 그때 방어군들은 이스라엘 군인들을 조롱하기 시작하였습니다. "우리 성벽을 둘러싸고 행진하면서 무엇을 하고 있느냐? 우리가 바보처럼 어디엔가 문을 열어 놓았다고 생각하느냐? 싸우기가 무섭느냐? 왜 들어오려고 하지 않느냐? 이 성을 우리가 얼마나 잘 수비하고 있는지 보여주마, 겁쟁이들아!' 이러한 상황에서 이스라엘 백성들이 침묵을 지키는 것은 어려운 일이었습니다.

그들이 생각하였던 것이 무엇이라고 여러분은 생각합니까? 하나님께서 이 성을 그들에게 넘겨주시지 않으면 여리고 정복이 불가능하다는 것을 틀림없이 생각했다고 보기는 어렵습니다. 문은 굳게 닫혀 있었습니다. 그들이 매번 성벽을 에워쌀 때마다 그들이 승리하려면 하나님께서 그들에게 이 성을 붙여주셔야만 가능하다고 생각하였음에 틀림없습니다.

하나님 앞에서 침묵! 이것은 우리 모두가 배워야 할 교훈입니다. 아르헨티나의 전도자인 루이스 팔라우(Luis Palau)는 이렇게 말했습니다.

"얼마나 어처구니가 없는 일인가! 이것을 이룩하기엔 얼마나 힘이 드는가. 만일 우리가 입으로 말을 하지 않는다면 마지막 말을 내뱉으려고 안간힘을 쓰는 우리 생각의 내면에는 천 가지의 정신적인 음성이 있다. 하나님의 음성을 듣는다? 맨 가장자리에 있는 한 마디의 말을 그가 어떻게 취할 수 있는가? 이 본문은 마치 '쉿, 그렇게 많은 말을 하지 마시오. 당신의 마음을 그분에게 다 쏟아 놓은 다음에 하나님 앞에서 잠잠하시오. 하나님께서 말씀하게 하시오!' 라고 말하는 것처럼 보인다."[1]

마이어 (F. B. Meyer)는 모든 명령 가운데 가장 어려운 것이 "조용하라!' 는 명령이라고 말했습니다.

"우리의 음성은 들리지 않아야 한다. 아무런 말도 우리의 입에서 나와서는 안 된다. 우리는 우리의 불평을 하나님께만 토로해야 한다. 이 모든 것이 우리의 습관과 취향에는 낯선 것이다. 죽음이 하나님께서 주관하시는 우주에서 함락되어야 할 마지막 원수이듯 그분의 자녀가 배워야 할 마지막 교훈은 혀의 절제이다. 우리는 불평하기를 좋아한다. 우리는 우리의 불쾌감을 이야기하기를 좋아한다. 우리는 우리 자신을 다른 사람과 비교하기를 좋아한다. 그리고 가장 가능성이 있음직한 치료 방법을 토론하는 것을 좋아한다. 우리는 신뢰의 엄격한 약속 하에 우리의 비밀을 친구에게 말한다. 그리고 우리 주님의 말씀에 담겨 있는 진리를 비통스럽게 체험하는 것을 발견한다. '밀실에서 귀에 대고 하는 말은 지붕 위에서 선포되리라!' 하늘의 하나님께서 우리 위에 드리우시는 돌보심을 반영할 수 있고, 고요함 가운데 그분의 음성의 가장 세미한 속삭임까지 감지할 수 있으며, 그분의 충만한 은혜와 능력을 깨달을 수 있는 것은 오직 고요한 마음뿐이다."[2]

두 번째, 순종(Obedience)입니다. 여리고를 정복하는 백성들이 준비해야 하는 두 번째 단계는 순종입니다. 순종은 참된 믿음의 필수적인 요소입니다. 내가 생각컨대 백성의 행동은 히브리서에서 말하기를 믿음을 과시하는 것이라고 하였기 때문입니다. "믿음으로 칠일 동안 여리고를 두루 다니매…"(히 11 : 30).

하나님을 최고로 영화롭게 하는 것은 무엇입니까? 하나님께서 가장 기뻐하시는 영화로움은 어떤 것입니까? 유창한 신앙고백입니까? 아닙니다. 많은 사람들은 예수를 "주여, 주여" 라고 불렀지만 훗날 그분에게서 떨어져나가 섬기지 않았습니다. 천부적인 능력과 재능을 구사하는 것입니까? 아닙니다. 위대한 능력을 소유한 사람들도 많이 있습니다. 그러나 그들은 탕자가 아버지의 돈을 탕진했던 것처럼 값없는 종말로 그것들을 탕진하고 말았습니다. 매력적인 외모나 인격입니까? 아닙니다. 사울은 모든 백성보다 어깨 위로 머리 하나 더 큰 신체적인 특징을 지녔으나 그는 비참하게 최후를 마쳤습니다. 이 질문에 대한 참된 해답은 하나님의 명령대로 아말렉 족속을 진멸하지 않는 죄를 범한 다음, 사무엘이 사울에게 한 말에서 찾을 수 있습니다. 사울은 그들을 거의 모두 진멸하였지만 제사를 드리기 위하여 남긴 것뿐이라고 호소하였습니다. 그러나 사무엘은 이렇게 선언하였습니다.

"사무엘이 이르되 여호와께서 번제와 다른 제사를 그의 목소리를 청종하는 것을 좋아하심 같이 좋아하시겠나이까 순종이 제사보다 낫고 듣는 것이 숫양의 기름보다 나으니"(삼상 15 : 22)

그것이 바로 해답입니다. 하나님을 가장 영화롭게 하고, 하나님이 기뻐하시는 영화롭게 함은 "순종"입니다. 하나님께서 예수님을 영화롭게 하시고 모든 이름 위에 뛰어난 이름을 주심은 그분이 순종하셨기 때문입니다. "… 죽기까지 복종하셨으니 곧 십자가에 죽으심이라"(빌 2 : 8).

세 번째, 최후의 순간까지 순종(Obedience to the very end)입니다. 이스라엘 백성이 승리를 얻기 위하여 준비하여야 할 세 번째 단계는 최후의 순간까지 순종이었습니다. 순종은 앞에서 다루었듯이 전적인 순종이 아니면, 실제적인 순종이 아니기 때문입니다. 사울이 아말렉 족속을 진멸하지 못한 실패담이 보여주는 것은 불순종입니다. 우리가 정도(正道)를 걷지 못하고 자주 실패하기 때문에 이것을 별개의 항목으로 다루어야 할 필요가 있습니다.

여리고 정복은 이스라엘 백성들이 이 점을 잘 성취하였다는 점을 강조하고 있습니다. 이야기를 주의 깊게 읽어보면, 여호수아가 성을 돌 때에 백성에게 필요한 것이 무엇이며, 칠 일째 되는 날 마지막에 어떤 일이 일어날 것이라고 여러 번 말하지 않았음을 알 수 있습니다. 하루 중 일정한 시간에 백성들에게 지시하였고, 성을 에워쌌을 때, 그들이 해야 할 바를 다 마친 마지막에는 그들의 진으로 돌아가라고 지시하였을 것입니다. 그리고 아무 일도 일어나지 않았습니다! 그들은 하나님께 순종하는 여호수아에게 순종하였습니다. 그들은 성벽을 에워쌌습니다. 그들이 진으로 돌아왔을 때, 성벽은 여전히 그대로 서 있었고, 아무도 항복하지 않았습니다. 하루 전날까지도 가나안의 최종 정복까지 접근하지 못한 것처럼 보였습니다. 둘째 날,…

셋째 날,… 다섯째 날,… 여섯째 날,… 일곱째 날 성벽을 여섯 바퀴 돌고 난 다음까지도 그랬습니다.

그 상황은 수리아의 나아만 장군이 요단 강에서 일곱 번 몸을 잠그면 그의 문둥병이 나을 것이라는 말을 엘리사에게서 듣고 난 다음 일어난 일을 생각하게 합니다. 우리는 그가 이 아이디어를 별로 좋아하지 않았음을 알고 있습니다. 왜냐하면 그가 자기 고국의 강이 요단 강보다 좋다고 항의하였기 때문입니다.

"나아만이 노하여 물러가며 이르되 내 생각에는 그가 내게로 나와 서서 그의 하나님 여호와의 이름을 부르고 그의 손을 그 부위 위에 흔들어 나병을 고칠까 하였도다 다메섹 강 아바나와 바르발은 이스라엘 모든 강물보다 낫지 아니하냐 내가 거기서 몸을 씻으면 깨끗하게 되지 아니하랴 …"(왕하 5 : 11-12)

그때 종은 "선지자께서 일곱 번 몸을 잠그라고 하셨습니다." 라고 대답하였을 것입니다. 두 번째 잠그고 난 후에도 항의는 여전하였을 것입니다. 그 방법이 작용한다는 암시는 실낱만큼도 없었습니다. 해결할 수 있는 한 가닥 희망조차 없었습니다. 유일한 차이점은 장군의 몸이 젖었고 흙탕물을 뒤집어썼다는 것입니다. 세 번 담그고, 네 번, 다섯 번, 여섯 번 담근 다음, 화가 치민 나아만은 "아무 일도 없지 않아!" 라고 외쳤을 것입니다. 그러자 종은 "이제 여섯 번 담그지 않으셨습니까?" 라고 대답하였을 것입니다. "선지자께서 일곱 번이라고 말씀하셨습니다." 최후의 순간까지 이르는 전적 순종 이후 일곱 번째 몸을 씻고 난 다음이었습니다. "… 그의 살이 어린아이의 살 같이 회복되어 깨끗하게 되었더라"(왕하 5 : 14).

우리는 이스라엘 군대가 여리고 성 앞에서 배웠던 교훈과 수리아의 장군 나아만이 요단 강의 진흙탕 물에서 배웠던 교훈을 배워야만 합니다. 하나님께 대한 순종을 대치할 것은 아무것도 없을 뿐만 아니라 최후의 순간까지 세밀한 모든 것에 대한 순종을 대치할 것이 전혀 없습니다. 하나님께서 우리가 생각하는 것처럼 재빨리 행동하시지 않을 때, 엄밀하게 말해서 우리가 확신하고 있는 방법으로 행동하시지 않을 때 뒤로 잡아당기거나 제3의 절차를 취하는 것을 정당화 할 수 없습니다. 아더 핑크(Arthur Pink)는 이 이야기에 대하여 다음과 같이 기록하고 있습니다. "실패처럼 보인다고 하여 다른 방법을 취하는 것을 보장하지 않는다. 최후의 순간까지 하나님의 지시에 꼭 달라붙어 있어야만 한다."[3] 승리를 얻고 성벽이 무너져 내린 것은 백성이 하나님께 신실하게 순종하였을 때였습니다.

폐허가 된 요새

두 가지 적용으로 끝을 맺으려고 합니다. 첫 번째, 만일 그리스도인이라면 여러분은 하나님 군대의 군인이요, 수많은 적군의 요새를 정복해야 하는 영적 전쟁에서 전투 중입니다. 우리는 도처에서 적의 요새를 보고 있습니다. 우리가 살고 있는 땅과 교회에도 악의 요새들이 도사리고 있으며, 심지어 우리 자신 안에도 있음을 고백해야만 합니다. 그들은 높은 성벽으로 둘러싸여 있습니다. 문은 꼭 닫혀져 있습니다. 강력하고 노련한 방어군이 배치되어 있습니다. 하나님의 전초 기지와 적의 전초 기지에 대하여 우리가 할 일은 무엇입니까? 그 해답은 하나님께서 우리에게 전쟁을 수행하라고 말씀하셨던 방법으로 그들을 공격하는 것입니다. 기도로, 하나님의 말씀으로, 우리의 증거로 우리가 악의 세력을 바라보면서 교회가 간직하고 있는 구식 무기는 부적합하다고 생각할 수 있습니다. 그리고 그것을 팽개치고 세상의 도구를 사용하고 싶은 유혹을 받을 수도 있습니다. 이것은 명백한 실수입니다.

우리는 하나님의 음성을 듣고 최후의 순간까지 신실하게 순종해야 합니다. 우리가 그렇게 할 때, 하나님의 시간 안에 맞추어 사탄의 요새 성벽은 반드시 무너지고 말 것입니다.

사도 바울은 "우리의 싸우는 무기는 육신에 속한 것이 아니요 오직 어떤 견고한 진도 무너뜨리는 하나님의 능력이라"(고후 10 : 4)고 기록하였습니다.

요한계시록은 사탄에 대하여 싸우는 성도의 싸움을 "… 어린 양의 피와 자기들이 증언하는 말씀으로써 그를 이겼으니…"(계 12 : 11) 라고 말합니다.

　두 번째, 여러분이 아직 그리스도인이 아니라면, 만일 이 세상과 모든 만물을 다스리는 합당한 통치자이신 예수님에 대하여 반기를 들고 있다면, 이스라엘 백성이 여리고 성에서 쟁취하였던 승리, 그리고 뒤이어 성읍 전체가 멸망을 당함은 하나님의 심판의 날에 여러분에게 정녕 임하게 될 것을 예고하는 것이라는 점을 반드시 기억해야만 합니다. 여러분은 하나님에 대하여 마음을 닫고 있고, 여러분은 자신의 인생의 싸움을 치르고 있습니다. 두려움에 떨면서도 여러분의 죄를 회개하기를 거부하고 정결하게 하시는 하나님께로 돌이키기를 거절하고 있습니다. 얼마나 어리석은 일입니까? 이 우주의 유일한 주권자이신 하나님께 어떻게 대항하려 합니까? 만일 여러분이 하나님과 화해하지 않는다면, 그리고 계속 저항한다면 최후의 심판 때, 망하게 될 것이며, 바로 그 날은 여러분이 파멸에 이르는 날이 될 것입니다.

　성경은 "그의 아들에게 입맞추라 그렇지 아니하면 진노하심으로 너희가 길에서 망하리니…"(시 2 : 12) 라고 말합니다.

　라합이 그렇게 하였습니다. 성경은 이스라엘 군대가 "무리가 그 성과 그 가운데에 있는 모든 것을 불로 사르고 은금과 동철 기구는 여호와의 집 곳간에 두었더라 여호수아가 기생 라합과 그의 아버지의 가족과 그에게 속한 모든 것을 살렸으므로 그가 오늘까지 이스라엘 중에 거주하였으니 이는 여호수아가 여리고를 정탐하려고 보낸 사자들을 숨겼음이었더라"(수 6 : 24-25)고 말합니다. 그녀의 입장은 여러분보다 더 좋지도, 더 나쁘지도 않았습니다. 그러나 그녀는 구원을 받았습니다. 그녀의 체험이 어찌하여 여러분의 것이 될 수 없습니까? 어찌하여 여러분은 이스라엘의 하나님을 믿는 마음을 통하여 그분의 진노를 피하려 하지 않습니까?

●각주●

1. Luis Palau, *The Moment to Shout* (Portland : Multnomah Press, 1977), 113, 114.

2. Francis B. Meyer, *Joshua and the Land of Promise* (Fort Washington, Pa. : Christian Literature Crusade, 1977), 78.

3. Arthur W. Pink, *Gleanings in Joshua* (Chicago : Moody Press, 1964), 165

7

진중의 죄

여호수아 7 : 1-8 : 29

여호수아가 옷을 찢고 이스라엘 장로들과 함께 여호와의 궤 앞에서 땅에 엎드려 머리에 티끌을 뒤집어쓰고 저물도록 있다가 이르되 슬프도소이다 주 여호와여 어찌하여 이 백성을 인도하여 요단을 건너게 하시고 우리를 아모리 사람의 손에 넘겨 멸망시키려 하셨나이까 우리가 요단 저쪽을 만족하게 여겨 거주하였더면 좋을 뻔하였나이다 주여 이스라엘이 그의 원수들 앞에서 돌아섰으니 내가 무슨 말을 하오리이까 가나안 사람과 이 땅의 모든 사람들이 듣고 우리를 둘러싸고 우리 이름을 세상에서 끊으리니 주의 크신 이름을 위하여 어떻게 하시려 하나이까 하니 여호와께서 여호수아에게 이르시되 일어나라 어찌하여 이렇게 엎드렸느냐 이스라엘이 범죄하여 내가 그들에게 명령한 나의 언약을 어겼으며 또한 그들이 온전히 바친 물건을 가져가고 도둑질하며 속이고 그것을 그들의 물건들 가운데에 두었느니라 그러므로 이스라엘 자손들이 그들의 원수 앞에 능히 맞서지 못하고 그 앞에서 돌아섰나니 이는 그들도 온전히 바친 것이 됨이라 그 온전히 바친 물건을 너희 중에서 멸하지 아니하면 내가 다시는 너희와 함께 있지 아니하리라(여호수아 7 : 6-12)

위대한 승리와 처참한 패배는 엄청 난 차이가 있는 것이 아닙니다. 한순간 우리는 위대한 영적 성공의 구름을 타고 높이 날 수 있습니다. 다음 순간 우리는 무서운 영적 실패의 음침한 골짜기에 처박히게 됩니다. 한순간 우리는 하나님의 제단에서 불을 내려 보내 달라고 부르짖으며 갈멜 산 위에 서 있는 능력 있는 엘리야가 됩니다. 그 다음 순간 우리는 하나님께 "… 오직 나만 남았거늘 저희가 내 생명을 찾아 취하려 하나이다"(왕상 19 : 10) 라고 호렙 산에서 불평하는 엘리야가 됩니다.

이와 같은 면이 여호수아에게도 있습니다. 사람들이 여호수아에 대하여 생각할 때 대부분 약속의 땅 입구에 서 있는 성벽으로 둘러싸인 성읍 여리고에서 이스라엘 군대가 얻은 승리만을 생각합니다. 그렇게 하는 것은 옳은 일입니다. 이스라엘 백성이 여리고에서 승리한 것은 위대한 승리임에 틀림없습니다. 그들은 하나님의 계획을 엄격하게 순종함으로써 승리하였으며, 돌로 쌓아올린 성루들을 그분의 능력으로 쳐부셨습니다. 그 사실은 여호수아 6장에 있습니다. 그러나 여호수아 7장 1-5절은 대단히 작은 성읍 아이(Ai)에서 이스라엘이 참혹한 패배를 당했음을 말해줍니다. 그것은 여호수아서에 기록된 유일한 패배입니다. 그리고 그것은 이스라엘이 공격군으로 전투에서 살육을 당한 유일한 보고입니다. 무엇이 이러한 변화를 가져왔습니까? 위대한 승리에 뒤이어 이렇게 참혹한 패배를 어떻게 당하였습니까?

주석가들은 몇 가지 이유를 설명하고 있습니다.

어떤 주석가들은 이 가나안 정복 전쟁 이야기에서 분명하게 드러나는 "자기 확신"(Self-Confident)을 들고 있습니다. 아이 성은 여리고 성보다 작은 성읍이었습니다. 그래서 그들의 의견은 한 술 더 떠서 "… 백성을 다 올라가게 하지 말고 이삼천 명만 올라가서 아이를 치게 하소서 그들은 소수이니 모든 백성을 그리로 보내어 수고롭게 하지 마소서"(수 7 : 3) 라고 하였습니다. 백성들이 여리고 성을 취할 수 있었던 것은 이스라엘 군대가 아니라 하나님이시라는 사실을 잊었기 때문입니다.

다른 사람들은 기도가 부족했으므로 아이 성에서 패했다고 생각하였습니다. 여호수아가 아이 성 전투의 순서를 하나님과 의논하지 않았습니다. 분명히 그는 그렇게 하지 않았습니다. 그는 정탐꾼들의 의견대로 행동하였습니다.

우리가 이스라엘 백성이 아이 성에서 패배한 이야기를 읽을 때, 주석가들의 설명과 같이 이와 같은 요소들이 있었다는 것을 깨닫게 됩니다. 그러나 이와 같은 것들은 하나님께서 그런 패배를 당하게 하신 이유가 아닙니다. 하나님께서는 이스라엘의 "진중의 죄"가 있었다고 지적하셨습니다. 패배와 더불어 실망한 여호수아가 하나님 앞에 엎드려 "… 주 여호와여 어찌하여 이 백성을 인도하여 요단을 건너게 하시고 우리를 아모리 사람의 손에 넘겨 멸망시키려 하셨나이까 …"(수 7 : 7) 라고 묻습니다. 하나님께서 "… 일어나라 어찌하여 이렇게 엎드렸느냐 이스라엘이 범죄하여 내가 그들에게 명령한 나의 언약을 어겼으며 또한 그들이 온전히 바친 물건을 가져가고 도둑질하며 속이고 그것을 그들의 물건들 가운데에 두었느니라 그러므로 이스라엘 자손들이 그들의 원수 앞에 능히 맞서지 못하고 …"(수 7 : 10-12) 라고 말씀하셨습니다.

비록 우리는 그렇지 않다고 하더라도, 하나님께서는 죄를 심각하게 다루신다는 점을 반드시 배워야만 합니다. "죄"는 하나님의 백성을 참패하게 만드는 분명한 "실제 원인" 입니다.

죄의 잉태와 성장

아간(Achan)에게 일어난 것은 만일 우리가 일찍 죄를 고백하고 버리지 않으면, 잉태된 죄가 자라난다는 것을 우리에게 교훈하기 위함입니다.

아간은 여리고 전투에 참가했던 이스라엘의 군인이었습니다. 그는 갈등의 자리에서 있었으며 순종하지 않았습니다. 하나님의 명령은 여리고 성읍 전체를 진멸해야 한다는 것이었습니다. 모든 쇠붙이들(금, 은, 동, 철)은 정복에서 거둔 첫 열매로서 여호와의 곳간에 취하여 들여야 하며 나머지 것들은 불살라야 한다는 것이었습니다. 사람들은 모두 죽여야 했습니다. 아간은 다른 것과 함께 이러한 명령을 들었습니다. 그러나 그가 성읍에 들어가서 자기 앞에 놓여있는 금지된 전리품을 실제로 보았을 때, 그것을 취하고 싶은 탐욕이 일어났습니다. 후일 그는 여호수아 앞에서 "내가 노략한 물건 중에 시날 산의 아름다운 외투 한 벌과 은 이백 세겔과 오십 세겔 중의 금덩이 하나를 보고 탐내어 취하였나이다 보소서 이제 그 물건들을 내 장막 가운데 땅속에 감추었는데 은은 그 밑에 있나이다"(수 7 : 21)라고 고백하였습니다. 아간이 노획물을 감춘 사실을 고백한 것은 그가 잘못을 범하고 있었다는 것을 알고 있었음을 보여줍니다. 하나님의 심판이 다음 전투에서 백성 전체에 임하게 하는 고의적인 죄였습니다.

아간을 불순종이라는 슬픈 행동으로 이끈 것은 무엇이었습니까? 나는 다음과 같이 그 기본 요소를 제시하려고 합니다.

첫째, 아간은 불만족스러웠습니다(Achan was dissatisfied). 즉, 그는 하나님께서 자기 생활에 대하여 명령하시는 방법이 불만스러웠습니다. 하나님께서는 그 나라의 다른 백성들과 함께 위대한 부와 기회의 새로운 땅으로 아간을 인도하시는 중이었습니다. 각각의 가족들이 자기 땅과 집을 소유하고 자기 포도나무와 무화과나무 아래 앉아있을 수 있는 나라였습니다. 그러나 아간의 마음은 앞에 놓여있는 이와 같은 축복에 있지 않았습니다. 그는 과거를 생각하고 있었고 이처럼 생각하였을 것입니다. '하나님은 광야 여행의 마지막 기간처럼 우리를 대해 주시지 않는다. 우리에게 만나를 주시고 이처럼 오랜 여행에서 우리의 옷이 해어지지 않게 하신 것도 사실이다. 그러나 사십 년 동안 항상 똑같은 옷을 입고 매일 똑같은 음식을 먹고 장래를 위하여 저축할 돈도 없다는 것을 여러분은 상상해 보았는가? 나는 이런 생활을 지겹게 했다. 하나님을 따르는 생활은 다른 사람들에게는 만족스러운지 모르겠지만 나는 만족스럽지가 않다. 기회가 오면 나는 내 상황을 좀 더 나은 것으로 만들어야겠다.'

그 자체가 범죄였지만, 아간의 불만족은 불순종을 낳았습니다.

이와 같은 경우는 항상 동일합니다. 사탄이 하나님을 대적하는 죄를 범하였을 때, 그는 하나님의 세상에서 자기 위치를 불만족스럽게 여겼습니다. 그는 피조물이었습니다. 그리고 하나님은 창조주이십니다. 그는 하나님처럼 되고 싶었습니다. 그는 "… 내가 하늘에 올라 하나님의 뭇 별 위에 내 자리를 높이리라 내가 북극 집회의 산 위에 앉으리라 가장 높은 구름에 올라가 지극히 높은 이와 같아지리라 하는도다"(사 14 : 13-14) 라고 말했습니다. 불만은 죄의 뿌리요, 사탄의 존재가 되게 만든 것이요, 하나님을 대적하는 반역을 범하게 하였으며, 바로 이 죄가 우주에 들어온 것입니다.

죄가 인류에게 처음 들어왔을 때, 아담과 하와에게도 마찬가지였습니다. 하나님은 아담과 하와를 모든 면에서 온전하게 만드셨습니다. 그러나 사탄이 하와의 주목을 끌어 그녀와 그녀의 남편은 하나님처럼 선과 악을 알지 못한다고 하였을 때, 그는 불만족의 씨를 뿌렸고, 이 땅에서 승리할 수 있었던 것이었습니다.

이것은 또한 우리의 경우도 마찬가지 아닙니까? 그리스도를 따르는 자는 제자로서 이등의 자리를 차지한 것이니 조금은 불순종해도 된다는 것을 뜻하는 것은 아닙니다. 영적인 야망에는 합당한 형태가 있습니다. 사도 바울은 "형제들아 나는 아직 내가 잡은 줄로 여기지 아니하고 오직 한 일 즉 뒤에 있는 것은 잊어버리고 앞에 있는 것을 잡으려고 푯대를 향하여 그리스도 예수 안에서 하나님이 위에서 부르신 부름의 상을 위하여 좇아가노라"(빌 3 : 13-14)고 말했습니다. 바로 이 사도도 그의 동일한 편지에서 그리스도의 부름의 상을 얻으려고 좇아간다고 말하면서 "내가 비천에 처할 줄도 알고 풍부에 처할 줄도 알아 모든 일에 배부르며 배고픔과 풍부와 궁핍에도 일체의 비결을 배웠노라"(빌 4 : 12)고 말합니다. 바울의 비결은 자기 자신이 아니라 그리스도의 영광을 위하여 투쟁하는 것이며, 하나님께서 자기에게 제안하신 것이 무엇이든지 간에 기꺼이 성취하려는 것입니다.

둘째, 아간은 자기 것이 아닌 것을 탐냈습니다(Achan coveted what was not his). 전쟁의 관례를 따르자면 정복자는 그가 무찌른 자의 소유를 탈취할 수 있었습니다. 아마도 아간은 그렇게 생각하였을 것입니다. 그러나 이것은 그의 실수였습니다. 아간은 공격군의 일원이었으며, 그의 칼을 효과적으로 사용할 수 있었습니다. 그러나 그는 여리고의 정복자는 아니었습니다. 이스라엘의 군대들도 이 점에서는 마찬가지로 정복자는 아니었고, 하나님께서 정복자이셨습니다. 하나님께서 여리고 성을 이스라엘 군대에게 붙이셨으며, 전쟁에서 취한 전리품은 여호와의 집 곳간에 가져가야 하며 다른 것은 진멸해야 된다고 말씀하신 것은 (여호수아나 여러 장수들이 아니라) 바로 그분이셨습니다. 그것이 바로 여호수아에게 패배의 원인을 설명하면서 "… 그들이 온전히 바친 물건을 가져가고 도둑질하며 속이고 그것을 그들의 물건들 가운데에 두었느니라"(수 7 : 11)고 말씀하신 이유인 것입니다.

프란시스 쉐퍼(Francis Schaeffer)는 그의 여호수아서 주석에서 아간이 취한 물건의 본질을 잘 통찰하였습니다. 그는 두 가지 물품을 취하였습니다. 아간의 편에서 볼 때 물질주의의 범죄를 의미하는 "금과 은", 세속적 개념의 유행과 성공과 멋을 의미하는 "아름다운 시날산 외투 한 벌"이 그것입니다. 시날(Shinar : 바벨론을 이르는 말, 창 10 : 10, 사 11 : 11-역주)은 대단히 중요한 도시였습니다. 후일 이 성읍은 아주 막강한 세력을 갖게 되었습니다. 사실 그들은 B.C. 586년에 이스라엘을 정복하였습니다. 바로 이 시점에서도 시날(바벨론)의 물품들은 뛰어났으며 유행 그 자체로 간주되었습니다. 아간이 정교하게 만들어진 바벨론 양식의 외투를 보았을 때, 그 당시 세계에서 외양적으로 성공과 유행을 과시할 수 있는 기회가 왔다고 생각하였고 그래서 그 의복을 취했던 것입니다.[1]

"물질주의"와 "세속주의"는, 우리 시대에도 두 가지 명백한 범죄이므로 아간의 타락을 우리의 생활에 적용하는 수고를 하지 않아도 됩니다. 우리는 우리의 생활에서 탐욕의 뿌리를 뽑아야만 합니다. 십계명 가운데 열 번째 계명도 "탐내지 말라"는 것입니다. 그것은 다른 범죄를 유발하는 근본적인 죄입니다. 하나님께서 베풀어 주시는 것에 만족하지 못하는 것처럼 그리스도인의 생활을 급속도로 파괴하는 것은 아무것도 없습니다. 탐욕은 하나님께서 아직 주시지 않았거나 다른 사람에게 준 것에 대하여 정욕으로 이끌어갑니다.

셋째, 아간은 물건을 도둑질하였습니다(Achan stole the articles). 아간의 불만족과 탐욕은 내면적인 것으로 눈에 보이지 않는 실패였으며, 죄악된 행동을 낳게 하였습니다. 아간은 도둑질하였습니다. 그는 숨겼습니다(그는 귀중한 쇠붙이와 의복을 감추었음). 그는 거짓말을 하였습니다. 이것은 항상 일어나는 순서입니다. 우리는 마음으로 죄를 짓고, 하나님의 은혜로 인하여 고백하게 되고, 죄의 결과를 거두기 전에 그 죄를 거절하게 됩니다.

그러나 만일 우리가 감추인 죄를 회개하지 않으면 필연적으로 드러나게 됩니다. 야고보는 "사람이 시험을 받을 때에 내가 하나님께 시험을 받는다 하지 말지니 하나님은 악에게 시험을 받지도 아니하시고 친히 아무도 시험하지 아니하시느니라 오직 각 사람이 시험을 받는 것은 자기 욕심에 끌려 미혹됨이니 욕심이 잉태한즉 죄를 낳고 죄가 장성한즉 사망을 낳느니라"(약 1 : 13-15)고 말합니다. 이렇게 무섭게 죄를 풀어나가는 것은 우리가 가장 "결백하다"고 생각하는 "불만족"에도 대항하라는 경고입니다.

하나님의 심판과 새로운 은총

성경은 우리에게 생활 속의 은밀한 범죄가 마지막 심판 날에 드러나게 된다고 말합니다. 그러나 항상 죄가 드러나기까지는 오랜 시간이 걸리지 않습니다. 아간의 경우 다만 몇 분에 불과하였습니다. 하나님의 명령에서 이스라엘의 열두 지파 가운데 한 지파가 제비 뽑혔고, 그 지파의 여러 족속 가운데 한 족속이 뽑혔으며, 그 족속의 여러 가족 가운데 한 가족이 뽑혔고, 그 가족의 여러 식구 가운데 마침내 한 사람이 뽑혔습니다. 뽑힌 사람은 유다 지파의 세라 족속 중 삽디 가족의 아간(Achan)이었습니다.

여호수아는 아간에게 "네가 행한 일을 말하라 그것을 숨기지 말라"고 엄중히 말했습니다.

아간이 여호수아에게 "… 참으로 나는 이스라엘의 하나님 여호와께 범죄하여 이러이러하게 행하였나이다 내가 노략한 물건 중에 시날 산의 아름다운 외투 한 벌과 은 이백 세겔과 그 무게가 오십 세겔 되는 금덩이 하나를 보고 탐내어 가졌나이다 보소서 이제 그 물건들을 내 장막 가운데 땅 속에 감추었는데 은은 그 밑에 있나이다"(수 7 : 20-21) 라고 대답하였습니다.

이야기는 계속하여 가장 냉담한 말로 사건을 설명하고 있습니다. "이에 여호수아가 사자들을 보내매 그의 장막에 달려가 본즉 물건이 그의 장막 안에 감추어져 있는데 은은 그 밑에 있는지라 그들이 그것을 장막 가운데서 취하여 여호수아와 이스라엘 모든 자손에게 가지고 오매 그들이 그것을 여호와 앞에 쏟아 놓으니라"(수 7 : 22-23 굵은 글씨는 저자의 강조). [1]

훔친 물건을 백성 앞에 펴 놓았습니다. 그러나 이 이야기에서 가장 놀라운 것은 그것들을 여호와 앞에 놓았다는 것입니다. 모든 죄가 그렇게 되듯이 그것들도 거룩하신 하나님의 눈앞에 펴 놓였습니다.

이스라엘 군대가 참패를 당하고 하나님의 이름을 영화롭게 하지 않은 죄에 대한 징계로 이스라엘 백성이 아간(분명히 그의 가족 전체)을 돌로 치고 결국 아간이 죽임을 당한 이야기로 끝을 맺고 있습니다. 이일 후에 하나님의 은총이 회복되었고, 아이 성은 진멸되었습니다.

여기서 프란시스 쉐퍼는 구약성경에서 또 다른 하나의 연속성을 발견하였습니다. 우리가 살펴본 것처럼 여호수아는 방랑의 기간과 정착의 기간, 다시 말해서 준비와 소유 사이의 교량입니다. 앞서 쉐퍼는 이렇게 말했습니다. 기록된 하나님의 말씀의 존재, 하나님의 불변하시는 능력의 증거, 초자연적인 임재, 여기에 그는 언약의 연속성을 덧붙였습니다. 여기 심판의 연속성이 있습니다. 아간이 범죄하였을 때, 하나님의 은총은 집합적으로 중지되었습니다. 심판이 적용되었을 때, 은총은 집합적으로 회복되었고, 승리가 뒤따랐습니다.

프란시스 쉐퍼(Francis Schaeffer)는 이렇게 기록하였습니다.

"이 단순하면서도 심오한 과정은 구약성경 나머지 부분 전체를 설명하고 있다. 사사시대, 왕국시대, 앗수르와 바벨론의 포로시대, 로마 황제인 티투스(Titus) 아래 A.D. 70년의 흩어짐까지 설명하고 있다. 그것은 또한 유대인들이 하나님께로 돌아오고 미래의 어느 날 하나님의 백성으로서, 그리고 국가적으로 하나님께로 돌아오는 것을 말하고 있는 로마서 9-11장을 설명하고 있다. 축복이 임하고, 죄가 들어오고, 심판이 임하게 된다. 만일 하나님의 백성이 심판 후에 하나님께로 돌아오면 축복은 다시 시작되며 넘치게 될 것이다. 이 과정은 우리가 지금까지 공부했던 어떤 연속성과 같이 대단히 보편적인 것이다. 그것은 자기 백성에 대한 하나님의 심판의 원리이다. 하나님께서는 실제로 그곳에 계시기 때문에 성경 전체를 통하여 불변하시는 것이다. 하나님은 거룩하신 하나님이시며, 하나님은 자기 백성을 사랑하시며, 하나님은 자기 백성을 일관되게 다루고 계신다."[2]

이 연속성은 또한 우리 시대까지 연장되고 있습니다. 신약성경에서 우리는 아나니아와 삽비라의 이야기에서 동일한 원리를 발견할 수 있습니다. 그들은 그들의 땅을 팔고 하나님의 역사하심에 절반만을 맡김으로써 초대 교회의 지도자들에게 거짓말하는 죄를 범하게 되고, 그 결과 하나님의 심판을 받았습니다. 우리의 시대에서도 죄를 범한 많은 사람들이 참패를 당하고 낙심하면서도 그들의 죄를 하나님의 사유하심에 맡기지 않는 것을 보게 됩니다.

소망에 이르는 문

만일 아간의 이야기와 이스라엘 군대가 아이 성에서 참패당한 이야기가 우리에게 의미가 있다면, 그것은 죄가 그리스도인의 생활에서 결코 용납될 수 없음을 의미하는 것입니다. 이것은 비록 심판의 이야기이지만 죄를 거절할 때, 다시 임하게 되는 축복에 대한 소망을 선포하는 것이기도 합니다.

소선지서 호세아의 책에서 일어나는 사건을 상기시키려 합니다. 여호수아 7장에서처럼, 호세아서는 하나님의 심판에 대한 이야기입니다. 호세아가 결혼한 신실하지 못한 아내의 생활에 대한 심판의 이야기입니다. 호세아의 아내는 호세아를 배반하였으며 이것은 호세아 선지자가 활동하던 시절 이스라엘 백성의 신실하지 못한 행위를 나타내는 것입니다.

고멜(호세아의 아내)에 대한 하나님의 심판에서 가장 음울한 부분은 하나님께서 세 번의 심판을 말씀하시는 곳입니다. 각각의 심판은 그 병행구가 길든지 짧든지 간에 "그러므로"라는 말로 그 서두를 시작하고 있습니다. 그녀의 신실하지 못함 때문에 하나님은 세 가지 일을 행하시겠다고 경고 하십니다. 첫째, 하나님은 "… 가시로 그 길을 막으며 담을 쌓아 그로 그 길을 찾지 못하게 하리니"(호 2 : 6) 라고 하십니다. 이것은 우리가 제자의 길이 아니라 불순종의 길을 택할 때, 우리에게 행하시는 것처럼 하나님께서 그녀의 길을 막으심으로써 그녀가 자신의 욕망대로 할 수 없게 하신다는 것을 의미합니다.

둘째, 하나님은 "… 내 곡식을 그것이 익을 계절에 도로 찾으며 내가 내 새 포도주를 그것이 맛 들 시기에 도로 찾으며 …"(호 2 : 9) 라고 말씀하십니다. 이것은 불순종의 자녀에게 필요한 것을 빼앗으신다는 것을 뜻합니다.

셋째, 그러므로라는 말은 아간과 그가 돌에 맞아 죽었던 이야기와 직접 연관이 되는 아골 골짜기와 연결되고 있습니다(호 2 : 15). 아간(Achan)과 아골(Achor)의 철자(綴字)는 비슷합니다. 아간이 죽임을 당한 장소가 아골이라고 부르는 곳입니다. 이것은 동음이의(同音異義)의 익살스러운(Pun, 자음은 같으나 뜻이 다른 것. 일종의 말장난-역주) 표현입니다.

아골은 아간이 이스라엘에 초래하게 하였으며 자신의 머리에 떨어졌던 것과 같은, "고통", 또는 "재앙"을 뜻합니다. 그가 돌에 맞았을 때, "여호수아가 이르되 네가 어찌하여 우리를 괴롭게 [아골] 하였느냐 여호와께서 오늘 너를 괴롭게 [아골] 하시리라 …"(수 7 : 25)고 말하였습니다.

우리가 이 이야기에서 여기까지 오게 되면 놀라지 않을 수 없습니다. 아골 골짜기는 죽음의 장소입니다. 즉, 고멜에 대한 하나님의 심판이 절정에 달한 것처럼 보입니다. 첫 번째 좌절이요, 두 번째 파멸입니다. 궁극적인 심판, 곧 죄를 범한 자에게 임할 죽음 외에 달리 무엇이 남아 있겠습니까?

바로 여기서 하나님의 불가해한 은혜와 자비가 개입됩니다. 우리가 비록 최악의 상태를 기대하고 있지만 본문은 여기서 이렇게 기록하고 있습니다.

"그러므로 보라 내가 그를 타일러 거친 들로 데리고 가서 말로 위로하고 거기서 비로소 그의 포도원을 그에게 주고 **아골 골짜기**(The Valley of Achor)로 **소망의 문**(A door of hope)을 삼아 주리니 그가 거기서 응대하기를 어렸을 때와 애굽 땅에서 올라오던 날과 같이 하리라"(호 2 : 14-15)

죄가 심판을 초래합니까? 물론 그렇습니다. 이것은 창세기 첫 장에서부터 요한 계시록 마지막 장까지 "성경의 교훈" 입니다. 이것이 바로 우리가 죄를 가볍게 다루어서는 결코 안 되는 이유이기도 합니다. 그러나 심판이 이야기의 전체는 아닙니다. 죄는 반드시 심판을 초래합니다. 그러나 하나님께서는 때로 심판을 은혜롭게 사용하셔서 우리를 변화되게 하십니다. 그로 하여금 죄에서 돌이키게 하여 가장 무서운 심판이 "복된 소망" 이 되게 하십니다.

아골 골짜기가 소망의 문으로 변하게 할 분이 누구십니까? 물론 우리는 그렇게 할 수 없습니다. 그러나 그렇게 할 수 있는 분이 있습니다. 예수님이십니다. 그분은 자신에게 임한 아골 골짜기의 괴로움을 당하심으로 이루셨습니다. 그분은 우리를 위하여, 그리고 우리를 대신하여 그 고통을 당하셨습니다. 그분은 심판의 음침한 골짜기를 내려가서 우리 대신 죽으심으로써 그분의 부활의 소망 가운데 우리도 일으키실 수 있게 되었습니다.

●각주●

1. F. A. Schaeffer, *Joshua and the Flow of Biblical History* (Downers Grove, Ⅱ. : InterVarsity Press), 111, 112.

2. 앞의 책, 113, 114. 제 2장과 3장도 보라.

8

에발 산과 그리심 산

여호수아 8 : 30-35

그 때에 여호수아가 이스라엘의 하나님 여호와를 위하여 에발 산에 한 제단을 쌓았으니 이는 여호와의 종 모세가 이스라엘 자손에게 명령한 것과 모세의 율법책에 기록된 대로 쇠 연장으로 다듬지 아니한 새 돌로 만든 제단이라 무리가 여호와께 번제물과 화목제물을 그 위에 드렸으며 여호수아가 거기서 모세가 기록한 율법을 이스라엘 자손의 목전에서 그 돌에 기록하매 온 이스라엘과 그 장로들과 관리들과 재판장들과 본토인뿐 아니라 이방인까지 여호와의 언약궤를 멘 레위 사람 제사장들 앞에서 궤의 좌우에 서되 절반은 그리심 산 앞에, 절반은 에발 산 앞에 섰으니 이는 전에 여호와의 종 모세가 이스라엘 백성에게 축복하라고 명령한 대로 함이라 그 후에 여호수아가 율법책에 기록된 모든 것대로 축복과 저주하는 율법의 모든 말씀을 낭독하였으니 모세가 명령한 것은 여호수아가 이스라엘 온 회중과 여자들과 아이와 그들 중에 동행하는 거류민들 앞에서 낭독하지 아니한 말이 하나도 없었더라

대부분의 구약 학자들은 구약성경 가운데 율법서의 핵심은 신명기이며, 신명기의 핵심은 신명기 27-30장에 기록된 축복과 저주라는 점에 동의합니다. 신명기는 이스라엘을 하나님의 백성으로 택하게 된 동기가 바로 아브라함을 택하신 하나님의 무조건적인 언약을 전제하고 있습니다. 그러나 그것은 이 고정적인 요소에서부터 축복 또는 축복의 결여는 순종에 달려있다는 것을 보여주는 데까지 나아갑니다. 이러한 사실은 신명기의 중간에 있는 여러 장에서 드러나고 있습니다. 한편으로는 하나님의 율법을 불순종하는 자들에게 임하는 저주의 목록이 수록되었고(신 27-28장), 또 한편에는 그 율법을 준수하는 자들에게 베푸는 축복의 목록이 있습니다(신 28장). 이 부분 다음에는 두 장에 걸쳐 언약의 갱신을 요청하며, 하나님의 은총에 이르는 길을 택하도록 백성들에게 촉구하면서 끝을 맺습니다.

모세는 "내가 오늘 하늘과 땅을 불러 너희에게 증거를 삼노라 내가 생명과 사망과 복과 저주를 네 앞에 두었은즉 너와 네 자손이 살기 위하여 생명을 택하고 네 하나님 여호와를 사랑하고 그의 말씀을 청종하며 또 그를 의지하라 …"(신 30 : 19-20). 이것은 백성들이 요단강을 건너 약속의 땅으로 들어가기 전에 들었던 마지막 도전입니다.

저주와 축복

저주와 축복을 나열한 이 목록의 특징은 매우 흥미롭습니다. 그것은 가나안을 정복하기에 앞서 모세가 이스라엘 백성에게 행했던 설교일 뿐만 아니라 그들이 한때 약속의 땅에서 반복했던 특별한 의식이기도 하였습니다. 모세는 가나안에 들어가지 못했습니다. 그러나 그는 보고를 통해서든지, 계시에 의해서든지 그것에 대하여 알고 있었습니다. 그래서 그는 이스라엘 백성이 그 땅에 들어가면 그들은 에발 산과 그리심 산에서 특별히 회집하여 이 축복과 저주를 낭독해야 한다고 말했습니다. 여호수아는 이것을 행한 것입니다.

아이 성은 요단 강에서부터 구릉지대로 접근하는 서쪽 끝 부분에 높이 서 있습니다. 가나안을 정복하기 위하여 이스라엘 군대는 고지대를 남북으로 가로지르는 산악로를 통제해야만 하며, 그 길을 장악하기 위하여 여리고 성과 아이 성을 통과하여 그곳으로 다가가야만 하였습니다. 여리고 성은 요단 강 저지대, 곧 동쪽에서부터 접근하는 것을 통제하였습니다. 아이 성은 이 접근로의 서쪽 끝의 고지대를 통제하였습니다.

이스라엘 백성이 여리고 성과 아이 성에서 승리한 후, 관측하는 자는 이스라엘 군대가 즉시 산악로를 따라 이동하여 그 지역에서 가장 완벽하게 요새화된 성읍들을 공격할 것이라고 예측할 수도 있었습니다. 그 당장은 아니더라도 이스라엘 백성이 결국 이와 같이 하였습니다. 그 대신 관측자는 그들이 북쪽으로 약 40km 정도, 서쪽으로 수 km를 우회하여 에발 산과 그리심 산에 위치한 계곡으로 이동하는 것을 보아야만 합니다. 이곳은 특별히 아름다운 곳이 아닙니다. 해발 900m, 그들이 있는 계곡에서 300m 정도의 높이에 있는 이들 산은 정말 메마른 곳입니다. 계곡은 때때로 푸르기는 하였으나 두 산이 하나로 합쳐지는 곳에 천연적인 원형 분지가 있습니다.

마이어(F. B. Meyer)는 다음과 같이 설명하였습니다.

"두 산이 있는 곳은 텅 비었으며, 석회석 지층은 돌출한 바위 때문에 부서져 긴 의자를 가지런히 배열하여 놓은 것처럼 보였다. 그것은 '수많은 청중이 앉기에 충분한 천연의 원형 분지'였다."[1]

바로 이 원형 분지가 이스라엘 백성의 목적지였으며, 이곳은 그들이 예식을 위하여 진을 쳤던 곳입니다.

두 산 사이에 위치한 그 장소의 특징은 훌륭한 음향적 특성입니다. 한쪽 산에 있는 사람은 반대편 산에 있는 사람의 말을 쉽게 들을 수 있습니다. 양쪽 산에 있는 사람은 산 아래에서 나는 소리를 똑똑하게 들을 수 있습니다. 팔레스타인을 방문했던 트리스탐(Tristam) 경은 함께 갔던 여행자 두 사람을 각각 두 산에 세워놓고 십계명을 번갈아가며 암송하게 하였습니다. 각자 상대방의 말을 분명하게 들을 수가 있었습니다.

이것은 아이 성을 격파하고 고지대로 통하는 길을 장악하고 난 다음 이스라엘 백성이 에발 산과 그리심 산에서 행한 것입니다. 그들은 모세가 앞서 명했던 것을 정확하게 순종하였습니다. 모세는 "너희가 요단을 건넌 후에 시므온과 레위와 유다와 잇사갈과 요셉과 베냐민은 백성을 축복하기 위하여 그리심 산에 서고, 르우벤과 갓과 아셀과 스불론과 단과 납달리는 저주하기 위하여 에발 산에 서고"(신 27 : 12-13) 라고 말하였습니다. 그리고 레위인들은 저주의 글을 읽었습니다.

"장색의 손으로 조각하였거나 부어 만든 우상은 여호와께 가증하니
그것을 만들어 은밀히 세우는 자는 저주를 받을 것이라 할 것이요
모든 백성은 응답하여 말하되 아멘 할지니라
그의 부모를 경홀히 여기는 자는 저주를 받을 것이라 할 것이요
모든 백성은 아멘 할지니라
그의 이웃의 경계표를 옮기는 자는 저주를 받을 것이라 할 것이요
모든 백성은 아멘 할지니라
맹인에게 길을 잃게 하는 자는 저주를 받을 것이라 할 것이요
모든 백성은 아멘 할지니라
객이나 고아나 과부의 송사를 억울하게 하는 자는
저주를 받을 것이라 할 것이요
모든 백성은 아멘 할지니라
그의 아버지의 아내와 동침하는 자는
그의 아버지의 하체를 드러냈으니 저주를 받을 것이라 할 것이요

모든 백성은 아멘 할지니라

짐승과 교합하는 모든 자는 저주를 받을 것이라 할 것이요

모든 백성은 아멘 할지니라

그의 자매 곧 그의 아버지의 딸이나 어머니의 딸과 동침하는 자는

저주를 받을 것이라 할 것이요

모든 백성은 아멘 할지니라

장모와 동침하는 자는 저주를 받을 것이라 할 것이요

모든 백성은 아멘 할지니라

그의 이웃을 암살하는 자는 저주를 받을 것이라 할 것이요

모든 백성은 아멘 할지니라

무죄한 자를 죽이려고 뇌물을 받는 자는 저주를 받을 것이라 할 것이요

모든 백성은 아멘 할지니라

이 율법의 말씀을 실행하지 아니하는 자는 저주를 받을 것이라 할 것이요

모든 백성은 아멘 할지니라"(신 27 : 15-26)

레위인들이 읽는 열두 개의 저주에 있어서 한 개마다 백성들은 "아멘" 으로 응답
하였습니다. 그리고 나서 축복의 글을 읽었습니다.

"네가 네 하나님 여호와의 말씀을 삼가 듣고

내가 오늘 네게 명령하는 그의 모든 명령을 지켜 행하면

네 하나님 여호와께서 너를 세계 모든 민족 위에 뛰어나게 하실 것이라

네가 네 하나님 여호와의 말씀을 청종하면

이 모든 복이 네게 임하며 네게 이르리니

성읍에서도 복을 받고 들에서도 복을 받을 것이며

네 몸의 자녀와 네 토지의 소산과

네 짐승의 새끼와 소와 양의 새끼가 복을 받을 것이며

네 광주리와 떡 반죽 그릇이 복을 받을 것이며

네가 들어와도 복을 받고 나가도 복을 받을 것이니라

여호와께서 너를 대적하기 위해 일어난 적군들을

네 앞에서 패하게 하시리라

그들이 한 길로 너를 치러 들어왔으나

네 앞에서 일곱 길로 도망하리라"(신 28 : 1-7)

이것이 여호수아가 양쪽 산기슭에서 행한 것입니다.

"… 절반은 그리심 산 앞에, 절반은 에발 산 앞에 섰으니 이는 전에 여호와의 종 모세가 이스라엘 백성에게 축복하라고 명령한 대로 함이라 그 후에 여호수아가 율법책에 기록된 모든 것 대로 축복과 저주하는 율법의 모든 말씀을 낭독하였으니 모세가 명령한 것은 여호수아가 이스라엘 온 회중과 여자들과 아이와 그들 중에 동행하는 거류민들 앞에서 낭독하지 아니한 말이 하나도 없었더라"(수 8 : 33-35)

그것은 매우 인상적이며 감동적인 체험이었음에 틀림이 없습니다.

"만일 너희가 율법을 순종하면 축복 위에 축복이 임하리라!"

"만일 너희가 율법을 순종하지 않으면 저주 위에 저주가 임하리라!"

지속적인 원리

백성이 그 땅에 들어가기 전에 모세가 이 설교를 최초로 행하였으며, 그들이 그 땅에 들어가서 에발 산과 그리심 산 양쪽 기슭에 진을 치고 나서 두 번째 실행했다는 사실은 순종과 불순종에 대한, 축복과 저주의 원리는 하나님의 성품에 근거하여 자기 백성과 맺은 관계 가운데서 볼 수 있는 "지속적인 원리" 라는 것을 암시하고 있습니다.

　그것은 이미 아간의 경우와 아이 성에서 당한 참패에서 예시된 것입니다. 백성이 그 땅에 들어와 하나님의 명령을 엄격하게 순종함으로써 여리고 성 공격을 개시하였을 때, 그 결과는 전례 없는 축복이었습니다.

　첫째, 하나님께서 그 전쟁을 지도하십니다.
　둘째, 백성은 전쟁을 수행하면서 하나님께 순종합니다.
　셋째, 하나님께서는 자비의 하나님이시며 승리로 복 주시기를 원하십니다.
　넷째, 하나님께서는 전능하신 분이시라는 점을 기대할 수 있습니다.

　이 네 가지 요소들 이외에 달리 생각할 수 있는 결과는 없습니다. 백성이 여리고 성에서부터 아이 성을 공격하려고 이동하였고, 수치스러운 참패를 당하였을 때, 무엇인가 잘못되었다는 것이 즉시 분명해졌습니다. 그 "잘못되었다"는 것은 바로 불순종이었습니다. 죄가 드러나고 심판이 아간에게 내려진 다음에라야 축복은 회복되었습니다. 이스라엘 백성이 가나안을 정복할 때, 그들에게 복 주시는 것은 하나님께서 의도한 바였습니다. 그러나 축복은 하나님의 명령을 지속적으로 순종할 때 따르는 것입니다. 만일 그들이 불순종하면 축복은 철회되어야 하며, 그들은 그 대신 저주를 겪어야만 하는 것입니다.
　이 원리는 내가 앞에서 지적한 바와 같이, 이스라엘의 전체 역사에서 설명되고 있습니다. 프란시스 쉐퍼는 이 원리를 사사시대와 왕국시대, 앗수르와 바벨론의 포로시대, 바벨론에서 귀환, A.D. 70년의 최후의 흩어짐을 설명한다고 말합니다.[2] 그것은 또한 오늘날 우리의 체험을 설명하고 있습니다.
　내가 알고 있는 젊은 여성을 만났는데, 그녀는 학생이었고 필라델피아제십장로교회에 출석하였습니다. 그녀는 그리스도인이 아닌 한 청년을 사귀고 있었는데, 자기 친구의 경고에도 불구하고, 그리고 나와 만나서 장시간에 걸쳐 날카로운 토론을 하였음에도 불구하고, 그녀는 그 남자와 결혼을 하였습니다. 그후 그녀와의 연락이 끊어져 버리고 말았습니다. 그런데 내가 강연하고 있을 때, 그곳에서 그녀를 뜻밖에 만나게 되었습니다. 처음에는 내가 그녀를 알아보지를 못하였으나 그녀 쪽에서 자기를 소개하였고 소식이 끊어졌던 기간의 그녀 자신의 생활을 조금 이야기 하였는데 그녀는 정말 불행하였습니다. 우리가 대화를 끝내고 서로 헤어질 때, 그녀는 "목사님, 목사님의 말씀은 정말로 옳았습니다. 제가 그 사람과 결혼하지 말았어야 했어요!" 라고 말하였습니다. 이것은 의도적인 불순종에는 반드시 축복이 따르지 않는다는 것을 보여주는 경우였습니다.

에발 산 위의 제단

에발 산과 그리심 산에서 행한 예식에서 순종은 축복에 이르며, 불순종은 저주에 이른다는 원리보다 월등한 교훈을 우리에게 줍니다. 그것은 또한 하나님께서는 어떠한 생활에 처하여 있든지 간에 죄의 문제를 해결하신다는 것을 교훈하고 있습니다.

만일 독자들이 여호수아 8 : 30-35절을 주의 깊게 읽어보면, 여러분은 이스라엘 민족이 양쪽 산봉우리에서 율법을 낭독하였다는 구절(33-35절)에 앞서 율법을 기록한 제단을 세웠다는 것을 알 수 있습니다(30-32절). 이것은 역시 모세를 통하여 백성에게 준 하나님의 명령을 성취하는 것입니다. 신명기에서 모세는 다음과 같이 기록하고 있습니다.

"너희가 요단을 건너 네 하나님 여호와께서 네게 주시는 땅에 들어가는 날에 큰 돌들을 세우고 석회를 바르라 요단을 건넌 후에 이 율법의 모든 말씀을 그 위에 기록하라 그리하면 네 하나님 여호와께서 네게 주시는 땅 곧 젖과 꿀이 흐르는 땅에 네가 들어가기를 네 조상들의 하나님 여호와께서 네게 말씀하신 대로 하리라 너희가 요단을 건너거든 내가 오늘 너희에게 명령하는 이 돌들을 에발 산에 세우고 그 위에 석회를 바를 것이며 또 거기서 네 하나님 여호와를 위하여 제단 곧 돌단을 쌓되 그것에 쇠 연장을 대지 말지니라 너는 다듬지 않은 돌로 네 하나님 여호와의 제단을 쌓고 그 위에 네 하나님 여호와께 번제를 드릴 것이며 또 화목제를 드리고 거기에서 먹으며 네 하나님 여호와 앞에서 즐

거위하라 **너는** 이 율법의 모든 말씀을 그 돌들 위에 분명하고 정확하게 기록할지니라"
(신 27 : 2-8)

여호수아 8장에는 이 명령의 성취가 기록되었습니다.

"그 때에 여호수아가 이스라엘의 하나님 여호와를 위하여 에발 산에 한 제단을 쌓았으
니 이는 여호와의 종 모세가 이스라엘 자손에게 명령한 것과 모세의 율법책에 기록된
대로 쇠 연장으로 다듬지 아니한 새 돌로 만든 제단이라 무리가 여호와께 번제물과 화
목제물을 그 위에 드렸으며 여호수아가 거기서 모세가 기록한 율법을 이스라엘 자손의
목전에서 그 돌에 기록하매"(수 8 : 30-32)

이것은 세 가지 이유에서 굉장한 일입니다.

첫째, 모세의 율법이 그토록 강력하고 눈으로 볼 수 있게 백성들 (돌 위에 기록하
고 레위인들은 낭독하고 백성들은 레위인들의 낭독에 화답함으로) 앞에 있게 되는
이 위대한 순간에, 제단은 율법을 듣기는 하였지만 그것을 지키지 못한 자들의 문
제를 해결하기 위하여 세워졌습니다. 말하자면 하나님께서 죄의 문제를 해결하십
니다. 이것은 바로 하나님께서 시종일관 가르치시고자 하는 것입니다. 하나님께서
는 처음 시내 산에서 율법을 주셨으며 동시에 제사에 관한 규례도 주셨습니다. 하
나님께서 모세에게는 율법 수여자이셨으며, 동시에 아론에게는 대제사장이셨습
니다. 그것은 마치 하나님께서 시내 산에서 뇌성을 발하시면서, "… 하지 말지니
라"고 말씀하시고, 즉시 "나는 너희가 어찌 할 것을 알고 있으며, 여기 정죄에서 피
할 길이 있느니라"고 덧붙이셨습니다.

죄는 심판을 초래합니다. "죄의 심판은 죽음"입니다. 그러나 희생제사는 무죄한
제물이 죄인을 대신하여 죽어야 함을 보여줍니다. 이 옛 시대에 제물은 동물이었습
니다. 그러나 동물은 유일하고 충족한 참된 희생제사, 곧 예수 그리스도의 제사를
가르키는 것입니다. 우리를 위하여, 그리고 우리를 대신한 그분의 죽으심을 믿음으

로 우리는 죄의 형벌에서부터 피할 수 있습니다.

둘째, 여호수아가 모세의 명령에 순종하여 제단을 세웠을 때, 그 제단을 두 산 사이의 골짜기나 그리심 산에 세운 것이 아니라 에발 산에 세웠다. 왜 하필이면 에발 산에 세웠습니까? 우리는 그 해답을 신명기 27장에서 발견할 수가 있습니다.

"너희가 요단을 건넌 후에 시므온과 레위와 유다와 잇사갈과 요셉과 베냐민은 백성을 축복하기 위하여 그리심 산에 서고 르우벤과 갓과 아셀과 스불론과 단과 납달리는 저주하기 위하여 에발 산에 서고"(신 27 : 12-13)

그리심 산에서 축복이 선포되었음에 반하여, 에발 산에서는 저주가 선포되었습니다. 다시 말하자면, 제단과 희생제사는 죄인들 위한 것입니다. 그것은 자기 죄를 깨닫고 의인으로서가 아니라 죄인으로서 제단 앞에 나아오는 자들을 위한 것입니다.

1천여 년이 지난 다음, 아브라함의 자손이요 가나안 정복 전쟁에 함께 참여했던 사마리아인들이 에발 산이 아니라 그리심 산에 그들의 제단을 세운 것은 매우 흥미로운 것입니다. 사마리아 여인은 예수님께, "우리 조상들은 이 산에서 예배하였는데 당신들의 말은 예배할 곳이 예루살렘에 있다 하더이다"(요 4 : 20) 라고 말하였을 때, 이 여인은 그리심 산을 말하고 있는 것입니다. 예수님께서는 그녀의 관심을 그 산(뿐만 아니라 시온 산)에서 예수님 자신과 예수님 자신이 제물로 드려질 것에 차례로 대답하셨습니다. 그 당시 사마리아인들이나, 오늘 우리가 살고 있는 이 시대의 주된 특징은 "자기의"(自己義)입니다. 사마리아인들은 대속의 제사와 정결하게 될 필요가 있음을 고백하는 죄인으로 하나님께 나아오지 않았습니다. 그들은 의로운 백성으로 나아왔습니다. 결과적으로 예수님께서 여인에게 행하셨던 첫 번째 일은 그녀의 영적인 무지를 드러내는 것입니다.

"너희는 알지 못하는 것을 예배하고 …"(요 4 : 22)

두 번째 일은 그녀의 죄를 드러내는 것이었습니다.

"네가 남편 다섯이 있었으나 지금 있는 자는 네 남편이 아니니 …"(요 4 : 18)

마지막으로, 에발 산에 세워진 제단은 사람의 손으로 다듬은 것이 아니라 자연의 돌을 사용하였습니다. 프란시스 쉐퍼(Francis Schaeffer)는 이 점을 잘 지적하였습니다. 그는 다음과 같이 기술하였습니다.

"이 원리는 모든 인본주의적 요소를 완전히 부정한 것이다."[3]

즉, 인간이 구원에 덧붙일 것이 있다는 사상을 전적으로 부정하는 것입니다. "구원은 오직 은혜로 말미암는 하나님의 역사"이기 때문입니다.

그것은 죄인으로서 하나님께 나아오는 문제만이 아닙니다. 제단이 에발 산 위에 세워졌던 것처럼 여러분의 위치에도 세워져야 합니다. 이것이 절대적으로 필요한 것입니다. 하나님의 임재 앞에서 자기의는 설 자리가 없으며, 이것만으로 충분치 못합니다. 희생제사를 드리는 곳까지 나아온다 하더라도 여러분을 대신하여 죽어야 할 그 무엇이 필요하다는 점을 인정해야만 합니다. 이렇게 절대적으로 필요한 일에 덧붙일 것이 아무것도 없음을 인정할 필요가 있습니다. "절대적으로" 아무것도 없습니다. 여기에 노력을 기울여야만 합니다.

종교개혁자들은 바로 이 진리를 "오직 믿음으로"(Sola fide), "오직 은혜로"(Sola gratia)라는 말로 표현하였습니다. "솔라 피데"라는 것은 "오직 믿음으로"라는 뜻입니다. 즉, 하나님의 역사하심만 믿는 믿음이며, 인간의 공로와 연결된 믿음이 "절대로" 아니라는 뜻입니다. "솔라 그라티아"는 "오직 은혜로"라는 뜻입니다. 즉, "전적으로"(값없이 주어지는) 은혜에 의한 것입니다(종교개혁자들은 이에 더하여, Sola Scripture[오직 성경으로], Sola Christos[오직 그리스도로], Soli Deo Gloria[오직 하나님께 영광을]를 말함으로써 다섯 가지 원리가 종교개혁의 핵심임을 공포함-

역주). 아우구스투스 톱레이디(Augustus Toplady, 1740-1778. 영국의 대표적 칼빈주의자, 톱레이디 목사가 작시한 "만세 반석 열리니"의 3절 가사로서, 천둥과 번개를 동반한 소나기를 피하려고 큰 바위 밑에 들어갔다가 거기서 강렬한 안도감을 느끼고 지은 찬송시-역주) 목사는 이렇게 표현하였습니다.

> 빈손 들고 앞에가 십자가를 붙드네
> 의가 없는 자라도 도와주심 바라고
> 생명 샘에 나가니 맘을 씻어 주소서
> (찬송가 494장 "만세반석 열리니")

> 내 손에 가진 것 없이 나아가,
> 그저 당신의 십자가만 붙듭니다.
> 벌거벗은 자, 옷을 바라고 당신께 나옵니다.
> 도와줄 이 없는 자, 당신의 은혜만을 바랍니다.
> 더러운 자, 당신의 샘으로 왔습니다.
> 나를 씻어 주소서, 구주여. 그렇지 아니하면 나는 죽습니다.

> 만세 반석, 나를 위하여 여소서,
> 나로 하여금 당신에게 피하여 숨게 하옵소서.
> (보다 구체적인 내용 전달을 위한 직역-역주)

예수 그리스도의 십자가는(정결하게 하는) 바로 그 샘입니다. 그분은 우리를 위하여 열어 놓은 반석이십니다. 만일 우리가 그분에게 나아가면 우리는 피난처를 얻고, 정결하게 되고, 또한 축복을 받는 삶을 살 수 있는 능력을 받게 될 것입니다.

●각주●

1. F. B. Meyer, *Joshua and the Land of Promise* (Fort Washington, Pa. : Christian Literature Crusade, 1977), 106.

2. Francis A. Schaeffer, *Joshua and the Flow of Biblical History* (Downers Grove, Ill. : InterVarsity Press, 1975), 113.

3. 앞의 책, 123.

9

눈으로만 보고 행한 실수

여호수아 9 : 1-27

기브온 주민들이 여호수아가 여리고와 아이에 행한 일을 듣고 꾀를 내어 사신의 모양을 꾸미되 해어진 전대와 해어지고 찢어져서 기운 가죽 포도주 부대를 나귀에 싣고 그 발에는 낡아서 기운 신을 신고 낡은 옷을 입고 다 마르고 곰팡이가 난 떡을 준비하고 그들이 길갈 진영으로 가서 여호수아에게 이르러 그와 이스라엘 사람들에게 이르되 우리는 먼 나라에서 왔나이다 이제 우리와 조약을 맺읍시다 하니(여호수아 9 : 3-6)

무리가 그들의 양식을 취하고는 어떻게 할지를 여호와께 묻지 아니하고 여호수아가 곧 그들과 화친하여 그들을 살리리라는 조약을 맺고 회중 족장들이 그들에게 맹세하였더라 그들과 조약을 맺은 후 사흘이 지나서야 그들이 이웃에서 자기들 중에 거주하는 자들이라 함을 들으니라(여호수아 9 : 14-16)

기브온 주민들에게 감복하기란 어려운 일입니다. 여러분이 그들의 위치에 있었다면 어떻게 하겠습니까? 그들은 가나안의 산악 요새에 거주하는 자들이었으며, 이스라엘의 행군에 두려움을 주는 두 번째 성읍이었습니다. 그들은 여리고 성과 아이 성이 함락되었고, 거기 살던 모든 사람이 무자비하게 몰살당한 소식을 들었습니다. 두려움에 차서, 그들은 이스라엘 군대를 무력으로 대항할 수 없다고 판단하고 속임수를 쓰기로 하였습니다. 그들은 헌 옷을 걸치고, 마르고 곰팡이가 난 빵을 해어진 자루에 담아 짐승에 걸치고, 해어지고 찢어진 가죽 포도주 부대를 나귀에 싣고 여호수아와 이스라엘의 지도자들에게 와서 그들과 조약을 맺자고 요청하였습니다. 그들의 변장은 그들이 아주 먼 곳에서부터 왔으며 함께 살 수 없는 원수보다는 우방으로 조약을 맺어도 잘못된 것이 없다고 이스라엘을 안심시키기 위한 것으로 앞서 말한 것처럼 그들에게 감복하기란 어려운 일입니다.

감복은 하지 않는다고 하더라도 이스라엘의 동정을 얻기도 또한 어려운 일이었습니다. 기브온 족속의 변장술은 훌륭하였습니다. 결국 이스라엘은 인도주의적인 관심에 이끌려 감동되고 말았습니다. 실제로 그들은 의심스러웠습니다. 그래서 이스라엘 백성은 "… 너희가 우리 중에 거하는 듯하니 우리가 어떻게 너희와 약조할 수 있으랴"(수 9 : 7) 라고 말하였습니다. 그러나 곰팡이가 난 빵이 있었고, 해어진 가죽 포도주 부대가 있었습니다. 의복은 남루하였으며, 신발은 많이 걸어서 다 닳았습니다. 게다가 이 방문자들을 믿고 살려두는 길 외에는, 믿지 않고 죽이는 길밖에는 도리가 없었습니다. 조약을 맺는 것이 무엇이 해롭겠습니까?

기브온 족속에게 감복하고 이스라엘의 동정을 얻는 것은 자연스러웠습니다. 그러나 그것은 다만 우리가 얼마나 "자연스럽게" 하나님의 길에서 멀리 떠날 수 있는가를 보여주는 것입니다. 성경은 이스라엘 백성의 행동을 "여호와께 묻지 아니하고"(14절) 라고 판단합니다. 그리고 그들은 실수를 크게 범하고 말았습니다.

시각으로 저지른 실수

이스라엘 백성은 관찰에 근거해서 그들 자신의 자연적인 분별력을 신뢰한 나머지 자연적인 반응을 하면서, "그것이 잘못된 것이 무엇인가? 다른 방법으로 다룰 수 있는 것이 무엇인가? 우리 세계는 감각적인 인상의 세계이다. 그것은 우리가 모두 지속해야 하는 것이다. 우리는 보고, 듣고, 만지는 것에 기초하여 결정해야만 한다. 이 방법으로 일을 처리할 때, 우리가 실수하게 되도 그것 때문에 비난을 받을 수 없다. 왜냐하면 아무것도 할 수가 없기 때문이다." 라고 말합니다.

여러분도 보았겠지만 여기서 그들이 저지른 엄청난 실수는 실재(實在)란 물질에 불과하다고 생각한 것입니다. 실재 가운데서 많은 것이 물질임에 틀림없습니다. 많은 경우에 감각적인 인상에 기초한 판단이 합당하며 믿을 만하다는 이유입니다.

여러분이 냉장고에서 한 덩어리의 고기를 꺼낼 때 색이 변했고 고약한 냄새가 난다면, 그 고기는 상해서 먹을 수 없는 것입니다. 여러분의 감각은 그 고기가 상했으니 그것을 먹으면 병이 난다고 말하라고 하나님께서 주셨습니다. 그러한 방법으로 결정하는 것은 매일 수많은 상황 가운데 일어나고 있습니다. 항상 이 방법으로만 작동할 때의 어려움은 실재가 물질로만 구성되지 않는다는 것입니다. 영적 세계 또한 존재하며, 그 영적 세계에는 우리를 파멸시키려는 강력하고, 교활하고, 사악한 존재가 있습니다. 우리는 마귀를 볼 수가 없습니다. 우리는 그의 계략을 다룰 수도, 맛볼 수도, 냄새 맡을 수도 없습니다. 그러므로 영적인 전 영역(도덕적인 전 영역)에서 우리는 감각적 인상에서 파급할 수 있는 것을 뛰어넘는 지혜가 필요합니다.

잠언에서 인용할 수 있는 충고가 있습니다. "너는 마음을 다하여 여호와를 신뢰하고 네 명철을 의지하지 말라 너는 범사에 그를 인정하라 그리하면 네 길을 지도하시리라"(잠 3 : 5-6). 이 말씀에서 핵심적인 문장은 "네 명철을 의지하지 말라"는 것입니다.

알란 레드파스(Alan Redpath)는 어떤 것이라는 말을 사용하여 이 경우를 살짝 과장하였습니다. 많은 경우에 있어서 감각적인 인상이 옳을 수 있는데, 그는 정곡을 찌르고 있습니다.

"결코, 결코, **결코**(never) 어떤 것에서나 여러분 자신의 판단을 의지하지 말라. 상식이 말하기를 그 과정이 옳다고 할 때, 여러분의 마음을 하나님께로 향하게 하라. 왜냐하면 믿음의 길과 축복의 길은 여러분이 상식이라고 부르는 것과 정반대 방향일 수 있기 때문이다. 여러 목소리들이 어떤 조치가 즉각 취해져야 할 정도로 급박하다고 여러분에게 말할 때, 모든 것을 하늘의 법정에 문의하라. 만일 여러분이 아직도 의심에 쌓여 있다면, 잠잠하게 서 있으라. 만일 여러분이 행동으로 옮기기를 재촉 받고 있으며, 기도할 시간조차 없다면, 행동하지 말라. 만일 여러분이 어떤 방향으로 움직이기를 요청받고 있으며, 이것에 관하여 하나님과 더불어 평안을 얻을 때까지 기다릴 수 없다면 움직이지 말라. 선 채로 하나님을 기다리기 위하여 담대하고 용기를 지녀야 한다. 왜냐하면 그분을 기다리는 사람 가운데 아무도 수치를 당하지 않을 것이기 때문이다. 이것은 마귀를 능가할 수 있는 유일한 길이다."[1]

우리는 이 점에서 아주 특별한 사람이 될 필요가 있습니다. 만일 우리가 이 세상에서 하나님을 위하여 살아야 한다면 우리는 물질적인 것뿐만 아니라 영적인 영역도 있다는 것을 반드시 인정해야 하며, 거기서 일어나는 영적 전쟁에서 승리하기 위하여 하나님의 능력을 반드시 추구해야만 합니다.

바울이 군사에 비유하여 우리의 싸움을 설명하는 에베소서 6장을 살펴봅시다.

"끝으로 너희가 주 안에서와 그 힘의 능력으로 강건하여지고 마귀의 간계를 능히 대적하기 위하여 하나님의 전신 갑주를 입으라 우리의 씨름은 혈과 육을 상대하는 것이 아니요 통치자들과 권세들과 이 어둠의 세상 주관자들과 하늘에 있는 악의 영들을 상대함이라 그러므로 하나님의 전신 갑주를 취하라 이는 악한 날에 너희가 능히 대적하고 모든 일을 행한 후에 서기 위함이라 그런즉 서서 진리로 너희 허리 띠를 띠고 의의 호심경을 붙이고 평안의 복음이 준비한 것으로 신을 신고 모든 것 위에 믿음의 방패를 가지고 이로써 능히 악한 자의 모든 불화살을 소멸하고 구원의 투구와 성령의 검 곧 하나님의 말씀을 가지라 모든 기도와 간구를 하되 항상 성령 안에서 기도하고 이를 위하여 깨어 구하기를 항상 힘쓰며 여러 성도를 위하여 구하라"(에베소서 6 : 10-18)

이 구절들은 몇 가지 중요한 원리로 요약할 수 있습니다.

첫째, 그리스도인으로 우리는 영적 전쟁(Spiritual Warfare)에 참가하였습니다. 비록 이스라엘 백성들이 치렀던 전쟁은 육체적인 것이었으며, 그들은 그 전쟁이 지니고 있는 영적 차원을 충분히 알지 못하였다고 하더라도 이스라엘 군대가 가나안을 정복하는 전쟁에서도 진리였습니다. 이방 세계의 어두움에 하나님의 빛의 복음을 전하라는 임무를 부여받은 우리에게는 더욱 분명한 진리입니다.

둘째, 이 전쟁에서 승리하기 위하여 우리는 영적인 전신 갑주(Spiritual Armor)를 입어야만 합니다. 이것은 원수와 대적하도록 보냄을 받은 우리의 경우에만 국한된 것이 아닙니다. 원수는 또한 우리를 공격합니다. 우리는 원수의 간계에서 보호되어야 합니다. 바울이 말하였듯이 우리는 진리와 의, 복음의 지식과 "믿음"이 필요합니다. 후자는 특별히 사탄의 화살을 피하기 위한 것입니다.

셋째, 우리가 소유하고 있는 공격용 무기는 하나님의 말씀(The Word of God)입니다. 기브온의 경우에서 여호수아와 이스라엘의 지도자들은 하나님에게서부터 받은 말씀이 결여되었습니다. 이 점에 이르러서 이스라엘이 행한 모든 것은 어떤 점에서 신적 계시와 연결되어 있습니다. 요단 강을 건널 때, 요단 강을 건넌 다음 해야 할 것, 여리고를 공격하는 방법 등등 이 모든 것을 하나님께서 그 백성들에게 말씀하셨습니다. 진중에서 최초의 범죄가 있었던 아이 성의 경우에서도 어떻게 매복하고 성을 탈취하고 해야 할 일을 하나님께서 지시하셨습니다. 그러나 본 장에서는 여호와 하나님의 말씀이 전혀 없습니다. 왜냐하면 백성들이 하나님의 말씀을 구하지 않았기 때문입니다.

여러분이 직면한 문제를 결정할 때, 하나님께로부터 말씀을 받지 않습니까? 만일 그렇다면 여러분이 그것을 구하지 않았기 때문입니다. 성경은 "너희 중에 누구든지 지혜가 부족하거든 모든 사람에게 후히 주시고 꾸짖지 아니하시는 하나님께 구하라 그리하면 주시리라"(약 1 : 5)고 말합니다.

넷째, 하나님의 도우심과 은총을 받기 위해 우리는 꾸준히 기도해야(To Pray) 합니다. 바울은 "… 기도와 간구를 하되 항상 성령 안에서 기도하고 …"(엡 6 : 18)라고 말합니다. 이스라엘은 이것을 실패하였고, 그 결과 큰 실수를 저질렀습니다.

실수의 결과

그들이 얼마나 재빨리 알아차렸습니까! 기브온 주민들이 얼마나 오랫동안 이 계략을 준비하였는지, 이스라엘 백성들이 문제를 토의하고, 그들의 소지품을 점검하고, 그들과 조약을 맺기로 결정하는데 얼마나 오랜 시간이 걸렸는지 나는 모릅니다. 의심할 것 없이 각각 충분하다고 생각되는 시간, 처음에는 몇 주간, 두 번째에는 며칠이 걸렸을 것입니다("여호수아가 곧 그들과 화친하여 그들을 살리리라는 언약을 맺고 회중 족장들이 그들에게 맹세하였더라" 라는 구절 다음 즉시). 여호수아 9 : 16절에서 "그들과 조약을 맺은 후 사흘이 지나서야 그들이 이웃에서 자기들 중에 거주하는 자들이라 함을 들으니라" 하고 충격적으로 말합니다.

그들의 실수를 발견하는데 사흘!
그러나 그 실수와 더불어 평생!

백성들은 기브온 주민이 실제로 대단히 가까운 곳에 있다는 사실을 알았을 때, 그들은 지도자들이 이 일에 책임이 있다고 판단하면서 불평하였습니다. 아마도 그들은 조약과 상관없이 기브온 주민을 죽이고 싶었을 것입니다. 그러나 지도자들이 그들 자신의 감각적인 인상과 판단을 의지하기보다는 우선적으로 기브온 주민에 관하여 하나님과 의논하는 것을 실패하였다고 하더라도 백성들이 원하는대로 그들이 맺은 언약을 거절하는 실수를 재차 범하지 않았습니다. 그들은 맹세의 중요성을 깨닫고 있었으므로 "… 우리가 이스라엘의 하나님 여호와로 그들에게 맹세하였은즉 이제 그들을 건드리지 못하리라 우리가 그들에게 맹세한 맹약으로 말미암아 진노가 우리에게 임할까 하노니 이렇게 행하여 그들을 살리리라"(수 9 : 19-20) 하고 대답하였습니다. 그래서 그들은 기브온 주민들로 하여금 생명을 건지게 하고,

그들과 맺은 지도자들의 약속은 지켜졌습니다.

그것은 여러 세기를 두고 지켜졌습니다. 후일 이스라엘의 왕 사울이 많은 숫자의 기브온 주민을 죽임으로써 언약을 깨뜨렸을 때, 하나님께서는 기브온 주민 편이 되셔서 이스라엘을 심판하셨습니다. 사무엘하 21 : 1절에는 사울이 기브온 사람을 죽였기 때문에 이스라엘에 삼년동안 기근이 있었다고 기록되어 있습니다. 살아남은 기브온 사람과 다윗 왕의 합의에 따라 사울의 집을 심판한 후에야 기근은 제거되었습니다(삼하 21 : 1-14).

여호와 하나님과 모든 것을 의논하지 못하는 것은 매우 큰 문제입니다. 우리는 우리가 저지른 잘못된 행동의 결과와 더불어 살아야만 합니다. 혹자는 "잘못된 행동 또는 죄를 용서받을 수 없는가?" 라고 묻습니다. 물론 그렇습니다. 그러나 그 거짓된 조치를 취한 결과와 더불어 무한한 세월을 살아야만 합니다.

다른 예를 많이 들 수 있겠지만, 여기 명확한 실례가 결혼입니다. 때때로 그리스도인이 하나님께서 택하지 않은 사람과 결혼을 하게 됩니다. 비그리스도인에게는 자주 일어나는 실수이지만 이와 같은 일이 주님을 따르는 사람들에게 나타나서는 안 됩니다. 이러한 상황에서는 어떻게 할 수 있습니까? 세상은 해답을 가지고 있습니다. "이혼해라. 너에게 최선의 것을 네가 행해야만 한다. 너의 미래를 생각하라!"고 말합니다. 하나님의 말씀은 그에게 이렇게 말합니다. 바울은 "… 여자는 남편에게서 갈리지 말고 … 남편도 아내를 버리지 말라"(고전 7 : 10-11)고 말했습니다. 무엇보다도 재혼이란 있을 수 없는 것입니다. 예수님께서는 "이르시되 누구든지 그 아내를 내어 버리고 다른 데 장가드는 자는 본처에게 간음을 행함이요 또 아내가 남편을 버리고 다른 데로 시집가면 간음을 행함이니라"(막 10 : 11-12)고 말씀하셨습니다.

그러나 세상은 잘못된 결혼을 어떻게 해결하라고 합니까? 혹자는 말하기를 '너는 틀림없이 그 방법으로 너의 원래 잘못된 결정의 결과를 피할 수 있어!' 라고 합니다. 여러분도 그렇게 할 수 있습니까? 진정한 해답은 그렇게 할 수 없다는 것입니다. 여러분은 일련의 결과를 다른 것으로 바꿀 수 있습니다. 그러나 여러분은 그 결과에서 피할 수 없습니다. 이 상황에서 그 결과는 자녀들에게든지, 그들 당사자들의 친구들에게든지, 심지어 재혼에까지 영향을 미칠 것입니다.

상황의 하나님

불순종은 앞서 저지른 불순종의 나쁜 결과에 대한 해답이 아닙니다. 때로 불순종은 하나의 해답입니다. 적어도 그것은 하나님께서 전혀 예기치 못한 일을 행하게 되는 조건을 제공하게 됩니다.

이것이 기브온 사람들의 경우입니다. 그들은 실제로는 근방에서 왔으면서도 대단히 멀리 떨어져 있는 땅에서 온 것처럼 가장하여 이스라엘을 속였으며, 그들은 속인 결과를 감수해야 했습니다. 그들의 목적했던 바대로 목숨을 건졌으나 그들은 종이나 노예가 되고 말았습니다. 성경 본문은 "… 그들이 온 회중을 위하여 나무를 패며 물을 긷는 자"(수 9 : 21)가 되었다고 말합니다.

그렇습니다. 여러분의 눈을 여호수아 9 : 27절로 돌리면 더 중요한 말을 덧붙였음을 알 수 있습니다. "여호와께서 택하신 곳에서 … 여호와의 제단을 위하여" 그것은 놀라운 일입니다. 기브온 사람들은 이스라엘의 종이 되었습니다. 그들이 섬기는 장소는(적어도 일부였겠지만) 여호와의 제단이 있는 곳이었습니다. 다른 말로 바꾸어 말하자면 비록 종이라 하더라도 그들은 정상적으로 영적인 일에 가까이 할 수 있는 특권을 누리게 되었습니다. 후일 이스라엘이 거짓된 신들을 따라갔을 때에도 기브온 사람들은 참되신 하나님께서 기름 부으셨으며, 죄를 위하여 희생제사를 드리는 제단에 여전히 서 있었습니다.

그들이 여호수아에게 온 이유를 "그들이 여호수아에게 대답하되 종들은 당신의 하나님 여호와의 이름으로 말미암아 심히 먼 나라에서 왔사오니 이는 우리가 그의 소문과 그가 애굽에서 행하신 모든 일을 들으며 또 그가 요단 동쪽에 있는 아모리 사람의 두 왕들 곧 헤스본 왕 시혼(Sihon)과 아스다롯에 있는 바산 왕 옥(Og)에게 행하신 모든 일을 들었음이니이다"(수 9 : 9-10) 라고 설명하였던 기브온 사람들에게 합당한 축복이었습니다.

프란시스 쉐퍼는 기브온 사람들의 간증은 라합의 것과 같이 선명하지는 못하다고 지적하면서 기생 라합과 기브온 사람들을 비교하였습니다. 라합은 "… 여호와는 상천하지에 하나님이시니라"(수 2 : 11)고 말했습니다. 그럼에도 불구하고 그들은 그들이 들은 것을 믿었고, 이스라엘의 하나님의 능력 때문에 왔습니다.

프란시스 쉐퍼(Francis Schaeffer)는 이렇게 말합니다.

"셈족의 용례에서 이름은 한 사람의 전 성격을 나타내는 언어적 표현이다. 기브온 사람들이 실제로 말한 것은 '당신의 하나님 여호와 때문에 왔나이다' 라는 것이었다. 이와 유사하게 그들은 '당신의 하나님 여호와께서 그 종 모세에게 명하사…' (수 9 : 24) 라고 말했다. 그러므로 라합과 기브온 사람 두 경우에서 그들이 들은 것은 그들을 확신시키기에 충분하였다. 라합은 이스라엘 나라를 향하여 하나님 원수들의 나라를 떠났다. 이와 같은 결단을 내리기 위하여 그녀는 그녀의 왕과 그녀의 문화와 투쟁을 하였다. 기브온 사람들도 이와 같이 하였다. 그들은 자신들의 부족 동맹을 깨뜨리고 하나님의 백성에게로 왔다. 더 나아가서 라합의 행동은 만일 그녀의 왕이 그녀가 한 일을 발견하게 되면 그가 의심 없이 라합을 죽이게 됨을 뜻하는 것이었다. 기브온 사람들도 실제로 반역 행위를 저질렀다. 동맹국들이 그들의 행한 바를 잘 알았다. 그러므로 동맹국들은 그들을 몰살시키려고 왔을 것이다."[2]

프란시스 쉐퍼는 기브온 사람들이 결단을 한 후 취한 충성을 잘 지적하고 있습니다. 이 사건이 있은 지 오랜 후, 그 땅의 백성과 공격하는 이스라엘 백성 사이에 전쟁이 있었습니다. 장황하게 기록된 가나안 정복에서 단 한 번도 변절한 기브온 사람들이 원래의 그들 동맹국 편을 들었다는 말을 들을 수가 없습니다. 그러므로 그들은 번성하였습니다.

"그 땅을 분배할 때, 기브온은 아론의 자손들에게 주었던 성읍들 가운데 하나였다.

그것은 하나님께서 알고 계신 특별한 장소였다. 약 사백 년 후에 다윗은 그 성읍에 성막을 두었다. 이것은 제단과 아울러 제사장들도 기브온에 있었음을 뜻한다. 적어도 다윗의 장수들 가운데 한 사람, 전쟁터에서 그에게 가장 가까이 따라다녔던 사람은 기브온 사람이었다. 다윗의 아들 솔로몬이 보좌에 오르는 중요하고 엄숙한 순간에도 솔로몬은 기브온에서 번제를 드렸다. 하나님께서 앞으로 통치하실 것을 그에게 말씀하실 때 환상을 본 것도 그곳이었다. 오랜 세월 후, 바벨론의 포로에서 돌아온 유대인들의 족보에도 기브온 사람들의 명단이 들어있다. 느헤미야의 시절에도 기브온 사람들은 예루살렘 성벽을 재건하는 백성들 가운데 있었다고 언급하고 있습니다. 기브온 사람들은 하나님의 백성 가운데 살게 되었다. 수백 년이 지난 후에도 그들은 여전히 거기서 살았다."[3]

우리도 기브온 사람

우리가 라합의 이야기를 공부할 때, 지적했던 것처럼 만일 우리가 유대인 예수 그리스도를 믿는 믿음을 통하여 이스라엘의 하나님을 믿게 된 이방인이라면, 라합의 경험과 우리의 경험 사이에는 병행적인 사실이 존재하는 것입니다. 이와 같이 기브온 사람들의 경우도 마찬가지입니다. 그들은 거짓말쟁이요, 속이는 자들이었습니다. 그들은 심판 아래 있었으며 하나님의 혹독한 진노에 노출되었습니다. 우리도 역시 그와 같습니다. 그들이 그랬던 것과 같이 우리도 참되신 하나님께 대하여 들었습니다.

애당초 우리는 그분에 대하여 많은 것을 알지 못하였습니다. 그러나 하나님께서는 이렇게 작은 시작을 통하여 그분의 백성들의 반열로 우리를 이끄시며 더 많이 깨닫게 하시고, 결국 예수 그리스도를 믿음으로 구원받은 자들과 동일하게 만드셨습니다. 우리도 역시 믿었습니다. 이것은 대단히 경이로운 것이요, 오로지 하나님의 은혜에 힘입은 것입니다.

만일 여러분이 하나님의 백성의 반열로 아직 이끌림을 받지 못하였다면, 당신이 지금 참되신 하나님께 대하여 알고 있는 지식이 여러분을 이끌게 하십시오. 여러분은 그분만이 참되신 하나님이시라는 것을 알고 있으며, 예수 그리스도의 죽으심을 통하여 여러분이 구원받을 수 있는 길을 제공하시리라는 것을 알고 있습니다. 그분께로 오십시오. 그리고 엄중한 심판을 면하십시오.

●각주●

1. Alan Redpath, *Victorious Christian Living : Studies in the Book of Joshua* (Westwood, N. J. : Fleming H. Revell Co., 1955), 142, 143

2. Francis A. Schaeffer, *Joshua and the Flow of Biblical History* (Downers Grove, Ill. : Inter Varsity Press, 1975), 149, 150.

3. 앞의 책, 150, 151

10

가장 긴 낮

여호수아 10 : 1-15

여호와께서 아모리 사람을 이스라엘 자손에게 넘겨 주시던 날에 여호수아가 여호와께 아뢰어 이스라엘의 목전에서 이르되 태양아 너는 기브온 위에 머무르라 달아 너도 아얄론 골짜기에서 그리할지어다 하매 태양이 머물고 달이 멈추기를 백성이 그 대적에게 원수를 갚기까지 하였느니라 야살의 책에 태양이 중천에 머물러서 거의 종일토록 속히 내려가지 아니하였다고 기록되지 아니하였느냐 여호와께서 사람의 목소리를 들으신 이같은 날은 전에도 없었고 후에도 없었나니 이는 여호와께서 이스라엘을 위하여 싸우셨음이니라 여호수아가 온 이스라엘과 더불어 길갈 진영으로 돌아왔더라(여호수아 10 : 12-15)

미국에 살고 있는 중국인들에게 복음을 전하는 전도자 리랜드 왕(Leland Wong)이 매우 효과적으로 사용하는 본문이 여호수아 10장에 있습니다. 그가 사용하는 편지지 맨 위에는 세 구절이 인쇄되어 있습니다. 여호수아 10 : 13절 "태양이 머물렀다." 열왕기하 6 : 6절 "도끼가 떠올랐다." 시편 48 : 14절 "이 하나님은 우리 하나님이십니다." 나는 성경의 하나님, 이적을 행하시는 하나님의 위대하심을 간증할 때, 이 구절들을 자주 사용합니다.

도끼가 정말 떠올랐는가?
태양이 정말 머물렀는가?

이 장엄한 이적, 특별히 태양이 머물렀던 이적은 내가 저술한 「반석 위에 서서」(Standing on the Rock)라는 책에서 "성경이 주장하는 문제들"이라는 제목의 장에서 이것을 별개의 영역으로 다룰 때, 많은 사람들에게 문제가 되었습니다. 그 책에서 나는 이렇게 말했습니다.

"만일 여러분이 자동차를 시속 100km로 운전하고 갈 때, 브레이크를 꽉 밟게 되면 몸은 앞으로 쏠리게 된다. 만일 지구가 갑자기 멈추면 누구나 넘어진다고 우리는 생각한다. 우리는 모두 이러한 난제를 인식하고 있다. 그러나 하나님께서는 틀림없이 이적을 행하실 수 있으시다. 이적에 호소함으로써 이것을 설명할 수 있든지 없든지 간에 순수한 이적이라고 해야 할 사건이 성경에 있으며 이성적인 설명에 의하여 피할 수 없다."[1]

여호수아 당시 기브온에서 해와 달이 머물렀던 것은 대단한 일이며, 조심스럽게 다루어야만 합니다.

"태양이 머무르다"

기브온 사람들은 이스라엘과 동맹을 맺음으로써 그들의 생명을 건질 수 있게 되었습니다. 그러나 구릉지대에 있는 다른 요새에 살고 있는 사람들이 그 소식을 듣고 기브온 사람들을 반역자로 보고 그들을 공격하자고 자연스럽게 결정할 수 있었습니다. 본문은 이렇게 말합니다.

"그 때에 여호수아가 아이를 빼앗아 진멸하되 여리고와 그 왕에게 행한 것 같이 아이와 그 왕에게 행한 것과 또 기브온 주민이 이스라엘과 화친하여 그 중에 있다 함을 예루살렘 왕 아도니세덱이 듣고 크게 두려워하였으니 이는 기브온은 왕도와 같은 큰 성임이요 아이보다 크고 그 사람들은 다 강함이라 예루살렘 왕 아도니세덱이 헤브론 왕 호함과 야르못 왕 비람과 라기스 왕 야비아와 에글론 왕 드빌에게 보내어 이르되 내게로 올라와 나를 도우라 우리가 기브온을 치자 이는 기브온이 여호수아와 이스라엘 자손과 더불어 화친하였음이니라 하매 아모리 족속의 다섯 왕들 곧 예루살렘 왕과 헤브론 왕과 야르못 왕과 라기스 왕과 에글론 왕이 함께 모여 자기들의 모든 군대를 거느리고 올라와 기브온에 대진하고 싸우니라"(수 10 : 1-5)

예루살렘 성이라는 말이 성경에서 처음으로 언급된 것이 큰 관심사가 아닐 수 없습니다. 이 구절에서 말하는 행동은 여호수아가 치렀던 전투에서 처음으로 가나안의 동맹군과 공개적으로, 그리고 정면으로 마주치게 되었음을 의미합니다.

어떻게 하여야 합니까? 설명에 의하면 여호수아는 직접 또는 정탐꾼의 보고에 의하여 가나안 동맹이 있음을 알았던 것이 아니라 기브온 사람들이 공격을 당하게 될 때 비로소 알게 되었습니다. 아모리 왕이 그들을 공격하려고 이동할 때, 기브온 사람들은 여호수아에게 전갈을 보냈습니다.

"기브온 사람들이 길갈 진영에 사람을 보내어 여호수아에게 전하되 당신의 종들 돕기를 더디게 하지 마시고 속히 우리에게 올라와 우리를 구하소서 산지에 거주하는 아모리 사람의 왕들이 다 모여 우리를 치나이다 하매"(수 10 : 6)

만일 여호수아가 소인배였더라면, 그가 기브온 사람들을 살려주겠다고 경솔하게 동의하였던 결과를 회피할 수 있는 길이라고 생각할 수도 있었습니다. 기브온 사람들이 여호수아를 속였기 때문입니다. 지금 그들은 자기들이 저지른 배반 행위 때문에 공격을 받게 된 것입니다. 그것은 지혜롭지 못했습니까? 그들이 도움을 받지 못한 채 공격을 당하도록 내버려두는 것은 옳지 못한 일입니까? 만일 구릉지대의 왕들이 기브온 거민을 멸하였다면 적어도 여호수아의 수중에서 한 가지 문제는 제거한 것이 아닙니까?

여호수아는 그런 식으로 생각하지 않았습니다. 그는 기브온 사람들과 하나님의 이름으로 동맹을 맺었습니다. 이제 그는 협정을 지키는 것이 중요하다는 결정을 내렸습니다. 난제에서 벗어나기 위하여 편안한 방법으로 상황을 쳐다보기 보다는 그는 이것을 하나의 기회로 포착하였습니다. 전갈이 왔을 때, 그는 길갈에 있었고 진(陣)은 요단강 옆 여리고 성 근처에 있었습니다. 그는 즉시 군대를 집합시키고 한밤중에 아이 성으로 가는 가파른 계곡으로 행군하여 남쪽을 거쳐 기브온으로 향했습니다. 그리고 새벽에 무렵 갑작스럽게 예기치 못한 가나안 동맹군과 마주쳤습니다.

이동은 그렇게 대담하였으며 공격은 그렇게 갑작스러웠으므로 구릉지대의 군사들은 모두 도망쳐 버리고 말았습니다. 본문은 "… 그들을 기브온에서 크게 도륙하고 벧호론에 올라가는 비탈에서 추격하여 아세가와 막게다까지 이르니라"(수 10 : 10)고 말합니다.

전쟁이 시작되었던 기브온에서 남쪽으로 가자면, 고지대 벧호론에서 16km쯤 되는 지점이 있습니다. 이 지점에서부터 길은 갑작스럽게 가파르게 되어 3km에 걸쳐 210m나 떨어지게 됩니다. 바위는 깎아 지른 듯 층계를 이룹니다. 추격하는 이스라엘 군인들에게 쫓겨 가나안 군사들은 이 험한 곳으로 도망하였습니다. 그들은 자기들이 세웠으며 문을 달아 놓았던 요새에 도착하기를 바랐습니다. 그리고 쫓아오는 적군과 마주치기 전에 하룻밤의 시간적인 유예를 얻고 싶었습니다.

이것이 어찌된 일입니까! 가나안 군사들이 가파른 바윗길로 도망할 때, 하나님께서 이스라엘을 돕기 위하여 두 가지 이적 가운데 첫 번째 이적으로 간섭하셨습니다. 그분은 큰 우박덩이를 보내서 벧호론 아래 비탈진 곳에서 당황하고 있는 군사들을 치셨습니다. 이 지방에서 우박은 매우 이상한 것입니다. 그것은 어떠한 기준으로도 설명할 수 없는 예외적인 것이었습니다. 큰 우박덩이가 많은 사람을 죽였습니다. 본문은 "… 이스라엘 자손의 칼에 죽은 자보다 우박에 죽은 자가 더 많았더라"(수 10 : 11)고 말합니다.

벧호론 능선을 올라가는 여호수아를 반겨주는 장면을 그의 눈으로 그려보십시오. 그 앞에서, 볼 수 있는 한, 겁에 질린 군사들의 무리가 자신의 군인들에게 쫓기고 있는 것이었습니다. 경사지를 넘어 평원 위에는 우박을 퍼붓고 있는 거대한 구름이 있었습니다. 그의 오른쪽에는 긴 오후를 지나 태양이 지중해를 향하여 지고 있었습니다.

여호수아는 두 가지 사실을 깨달아야만 했습니다. 첫째, 이것은 남쪽의 군사 동맹을 멸하기 위한 전대미문의 기회였습니다. 그들의 군사들이 할 수 있는 최선책은 대항하기 위하여 나왔다 도망가는 것이었습니다. 만일 여호수아가 지금 그들을 진멸할 수 있다면, 남쪽 땅은 진격하는 이스라엘 군사들 앞에 열려진 것입니다. 동시에 여호수아는 날이 저물고 있음을 깨달아야만 했습니다. 해가 저물 때 전투는 중지해야 되었습니다. 그러나 해가 지기 전에 완전한 승리를 하기 위해서는 시간이 충분하지 못하였습니다.

그래서 여호수아는 전무후무한 일을 하였습니다. 그는 낮을 연장하여 달라고 하나님께 기도하였습니다. 본문은 이렇게 말합니다.

"여호와께서 아모리 사람을 이스라엘 자손에게 넘겨 주시던 날에 여호수아가 여호와께 아뢰어 이스라엘의 목전에서 이르되 태양아 너는 기브온 위에 머무르라 달아 너도 아얄론 골짜기에서 그리할지어다 하매 태양이 머물고 달이 멈추기를 백성이 그 대적에게 원수를 갚기까지 하였느니라 야살의 책에 태양이 중천에 머물러서 거의 종일토록 속히 내려가지 아니하였다고 기록되지 아니하였느냐"(수 10 : 12-13)

성경 여호수아서의 본문은 과장하지 않고 계속해서 "여호와께서 사람의 목소리를 들으신 이같은 날은 전에도 없었고 후에도 없었나니 이는 여호와께서 이스라엘을 위하여 싸우셨음이니라"(수 10 : 14)고 선포합니다.

실제로 무슨 일이 있어났는가?

그러면 기브온에서 실제로 무슨 일이 일어났습니까? 태양이 실제로 머물렀습니까? 그것은 지구가 서서히 그리고 그 회전을 멈추었음을 의미합니까? 틀림없이 본문은 그렇게 말하는 것처럼 보입니다. 이러한 이적과 연관된 물리적인 문제는 너무 커서 보수주의 학자들은 물론 자유주의 학자들도 다른 설명을 널리 찾고 있습니다.

「과학과 성경의 기독교적인 관점」(The Christian View of Science and Scripture)이라는 책에서 이 문제를 논하면서 버나드 램(Bernard Ramm)은 네 가지 가능성 있는 해석을 이렇게 시도하였습니다.

첫 번째, 시적(詩的)인 말입니다. 그 당시 사람들은 자주 사사기 5 : 20절에서처럼 천체를 그들의 승리와 연관 지어 언급하였습니다. 드보라와 바락은 바로 별들이 그들의 원수 시스라를 대항하여 싸웠다고 주장합니다. 이 설명에 의하면, 이것이 바로 여호수아가 행했던 것, 그리고 본문이 보도하는 것입니다. 여호수아는 피할 수 있는 기회를 보았고, 하나님께 힘을 달라고 간구하였습니다. 하나님께서는 그의 군사들의 사기를 북돋워 주셨고 그들은 그 시간의 반에도 못 미치는 하루 동안의 전투를 치를 수 있었습니다(그들에게는 마치 그렇게 보였겠지만). 마치 낮이 연장된 것과 같았습니다.

물론 성경은 시어(詩語)를 사용합니다. 그러나 대부분의 해석자들에게는 여기서 말하는 것이 실제 사실이 아닌 것처럼 보입니다. 게다가 큰 우박덩이의 이적도 있습니다. 만일 위에 언급한 본문이 시어라면 그것이 전하고자 하는 것은 무엇입니까? 만일 그렇지 않다면 태양이 멈추었던 사실을 어찌하여 문자대로 받아들이지 않습니까?

두 번째, 태양과 달(또는 지구)은 실제로 멈췄습니다. 전능하신 하나님을 믿는 사람들은 이 위대한 이적의 가능성을 받아들이는 것이 어렵지 않습니다. 전능하심이란 "불가능이 없다." 라는 뜻입니다. 만일 하나님에게 불가능이 없다면, 그분은 어떤 일이라도 하실 수 있으므로 태양과 달 그리고 지구라 할지라도 쉽사리 멈추실 수 있습니다. 아마 이것이 실제로 일어났던 일일 것입니다.

이 이적의 양상은 매우 컸으므로 보수적인 주석가 프란시스 쉐퍼조차 하나님은 다만 어떤 방법에 의하여 태양이 비추는 낮을 연장하셨다고 논쟁하였습니다.[2] 그는 여름철의 낮 시간의 길이나 해가 지지 않는 노르웨이와 같은 북유럽의 여름에 비교하였습니다.

세 번째, 태양 광선의 굴절의 기적이 마치 태양과 달이 그 정상 궤도에서 벗어난 것처럼 보이게 합니다. 이것은 프란시스 쉐퍼가 생각하는 이적과 같을 수도 있습니다. 버나드 램(Ramm)은 이 점을 과학적으로 논증하는 쇼트(R. Short)와 로웰 버틀러(J. Lowell Butler)의 두 편의 논문을 인용하고 있습니다.[3] 그들은 여호수아 10장의 이적은 "한 개 또는 그 이상의 자연적인 신기루 현상과 유사한 지구 대기권의 특별하고 드문 신기루 현상"에 기인하며, "그러나 신적인 이적의 결과임에 분명한 크기, 높이, 특징을 지니고 있을 뿐이다." 라고 믿습니다.[4]

입증되지는 못하였으나 여기 실린 두 가지 주장이 있습니다. 첫째, 이 이적에 관한 저술이 낮의 길이가 길었다는 이집트, 중국, 힌두의 기록에 있다는 것입니다. 둘째, "천문학적 계산에서 완전한 하루가 없어졌다는 천문학자들의 공통적인 인식이 있으며, 하버드연구소의 픽커링(Pickering) 교수는 여호수아의 때까지 거슬러 올라간다." 는 미확인 보고가 있습니다.[5] 때때로 나는 이와 같은 주장들을 보았으나 신빙성 있는 문서를 결코 본 적이 없습니다. 버나드 램도 역시 그가 만족할 만큼 이러한 주장을 입증할 수 없다고 보도하고 있습니다.

네 번째, 여호수아는 긴 낮을 기도한 것이 아니라 낮 시간의 강력한 열이 방출되기를 기도하였습니다. 대부분의 영어성경(개역개정성경도 마찬가지임-역주)에서 "머무르다"로 번역한 히브리어 동사 "돔"(dom)은 "잠잠하다, 중지하다, 멈추다"를 의미합니다.

이런 이유로 인하여 그리니치 천문대의 마운더(E. W. Maunder)와 프린스턴신학교의 로버트 윌슨(Robert Wilson)은 낮의 열기 속에서 여호수아는 태양이 빛을 비추는 것을 중지하기를 요청했고, 하나님께서는 우박을 보내서 그의 군인들이 기운을 새롭게 하여 한나절에 할 수 있는 일을 반나절 동안 할 수 있게 하셨을 뿐만 아니라 원수들을 궤멸시킬 수 있도록 응답하셨다고 합니다.

나는 실제 일어났다는 것에 대하여 아무런 확신을 가질 수 없음을 고백합니다. 여러 종류의 논문과 책을 읽을 때마다 나는 이 점에 대하여 역시 아무것도 확신하고 있지 못함을 느낍니다. 거대한 시집(詩集) 야살의 책에 기록되었다고는 하지만 나는 이 말이 시(詩)라고 믿지 않습니다. 나는 지구가 실제로 그 회전을 멈추었는지, 태양과 달이 실제로 우주의 그 궤도에서 멈추었는지 의심스럽습니다. 나는 내가 다만 모를 뿐이지 하나님께서 다른 현상을 사용하셔서 낮 시간을 연장하셨다고 믿으려고 합니다. 내가 할 수 있는 말은 하나님께서 정확하게 일어난 일을 계시하실 때까지 기다리는 것으로 만족하고 있습니다. 확실한 것은 하나님께서 이스라엘 군대가 "완전하고 결정적인 승리"를 할 수 있도록 어떤 일을 하셨다는 것입니다.

이 하나님이 또한 우리 하나님

그러나 이것으로 이 이야기가 우리에게 끝이 난 것은 아닙니다. 성경은 우리를 "… 교훈과 책망과 바르게 함과 의로 교육하기에 유익한 …"(딤후 3 : 16) 책입니다. 우리는 이 이야기에서 특별히 교훈을 받아야 할 것이 무엇인지 자문해 보아야만 합니다.

첫 번째 교훈은, 하나님보다 더 위대한 것은 없다는 것입니다. 앞서 나는 프린스턴신학교에서 히브리어 교수로 있었던 로버트 윌슨(Robert Wilson)을 언급하였습니다. 프린스턴신학교를 졸업하고 나서 12년 쯤 되었을 때, 졸업생이었던 도널드 반하우스(Donald Barnhouse, 1895-1960 : 목사, 방송 설교자. 본서의 저자 몽고메리 보이스 목사가 시무하는 필라델피아제십장로교회에서 저자보다 앞선 33년간을 목회하였음-역주) 목사가 모교에 초청을 받고 채플에서 설교를 하였습니다. 그는 도착하여 그의 설교를 들으려고 앞 자리에 앉아있는 은사였던 로버트 윌슨을 알아보았습니다. 예배가 끝나고 그의 옛 히브리어 교수가 반하우스 목사에게 다가와서, "만일 자네가 다시 온다면, 자네 설교를 들으러 오지 않을 걸세. 다만 한 번쯤은 왔다네. 자네가 하나님만 찾는 사람인 것을 기쁘게 생각하네. 내가 가르쳤던 학생들이 오면 그들이 하나님만 찾는 사람인가 아닌가를 보지. 그러면 그들이 어떻게 목회를 하는지 알 수가 있다네!" 라고 말했습니다.

반하우스 목사는 옛 은사에게 그 말을 설명해 달라고 청했습니다. 그는 "그래, 어떤 사람은 아주 작은 신을 가지고 있지. 그들은 항상 그 신 때문에 고통을 당한다네. 그는 도무지 기적을 행할 수 없어. 그는 성경의 영감도 보살필 수 없고 우리에게 보존하고 전달할 수도 없네. 그들은 작은 신을 가지고 있으니 나는 그들을 작은 신을 섬기는 작자들이라고 부른다네. 그런데 위대한 하나님을 소유한 사람들이 있다네. 그분은 말씀하시고 행하신다네. 그분은 명령하시고 신속히 진행하신다네. 그분은 자기를 두려워하는 사람들을 대신하여 스스로 강한 힘을 어떻게 보여줄 수 있는가를 아신다네. 자네는 위대한 하나님을 소유하였으니 그 하나님께서 자네의 목회에 복을 주실 것일세!" 라고 말했습니다.[6]

도널드 반하우스 목사는 정말 위대한 하나님을 소유하였습니다. 그리고 그분께서 그의 목회에 복을 주셨습니다. 그분이 여호수아와 승리한 이스라엘 백성의 하나님이셨던 것과 같이 "이 하나님이 또한 우리의 하나님" 이십니다. 그분께 더 위대한 것은 아무것도 없습니다.

여호수아 10장이 우리에게 주는 두 번째 교훈은, 우리가 하나님과 동행하면서 위대한 개인적인 승리의 날을 기대해야 한다는 것입니다. 이것은 물론 여호수아가 취했던 행동에 담겨있는 비밀이었습니다. 하나님께서는 여호수아에게 구릉지대의 왕들과 그들의 군사들을 여호수아의 손에 주셨다고 말씀하셨습니다.

"… 그들을 두려워 말라 내가 그들을 네 손에 붙였으니 그들의 한 사람도 너를 당할 자 없으리라 하신지라"(수 10 : 8).

그와 같이 여호수아가 남쪽에 있는 자신들의 요새를 향하여 도망가는 아모리 족속을 보았을 때, 그는 용기를 내어 하나님께 기도하고 하나님의 초자연적인 간섭을 기대하였습니다. 나는 하나님께서 하시지 않은 약속이나, 그분의 영광이 아니라 개인적이며 이기적인 승리를 요청하면서 우리가 하나님께 의지하고 있다고 생각하는 것도 알고 있습니다. 이와 같은 경우에서도 하나님의 간섭하심을 기대할 수 있는 어떠한 지상 명령도 우리는 가지고 있지 않습니다. 그러나 실제로 하나님만을 위하여 싸우고 있을 때, 실제로 하나님의 영광만을 구하고 있을 때는 어떠합니까? 이와 같은 경우에 우리는 하나님의 간섭하심을 기대해야만 하며, 그것을 간구할 수 있습니다.

나는 여호수아가 "… 이스라엘의 목전에서 여호와께 …"(수 10 : 12) 기도했음을 압니다. 즉, 그는 그가 기대하는 것을 공개하였다는 것입니다. 그는 하나님께서 자기에게 말씀하셨던 것이 일어날 것을 기대했기 때문에 그는 실패로 인하여 겪게 될 수치를 두려워하지 않았습니다. 그는 말씀 위에 자신의 믿음을 올려놓았습니다. 만일 우리가 여호수아가 했던 것처럼 한다면, 우리는 하나님께서 그것을 영화롭게 하시는 것을 발견할 수 있게 될 것입니다.

마지막으로, 여호수아가 전쟁에서 하나님의 경이적인 간섭을 기도했을지라도, 그럼에도 불구하고 그는 자신이 감당해야 하는 인간적인 책임의 가장 작은 부스러기까지 모두 감당하였습니다. 정말 그는 이야기 전체를 통하여 신실하고 탁월한 사령관입니다. 그는 기브온 사람과 맺은 동맹에도 신실했습니다. 그는 길갈에서부터 이튿날 아침에 적군을 공격하기 위하여 독창적이며 과감한 야간 행군을 감행하였습니다. 그때, 일단 전투가 시작되자 그는 정력적으로 추진하였습니다. 그는 피로 때문에, 또는 의지가 부족하여 후퇴하지 않았고, 마지막까지 계속하였습니다. 그는 승리하였고, 하나님께서는 완전한 승리를 이룩할 수 있는 기회를 그에게 제공하셨습니다.

우리의 승리는 본질상 아주 다를 수 있으나 그럼에도 불구하고 그 승리는 또한 "위대한 승리"가 되어야만 합니다.

●각주●

1. James Montgomery Boice, *Standing on the Rock* (Wheaton, Ill. : Tyndale House Publi-shers, 1978), 95.

2. F.A. Schaeffer, *Joshua and the Flow of Biblical History* (Downers Grove, Ill. : Inter Varsity Press, 1975), 142.

3. A. Rendle Short, *Modern Discovery and the Bible* (London : Intervarsity Fellowshipof Eva-ngelical Unions, 1943), 117, and J. Lowell Butler, "Mirages Are Light Benders," *Journal of the American Scientific Affiliation*, vol. 3(December 1951), 1-18. Bernard Ramm, The Christian View of Science and Scripture (Grand Rapids : Wm. B. Eerdmans, 1954), 158.

4. Butler, "Mirages," 9.

5. Ramm. *Christian View of Science*, 159.

6 .Donald Grey Barnhouse, *Let Me Illustrate : Stories, Anecdotes,Illustrations* (Westwood, N. J. : Fleming H. Revell Co., 1967), 132, 133.

11

남쪽과 북쪽의 전투

여호수아 10 : 16-12 : 24

이와 같이 여호수아가 그 온 땅 곧 산지와 네겝과 평지와 경사지와 그 모든 왕을 쳐서 하나도 남기지 아니하고 호흡이 있는 모든 자는 다 진멸하여 바쳤으니 이스라엘의 하나님 여호와께서 명령하신 것과 같았더라 여호수아가 또 가데스 바네아에서 가사까지와 온 고센 땅을 기브온에 이르기까지 치매 이스라엘의 하나님 여호와께서 이스라엘을 위하여 싸우셨으므로 여호수아가 이 모든 왕들과 그들의 땅을 단번에 빼앗으니라(여호수아 10 : 40-42)

그때에 여호수아가 가서 산지와 헤브론과 드빌과 아납과 유다 온 산지와 이스라엘의 온 산지에서 아낙 사람들을 멸절하고 그가 또 그들의 성읍들을 진멸하여 바쳤으므로 이스라엘 자손의 땅에는 아낙 사람들이 하나도 남지 아니하였고 가사와 가드와 아스돗에만 남았더라 이와 같이 여호수아가 여호와께서 모세에게 말씀하신 대로 그 온 땅을 점령하여 이스라엘 지파의 구분에 따라 기업으로 주매 그 땅에 전쟁이 그쳤더라(여호수아 11 : 21-23)

여호수아 10장의 중간에 이르기까지는 가나안 정복의 이야기를 세밀하게 말해주고 있습니다. 세 번에 걸친 교전이 기록되었습니다. 여리고 성, 아이 성에서 그리고 기브온 근처 언덕에서 마지막 전투는 겁에 질린 아모리 족속들이 요새화된 산성을 향하여 도망갈 때 벌어진 대접전이었습니다. 이와 같은 이야기들은 주의 깊게 말하고 있습니다. 이러한 공격을 차례대로 열거하는 방법은 변화되었습니다. 군대 이야기와 전투 이야기를 자세하면서도 조심스럽게 설명하는 대신 이스라엘 군대가 처음에는 남쪽으로 그리고 북쪽으로 전진하면서 치른 전투를 재빨리 요약하고 있습니다.

전체적으로 볼 때, 가나안 정복에는 세 가지 국면이 있습니다. 요단 강 도하를 시작하여 여리고 성에서부터 그 땅의 심장부 아이 성으로 진격이 뒤따르게 됩니다. 첫 번째 국면은 그 땅에 이스라엘 군대가 진격하여 가나안을 양분하는 것입니다. 전투의 두 번째 국면은 여리고에서부터 시작하는 쐐기 모양의 남쪽 지역에 있었습니다. 이 지역에는 강력한 산성들이 많이 있었으며, 이 성읍에는 왕과 그들의 군사들이 있어서 동맹을 맺어 기브온을 공격하였고, 여호수아가 기브온 족속을 구출하러 행군하였던 길이었습니다.

여호수아 10 : 29-43절은 이 지역에서 여호수아가 치렀던 소탕작전에 대하여 말하고 있습니다. 공격의 마지막이며 세 번째 국면은 북쪽 지역의 정복이었습니다. 여호수아 11장은 이 전투를 소상하게 설명하고 있습니다. 침공 작전의 요약에 이어서 12장에서는 패주한 왕들의 명단을 열거하고 있습니다.

그러므로 여호수아 10장에서 12장까지의 세 장은 이스라엘 군대가 가나안을 정복한 핵심적인 이야기를 담고 있습니다.

남쪽 전투

여호수아가 기브온 전투에서의 승세를 이용하여 남쪽 성읍들과 전투를 몰아쳤으므로 분명히 많은 시간이 걸리지 않았습니다. 10장 초두에 언급한 바와 같이 예루살렘 왕 아도니세덱을 비롯하여 남방 성읍들 가운데 가장 뛰어난 왕들의 이름을 부르면서 설명을 시작합니다. 네 왕이 그 동맹군에 참가하였습니다. 헤브론 왕 호함, 야르뭇 왕 비람, 라기스 왕 야비아, 에글론 왕 드빌이었습니다.

예루살렘은 이들 산악 요새들 가운데 가장 빼어난 성읍이었습니다.

그것은 기브온 남쪽 10km 지점에 있었으며 기브온 족속의 약점을 너무나도 잘 알고 있었습니다.

헤브론은 예루살렘의 남남서 31km 지점에 위치하고 있었습니다.

그곳은 수세기 전에 족장들이 살았던 곳이요, 아브라함과 이삭과 야곱(그리고 그들의 부인들)이 묻힌 곳이요, 마지막 유언에 따라 요셉도 묻혀야 했던 곳입니다 (창 50 : 25).

야르뭇은 예루살렘 서남쪽 25km 지점 해변 평야와 바다를 굽어 볼 수 있는 능선에 있었습니다. 오늘날에는 키르베트 야르뭇이라고 부릅니다.

라기스는 B.C. 8천년까지 거슬러 올라가는 팔레스타인에서 가장 오래된 성읍 가운데 하나입니다. 지금은 텔 엘두웨이르라고 불리우고 있습니다.

에글론은 통상 텔 엘헤시와 동일하다고 생각되고 있으며, 이 또한 대단히 오래된 고대 도시입니다.

이들 도시의 군사들은 기브온을 공격하기 위하여 연합군을 구성하고 있다가 여호수아의 갑작스럽고 예기치 못한 공격의 결과로 패주하게 되었습니다. 그들이 남쪽으로 도망갈 때, 추격하는 이스라엘 군대에게 진멸당하고 말았습니다.

어떤 지도자들입니까? 여호수아 10 : 16-28절은 예루살렘, 헤브론, 야르뭇, 라기스 그리고 에글론의 왕들이 막게다라는 남방 성읍 근처(정확한 위치는 알 수 없음) 굴에 숨었다고 말합니다. 그들의 군사들은 후퇴하고 있었으며, 그들은 이스라엘 군대에게 발각되었습니다. 여호수아는 대적하는 왕들을 발견하고 사로잡은 중요성을 알고 있었습니다. 그는 그날 낮 동안 치렀던 군사 작전도 알고 있었습니다. 그는 자기와 함께한 병사들이 도망가는 적군들을 계속 추격하는 동안 그 굴을 봉하도록 명령하였습니다. 전투가 끝나고 여호수아는 그 굴로 돌아와서 휘하 병사들을 막게 다에 집결시키고 다섯 명의 왕들을 끌어내었습니다.

이튿날 여호수아는 두 가지 일을 하였습니다. 첫째, 그는 싸움에서 패한 왕들을 그의 앞에서 티끌 가운데 엎드리게 하고, 그의 병사들을 이끄는 지휘관들에게 와서 그 왕들의 목을 발로 밟으라고 하였습니다. 여호수아는 "… 그들에게 이르되 두려워하지 말며 놀라지 말고 강하고 담대하라 너희가 맞서서 싸우는 모든 대적에게 여호와께서 다 이와 같이 하시리라"(수 10 : 25)고 말했습니다.

둘째, 여호수아는 예루살렘, 헤브론, 야르뭇, 라기스, 에글론 왕을 죽여 그들의 시체를 석양이 질 때까지 나무에 달아두었습니다.

내가 두 가지 일이라고 말하지 않았습니까? 여호수아는 그 왕들에 관한 두 가지 일을 행했습니다. 그가 왕들을 사로잡고 죽여서 나무에 매달던 같은 날, 여호수아가 막게다를 취했다고 기록된 여호수아 10 : 28절을 나는 즐겁게 읽었습니다. 그는 조용히 있을 수 없었습니다. 여호수아는 나무에 달린 다섯 왕의 시체를 바라보고만 있지 않고 가까운 곳에 있는 성읍을 취함으로 시간을 벌었습니다. 10장 나머지 부분에서 그가 계속하여 남방 성읍, 곧 립나, 라기스, 에글론, 헤브론, 드빌을 차례차례 정복하였습니다. 이 가운데 세 성읍은 그가 방금 죽였던 왕들에게 속하였던 것입니다. 나머지 다른 성읍은 그 근처에 있었습니다. 비록 예루살렘 왕 아도니세덱은 죽임을 당한 자들 가운데 속했으나 여호수아가 취했다는 성읍의 목록에는 들어 있지 않다는 점이 중요합니다. 예루살렘은 이스라엘의 정복을 면했으며(수 15 : 63), 수백 년 후 다윗의 때까지 취하지 않았습니다(삼하 5 : 6-7).

10장은 여호수아가 네 지역을, 즉 구릉지대, 네게브(남방 광야지대), 서쪽 낮은 구릉지대, 산악지대 등을 완전히 정복한 것을 말하면서 끝을 맺고 있습니다.

"여호수아가 또 가데스 바네아에서 가사까지와 온 고센 땅을 기브온에 이르기까지 치매 이스라엘의 하나님 여호와께서 이스라엘을 위하여 싸우셨으므로 여호수아가 이 모든 왕들과 그들의 땅을 단번에 빼앗으니라"(수 10 : 41-42)

북쪽 전투

가나안 정복의 마지막 국면은 북쪽에 있습니다. 그것은 다시 그 땅의 여러 왕들이 취한 행동이 뒤따르게 되었습니다. 하솔 왕 야빈은 예루살렘 왕 아도니세덱이 남방 동맹의 지도자였던 것과 같이 북방 동맹의 지도자였습니다. 아도니세덱이 그랬던 것처럼 그도 이스라엘이 취한 승리에 놀라서 북방 성읍의 여러 왕들과 그들의 군사를 함께 모았습니다. 이들 연합군은 메롬 물가(Waters of Merom), 곧 갈릴리 바다 약간 북쪽에 있는 호수에 집결하였습니다.

이 전투에서 새로운 요소는 연합군이 병거를 사용한 점입니다. 유대인의 역사에 대해 요세푸스(Josephus)가 얼마나 정확한지는 모르겠으나 그는 수백 년이 지난 다음 이 점에 대하여 많은 글을 남겼습니다. 그의 기록에 따르면 가나안의 연합군 숫자는 보병 300,000명, 기병 100,000명, 병거 20,000대에 달했다고 합니다. 만일 이것이 사실이라면(추정에 의한 군대 규모에 불과하다고 하더라도), 여호수아의 출중한 경력에 비추어 본다 하더라도 이것은 사상 최대의 접전임에 틀림없습니다. 숫자만으로도 압도하지만 게다가 이스라엘이 전혀 싸워 본 경험이 없는 병거가 있었습니다. 요세푸스는 "적의 대군은 여호수아 자신과 이스라엘 자손을 모두 절망시켰다. 그리고 그들은 극도의 공포 가운데 승리의 소망을 가질 수조차 없었다." 라고 말합니다.[1]

성경은 여호수아가 대적하는 군사의 규모와 성격 때문에 두려워했다고 말하지 않습니다. 그러나 하나님께서 다시 간섭하셔서 승리를 약속하셨으므로 그가 두려워하지 않을 수 있었습니다.

"여호와께서 여호수아에게 이르시되 그들로 말미암아 두려워하지 말라 내일 이맘때에 내가 그들을 이스라엘 앞에 넘겨 주어 몰살시키리니 너는 그들의 말 뒷발의 힘줄을 끊고 그들의 병거를 불사르라 하시니라"(수 11 : 6)

만일 여호수아가 그 군대 규모에 위협을 느꼈다면, 그는 그것을 보여주기를 거절하였을 것입니다. 여호수아가 기브온에서 남방 군사동맹을 향하여 진격하여 그들을 궤멸시켰던 것처럼 그는 즉시 이들 적군을 향하여 진격하여 졸지에 그들을 습격하였습니다. 별로 자세히 설명하지 않는다고 하더라도 이 전투는 전체 가나안 정복에서 아마도 가장 격렬하고 피비린내 나는 것이었습니다. 우리는 다만 "여호와께서 그들을 이스라엘의 손에 넘겨 주셨기 때문에 그들을 격파하고 큰 시돈과 미스르봇 마임까지 추격하고 동쪽으로는 미스바 골짜기까지 추격하여 한 사람도 남기지 아니하고 쳐죽이고 여호수아가 여호와께서 자기에게 명령하신 대로 행하여 그들의 말 뒷발의 힘줄을 끊고 그들의 병거를 불로 살랐더라"(수 11 : 8-9)는 말을 들을 수 있을 따름입니다.

북방 군사동맹을 격퇴 진멸하고 난 후, 여호수아는 그 성읍들로 돌아와서 하솔에서부터 시작하여 동맹에 가담한 왕들의 목을 베었습니다. 여기서 우리는 여호수아가 정복한 성읍의 이름을 알 수 없습니다. 그것은 후에 12장에서 등장하게 됩니다. 그 대신 여호수아가 "온 땅"을 취하였다고만 말합니다. 뒤에 이어지는 설명은 단지 북방 전투만이 아니라 전체 정복기를 담고 있습니다. 본문에서는 여섯 지역을 기술하고 있습니다.

첫째, 한 부분은 남쪽으로 그리고 또 한부분은 북쪽으로 이어지는 구릉지대.
둘째, 유다에서부터 남쪽으로 뻗어가는 보잘 것 없는 땅, 네게브.
셋째, 정확한 위치를 설정할 수 없는(요셉 당시 이스라엘 자손이 정착했던
　　　애굽 땅이 아님) 보다 먼 남쪽 지역 고센.
넷째, 지중해까지 뻗어가는 지역, 곧 서쪽 낮은 구릉지대.
다섯째, 요단강 동편 비옥한 땅, 아라바.
여섯째, 북쪽 전 지역을 포함하여 구릉이 섞여있는 이스라엘의 산악지대.

그리하여 영토는 정복되고 확장되었습니다. 시돈에서부터 이집트까지, 지중해

에서부터 광야지대에 걸친 것이었습니다. 정말 그것은 이스라엘에게 약속하셨던 땅 전체였습니다.

정복의 요약

여호수아서는 두 부분, 곧 가나안 정복과 정착으로 나뉘어집니다. 가나안 정복기는 12장으로 끝을 맺습니다. 그러므로 12장은 정복의 요약이라 함이 합당합니다. 가나안을 공격하기 전, 요단강에서 멀리 떨어진 곳에 모세의 지도 아래 치렀던 전투로 거슬러 올라갑니다. 그때 점령한 영토는 르우벤, 갓 그리고 므낫세 반 지파에게 주었습니다. 그리고 나서 여호수아의 지휘 아래 얻은 여러 번의 승리가 싸움에 패하여 죽임을 당했던 왕들의 이름을 열거하면서 요약하고 있습니다. 그것은 다음과 같이 점검할 수 있습니다.

여리고 왕	한 명
아이 왕(벧엘 근처)	한 명
예루살렘 왕	한 명
헤브론 왕	한 명
야르뭇 왕	한 명
라기스 왕	한 명
에글론 왕	한 명

이 명단은 서른한 번째 왕까지 계속되고 "··· 모두 서른한 왕" 이라고 끝맺고 있습니다(수 12 : 9-24).

이렇게 해서 눈의 아들 여호수아의 지휘 아래 공식적인 가나안 정복은 종결되었습니다.

지도자의 자질

여호수아서 나머지 부분에서도 여호수아의 이름이 실려 있는 것을 볼 때, 그의 존재를 느낄 수 있습니다. 사실상 여호수아서는 이스라엘의 지도자들과 백성들에게 행한 위대한 설교로 끝을 맺고 있습니다.

그는 그의 설교에서 하나님을 선택하고 그분만 성실하게 섬기라고 도전하고 있습니다. 이 위대한 장군이 쟁취한 승리를 되돌아보고 그를 이렇게 매우 뛰어난 지도자(Exceptional Leader)로 만들었던 자질이 무엇인가를 질문해 보기에 좋은 곳입니다. 나는 여섯 가지를 말하고 싶습니다.

첫 번째, 여호수아는 단기적인 이익으로 하여금 그를 장기적인 목표에서 멀어지게 하지 않았습니다. 여호수아는 이것을 할 수 있었습니다. 기브온 전투에서 패주하는 남방 동맹의 여러 왕들이 숨은 곳을 발견한 것을 예로 들 수가 있습니다. 이 발견이야말로 하나님께서 여호수아에게 확실하게 베풀어 주셨던 절호의 기회였습니다. 그들을 죽임으로 큰 이익을 얻을 수 있었습니다. 그럼에도 불구하고 여호수아는 그의 으뜸이 되는 과업은 적군 병사들을 진멸하고 남방 땅을 점령하는 것이라는 것을 알고 있었습니다. 그러므로 그는 이들 왕이 숨어있는 굴을 봉인하여 두었다가 나중에 그들을 처리하였습니다.

대부분 그리스도인들은 이 부분에서 여호수아를 본받아야만 합니다. 왜냐하면 우리는 모두 유리하지만 단기적인 기회의 저지를 당하게 되며, 자주 이러한 것들은 우리의 으뜸이 되는 임무에서 돌이키게 하기 때문입니다.

몇 해 전, 나는 네비게이토의 책임자였던 론 새니(Lorne Saney)와 담소한 적이 있었습니다. 그는 대단히 분주한 생활에서 어떻게 우선순위를 유지하고 있는지를 말했습니다. 매년 크리스마스 후에 그는 다음 해를 위한 개인적인 목표를 세우기 위하여 시간을 갖습니다. 그는 이들 목표를 하나하나 기록하고 우선순위를 결정하여 다음 열두 달 동안 이들을 어떻게 달성할 것인가를 결정하였습니다. 그는 이것을 매 분기(分期), 즉 삼 개월마다 다시 검토하고 수정하여 그 목표에서부터 멀리 이탈

하지는 않았는지 또는 그의 생각이 어떻게 변해야 하는가를 살펴봅니다.

이 대화에서 내가 가장 깊은 인상을 받은 것은 다음 주간에 새롭게 할 일을 준비하기 위하여 매주일 밤마다 같은 일을 한다는 것이었습니다. 이렇게 할 때마다 그는 그것을 위하여 기도합니다. 가장 중요한 일을 제일 먼저 하기 위하여 그는 그 일을 매듭지으려고 노력하였습니다. 이와 같이 하는 것은 산만하고 옳지 못한 방향으로 계도된 수많은 그리스도인들에게 도움이 될 것입니다.

두 번째, 여호수아는 눈으로 볼 수 있는 전투를 수행하는 사람들의 필요를 이해하였습니다. 여호수아가 사로잡은 왕들을 처리하려고 되돌아왔을 때, 그들을 단번에 죽이지 않았습니다. 그 대신 그는 휘하의 지휘관들을 앞으로 나오게 하여 그의 곁을 지나 티끌 가운데 부복하고 있는 여러 왕들의 목을 발로 밟게 하였습니다. 그는 하나님께서 자기를 격려하면서 하셨던 말씀을 그대로 말하면서 그의 지휘관들을 격려하였습니다.

"… 두려워하지 말며 놀라지 말고 강하고 담대하라 **너희**가 맞서서 **싸우는** 모든 대적에게 여호와께서 다 이와 같이 하시리라"(수 10 : 25)

여호수아는 길고도 어려운 전투가 수없이 많이 앞에 놓여 있다는 것을 알았으며, 그는 그의 지휘관들이 이것을 버티어 내기 위하여 정기적이며 극적인 격려가 필요하다는 것도 알았습니다.

오늘날도 역시 마찬가지입니다. 미국에서 (등록 교인의 숫자에 비하여) 가장 많은 헌금을 하는 교회는 바틀릿 헤스(Bartlett Hess) 박사가 목회하는 미시간주 라이보니아에 있는 워드장로교회(Ward Presbyterian Church)입니다. 그 교회는 매년 선한 사업을 위하여 200만 달러를 헌금하고 있습니다. 어떻게 그렇게 할 수 있습니까? 헤스 목사는 다름 아닌 격려가 그 비결이라고 설명합니다.[2]

어떤 목사들은 교인들이 헌금을 많이 하지 않기 때문에 항상 그들을 을러댑니다. 헤스 목사는 그들이 드린 헌금에 감사의 말을 하고 그들의 헌금으로 이루어낸 것을 정기적으로 보고합니다. 동일한 원리가 자녀 양육에도 적용됩니다. 그들은 격려가 필요합니다. 남편과 아내, 고용주와 피고용인, 그리고 다른 경우에도 이와 같은 관계가 유지되어야 합니다.

세 번째, 여호수아는 지름길을 택하지 않고, 논리적으로 단계적인 전진을 하며 전투를 수행하였습니다. 오늘날도 성경을 깊이 연구하는 사람이라면 누구나 이 사람이 가나안 정복을 일관성 있게 논리적으로 수행한 데서 깊은 인상을 받게 됩니다. 그는 여러 왕들과 그들의 군대들을 격파하였습니다. 그리고 요새화된 성읍들을 향하여 한 발자국 한 발자국 전진하였습니다. 그 땅을 완전하게 정복하기 위하여 다른 길은 없었습니다. 여호수아서 10장에서부터 12장까지 간략하게 기술되었지만 이들 성읍을 점진적으로 정복하는데 장장 칠년의 세월이 걸렸습니다.

이 사실은 우리가 그리스도인의 삶을 살아감에 있어서 여호수아처럼 일관성을 지닐 수가 있도록 도와줍니다. 우리의 시대에서 영적 성장과 성숙으로 인도하는 지름길이라고 생각하는 수많은 서적과 담론 그리고 세미나의 공격을 받고 있습니다. 그리스도인의 삶을 계발하는 지름길은 없기 때문에 우리는 이러한 것들과 씨름하면서 많은 시간을 낭비하고 있습니다. 비법이나 왕도는 없습니다. 성경은 우리에게 이렇게 말합니다. 즉, 우리는 성경을 읽고, 공부하고, 기도하고, 하나님의 백성들과 더불어 예배드리고, 불신자들에게 전도하고, 특별한 방법으로 다른 사람을 섬기라고 말합니다. 이것은 지금도 작용하고 있고 또한 지금까지 작용해 온 것입니다. 그러나 다만 성숙에 이르는 지름길은 없다는 것입니다. 그것은 우리가 해야만 하는 일이요, 하나님의 백성으로서 평생 계속해야 하는 일입니다. 여호수아는 이 방면에서 우리의 탁월한 모델입니다.

네 번째, 여호수아는 해결하지 못했거나 실패하였던 초기의 실수를 용납하지 않았습니다. 여호수아는 위대한 지도자였으며, 하나님께서는 그를 위대하게 사용하셨습니다. 그렇다고 해서 이 말은 여호수아가 완전하였음을 의미하지는 않습니다. 우리는 그가 초기 전투에서 두 가지 실수를 범했음을 알고 있습니다. 첫째, 그는 여호와 하나님과 의논하지 않고 정탐꾼들의 보고만 믿고 아이 성을 공격하였습니다.

그 결과 수치스러운 패배를 당해야만 하였습니다. 진중에 죄가 있었습니다. 만일 그가 먼저 하나님과 의논하였다면 이 사실을 알게 되었을 것이요, 사전에 처리하였을 것입니다. 둘째, 동일한 이유 때문에 기브온 족속의 계략에 말려들었습니다. 자기의 외적인 관찰에 근거하여 결정하고, 기도하지 않았습니다.

나는 그 이후에도 마귀가 우리에게 그렇게 하는 것처럼 여호수아에게도 찾아와서 큰 실수를 저질렀으니 하나님께 쓸모가 없게 되었다고 송사하였을 것이라고 생각합니다. 이것이 마귀의 계략 가운데 하나입니다. 그는 "자, 너는 이제 틀림없이 실수를 저질렀다. 하나님을 섬기는 것에 관한 한 너는 이제 아무런 면목도 없게 되었고 쓸모가 없게 되었다. 이제는 포기해야 된다. 하나님을 잊어버려라. 그리고 나를 섬겨라!'고 말할 것입니다. 여호수아는 그렇게 당하지 않았으며, 우리도 또한 그럴 것입니다. 그는 실수는 실수라고 인정하였으며, 그것을 고백하고, 잊어버렸습니다. 그는 사도 바울이 빌립보 교인들에게 말한 것처럼 행했습니다.

"형제들아 나는 아직 내가 잡은 줄로 여기지 아니하고 오직 한 일 즉 뒤에 있는 것은 잊어버리고 앞에 있는 것을 잡으려고 푯대를 향하여 그리스도 예수 안에서 하나님이 위에서 부르신 부름의 상을 위하여 달려가노라"(빌 3 : 13-14)

다섯 번째, 여호수아는 하나님을 무조건 믿었습니다. 미국에 소재한 낙스신학교(Knox Theological Seminary)의 저명한 신학자 스프라울(R. C. Sproul)은 하나님을 인격적으로 신뢰하는 것(Believing in God)과 다만 하나님의 존재를 인정하는 것(Believing God) 사이에는 큰 차이가 있음을 지적합니다.

많은 사람들이 하나님을 인격적으로 신뢰한다고들 말합니다. 그러면서 하나님이 존재하신다는 것을 인정합니다. 그러나 하나님을 믿지는 않습니다. 그리고 그분이 말씀하시는 것을 실천하지 않습니다. 여호수아는 하나님을 믿었으며, 모든 신앙의 영웅들처럼 그 믿음 위에서 행동하였습니다. 하나님은 여호수아에게 "… 두려워 말며 놀라지 말라 네가 어디로 가든지 네 하나님 여호와가 너와 함께 하시느니라 하시니라"(수 1 : 9)고 말씀하셨습니다.

여호수아는 하나님께서 자기의 대적들을 격퇴하신다는 것을 확실히 믿었습니다. 그래서 그는 승리를 확신하면서 그들을 공격하였습니다.

여섯 번째, 여호수아는 완전하게 순종하였습니다. 내 생각에는 본서에서 여호수아의 신앙과 인격의 됨됨이를 말하는 가장 중요한 것이 여호수아 11 : 15절에 분명하게 기록되어 있습니다.

"여호와께서 그의 종 모세에게 명령하신 것을 모세는 여호수아에게 명령하였고 여호수아는 그대로 행하여 여호와께서 모세에게 명하신 모든 것을 하나도 행하지 아니한 것이 없었더라"

얼마나 놀라운 일입니까! 여호수아는 "여호와께서 모세에게 명하신 모든 것을 하나도 행하지 아니한 것이 없었더라" 그는 가나안을 정복하라는 말씀을 들었고, 그는 하나님의 명령에 순종하여 차례차례 정복하였습니다.

맨 처음 여리고 성, 그 다음 아이 성, 그 다음 기브온, 그 다음 남방 성읍들, 그 다음 북방 성읍들 그리고 나서 그는 여호수아 13-22장에서 기술하고 있는 분배와 정착을 시행하였습니다. 그는 모든 일을 하였습니다. 어느 누구라도 단 한 가지 일도 문제점을 지적할 수가 없었습니다. "여호수아여, 당신은 이것을 잊으셨습니다. 임무가 아직 끝나지 않았습니다!'

만일 이와 같은 경우가 우리 각자들에게 있다면 얼마나 좋겠습니까? 만일 어느 누구도 우리가 못 다한 일이 있다고 지적하지 못한다면, 그 대신 이렇게 말할 것입니다.

"존 스미스(저자는 독자 개인의 이름에 적용하기를 촉구함-역주)는 여호와께서 명하신 모든 것을 하나도 행하지 아니한 것이 없었더라!' 만일 우리 각자의 경우가 이와 같다면 우리는 이스라엘 군대가 경험하였던 것보다 훨씬 더 넓은 것을 정복하고, 훨씬 더 큰 축복을 틀림없이 소유하게 될 것입니다.

●각주●

1. Josephus, *Jewish Antiquities*, books V-VIII, H. St. J. Thackery and Ralph Marcus, trans.(Cambridge : Harvard University Press, 1958), 31.

2. Bartlett L. and Margaret Johnston Hess, *How to Have a Giving Church* (Nashville and New York : Abingdon Press, 1974).

PART 2

약속의 땅, 분배와 정착

여호수아 13 - 24장

그러므로 이제는 여호와를 경외하며

온전함과 진실함으로 그를 섬기라

너희의 조상들이 강 저쪽과 애굽에서 섬기던 신들을 치워 버리고 여호와만 섬기라

만일 여호와를 섬기는 것이 너희에게 좋지 않게 보이거든

너희 조상들이 강 저쪽에서 섬기던 신들이든지

또는 너희가 거주하는 땅에 있는 아모리 족속의 신들이든지

너희가 섬길 자를 오늘 택하라 오직 나와 내 집은 여호와를 섬기겠노라

12

땅을 분배하다

여호수아 13 : 1-19 : 51

여호수아가 나이가 많아 늙으매 여호와께서 그에게 이르시되 너는 나이가 많
아 늙었고 얻을 땅이 매우 많이 남아 있도다(여호수아 13 : 1)

또 레바논에서부터 미스르봇마임까지 산지의 모든 주민 곧 모든 시돈 사람의
땅이라 내가 그들을 이스라엘 자손 앞에서 쫓아버리니 너는 내가 명령한 대로
그 땅을 이스라엘에게 분배하여 기업이 되게 하되 너는 이 땅을 아홉 지파와
므낫세 반 지파에게 나누어 기업이 되게 하라 하셨더라(여호수아 13 : 6-7)

… 이에 땅 나누는 일을 마쳤더라(여호수아 19 : 51)

여호수아서는 크게 두 부분으로 나눌
수 있습니다. 1-12장은 가나안 정복 전쟁을 서술하며, 13-24장은 가나안 땅의 분배
와 정착을 서술하고 있습니다. 이제 우리는 13장의 첫 부분에 도달하였으므로 정확

하게 책의 절반 부분에 왔으며, 두 번째 부분의 시작 지점에 이르렀습니다.

여러 해가 지났으며 여호수아 10-12장에 기술된 전투들을 얼른 지나쳤으므로 북방과 남방 요새를 격파한 것은 아주 짧은 시간에 이루었다는 인상을 받을 수 있지만 그것은 잘못된 것입니다. 정복하면서 치렀던 큰 싸움들은 연속하여 그리고 급속도로 진행되었으며, 가나안의 세력들은 수주일 또는 수개월 만에 무너졌던 것이 사실입니다. 여호수아는 가나안의 연합군을 기브온과 메롬 물가에서 치른 대접전에서 격파하였습니다. 뒤이어 필연적으로 요새를 정복해야 했으며, 이것은 시간이 걸릴 수밖에 없었습니다.

얼마나 오랜 시간이 걸렸습니까? 여호수아 14 : 7절에서 모세가 갈렙을 정탐꾼으로 보냈을 때, 그의 나이 40세였습니다. 전쟁이 끝나고 그의 분깃을 받았을 때, 그는 85세였습니다(수 14 : 10). 차이는 45년이었습니다. 가나안을 정복하기 전, 이스라엘 백성이 광야에서 보낸 세월은 38년이었습니다. 그러므로 가나안 정복 전쟁은 대략 7년의 세월이 걸린 것입니다.

이 책의 후반부는 여호수아가 나이 많아 늙었다고 말함으로써 시작하고 있습니다. 우리는 여호수아의 나이가 얼마였는지 정확하게 모르지만 그러나 그는 갈렙의 나이보다 위였을 것입니다. 여하간 이 책의 마지막에서 그가 임종할 때, 여호수아는 110세였습니다. 대부분의 주석가들은 그가 이 시점에서 거의 90세였으리라고 믿습니다. 비록 그 땅의 큰 성읍들이 정복되었다 하더라도 (예루살렘과 같이 몇 개의 예외는 있었음) 수백 개의 작은 촌락들과 전략적인 가치가 있는 성읍들이 아직 정복되지 않은 채 남아 있었습니다. 이것들을 어떻게 해야 할 것입니까? 여호와께서 여호수아에게 주셨으며, 그가 수행하였던 계획은 이스라엘 백성에게 그 땅을 분배하고 아직 정복하지 않은 땅을 정복하고 정착하기 위하여 각 지파를 보내는 것이었습니다.

여호수아 13-19장의 열쇠는 이 부분을 시작하는 구절에 있습니다. "… 얻을 땅이 매우 많이 남아 있도다"(수 13 : 1). 이것을 수행해야 할 과업은 이제 각 지파에게 주어졌습니다.

첫 분배

　이것은 세심한 배려와 아울러 두 단계로 수행되었습니다. 분배와 정착의 첫 단계는 여호수아 13-17장에 기록되었습니다. 두 지파와 반 지파(르우벤, 갓, 므낫세 반 지파)가 요단 동쪽에 정착한 것이 관심을 끕니다. 남쪽에 정착한 것은 유다였습니다. 북쪽에 정착한 것은 에브라임과 므낫세 반 지파의 나머지였습니다. 이것은 군사적인 관심을 염두에 두고 취한 것처럼 보입니다. 북, 남, 동쪽은 이스라엘의 군사 최전선이었습니다. 이 지역에 강력한 다섯 지파를 정착하게 함으로써 여호수아는 나머지 지파들에게 안전한 환경을 조성하였습니다.

　첫째, 르우벤, 갓, 그리고 므낫세 반 지파(수 13 : 8-33)입니다. 르우벤, 갓, 므낫세 반 지파에게 땅을 할당하여 준 것은 새로운 사실이 아닙니다. 이미 정복이 시작되기 전 모세가 결정했기 때문입니다. 이들 백성이 이 땅을 요청하였고 그들이 가나안 정복의 분깃을 피하기 위하여 그들이 이미 받은 바 유업을 사용하지 않으며, 가나안 땅을 정복할 때까지 다른 지파와 함께 전투에 참가한다는 조건 아래 모세는 그 땅을 주었습니다(민 32장, 신 3 : 18-20, 수 1 : 12-15 참조). 요단강 동쪽을 이들에게 양도한 기록은 여호수아서에서 전체적인 땅의 분배를 기록한 이 부분에 포함되었습니다.

　둘째, 유다(수 15 : 1-63) 지파입니다. 가나안 땅의 남쪽을 유다 지파에게 분배한 것이 15장 전체를 차지하고 있으며, 정말 중요합니다. 왜냐하면 유다는 모든 지파 중에서 가장 중요한 위치를 차지하고 있기 때문입니다. 이 지파의 족장 유다는 열두 아들 가운데 넷째이며, 르우벤, 시므온, 그리고 레위 다음으로 태어났습니다. 그는 정상적으로 탁월함을 지닌 것은 아니었습니다. 유다의 형들이 장자로서의 특별한 축복을 누리지 못하고 탈락한 것은 그들 자신의 죄 때문이었습니다. 르우벤은 아버지의 첩 빌하와 동침하므로 아버지가 수치를 당하게 하였습니다(창 35 : 22).

야곱이 자기 이름이 그 땅에서 "악취"가 되게 하였다고 말한 것처럼 시므온과 레위는 세겜 족속을 학살하였습니다(창 34장).

장자권(르우벤, 시므온, 그리고 레위에게서 몰수한 것)의 전적인 축복은 유다에게 돌아가지 않았습니다. 그 축복의 한 부분은 요셉의 신분, 곧 그의 두 아들 에브라임과 므낫세에게도 주어졌습니다(대상 5 : 1-2). 즉, 두 아들이 각각 이스라엘 지파의 조상이 되었고 별개의 영토를 분배받음으로써 요셉은 자기 아버지의 유업을 두 배나 받은 것입니다.

그럼에도 불구하고 통치권은 유다에게 주어졌습니다. 그의 아버지 야곱의 예언에 의하면, 창세기 49 : 8-12절에 기록된 바와 같이 유다는 왕들을 낳게 되었으며, 결국 왕 중의 왕, 메시아를 낳게 되었습니다.

이것이 바로 왕의 계보입니다!

이스라엘의 열왕(列王) 가운데 가장 위대한 왕, 다윗(David)은 "하나님의 마음에 합(合)한 사람"으로 기술 되었습니다. 그는 40여 년간 통치하면서 이스라엘의 평화를 가져왔으며, 가장 아름다운 시편 가운데 많은 시의 저자였습니다.

솔로몬(Solomon)은 그의 지혜로 유명합니다. 이스라엘이 그 국가 영광의 절정에 달했던 것은 그의 재임 중 이었습니다. 그는 예루살렘 성전을 건축하였으며, 잠언, 전도서 그리고 아가서의 저자이기도 하였습니다.

오랜 세월 후, 요시아(Josiah)는 하나님의 쓰임을 받아 국가의 신앙을 부흥하게 하였습니다. 율법을 발견하였고 성전을 정화하였으며, 전국적으로 산재해 있던 우상 숭배의 처소를 파괴하였습니다.

이러한 열왕들은 유다의 북방 경계인 예루살렘에서 통치하였습니다. 이스라엘은 가나안 정복 시에는 예루살렘을 취할 수 없었고, 이것은 여호수아 15 : 63절에 기록되었으나 마침내 사무엘하 5 : 6-7절에 기록된 것처럼 다윗이 그들을 몰아내었습니다.

셋째, 에브라임과 므낫세 반 지파(수 16 : 1-17 : 18)입니다. 이 분배의 과정에서 흥미를 끄는 것은 슬로브핫(Zelophehad)의 다섯 딸들, 말라, 노아, 호글라, 밀가와 디르사에게 중요한 부분을 준 사실입니다(수 17 : 3-6). 땅은 항상 아들들에게 주었습니다. 그러나 슬로브핫은 아들이 없이 죽었습니다. 이 사람의 딸들은 모세에게 나아가 "어찌하여 아들이 없다고 우리 아버지의 이름이 그의 종족 중에서 삭제되리이까 우리 아버지의 형제 중에서 우리에게 기업을 주소서 하매"(민 27 : 4, 27 : 1-11, 36 : 1-12 참조) 라고 말했습니다. 하나님은 모세에게 여인들의 호소가 정당하다고 말씀하셨습니다. 그래서 여호수아 17장에는 그들이 유업을 받았다고 기록되었습니다.

땅을 분배하는 과정에서 흥미로운 것은 프란시스 쉐퍼(Francis Schaeffer)가 지적한 것과 같이 그들이 앞서 모세가 기록한 결정과 원리를 따랐다는 것입니다. 그래서 다시 우리는 그 백성이 하나로 묶어 놓은 "기록된 하나님의 말씀"을 지니게 되었다는 점을 상기하게 됩니다.

"오경(Pentateuch)은 이미 완전한 규범이 되었다. 그것은 이 백성에게 하나님의 말씀이었다." 슬로브핫의 여러 딸들의 경우처럼, 여인들은 "신앙적인 감정을 전달할 뿐만 아니라 세부적으로 순종해야 할 특별한 명령들을 모세의 기록에 근거하여 호소하였다."[1]

실로에서 제비를 뽑아 분배

이 기간의 마지막을 향하여 이스라엘은 진을 길갈에서부터 실로로 이동하였습니다. 그것은 아이 성과 게라섬 사이에 있는 고지대에 있었습니다. 그것은 아마도 군사적인 이유에서 변경되었을 것이며, 이제 국경지대를 확보하였기 때문입니다. 분배의 두 번째 단계가 시행되었습니다. 조사가 이루어졌으며, 남은 영토는 일곱 몫으로 나누었고, 각각 분배하는 몫에는 조심스러운 설명(지명에 따른 지침)이 기록되었습니다. 그리고 남은 지파들은 하나님의 선택을 뜻하는 바대로 제비를 뽑아 분배의 몫을 할당받았습니다.

첫 번째, 베냐민(수 18 : 11-28)입니다. 베냐민 지파가 첫 번째 제비를 뽑았습니다. 상대적으로 작은 지파였으므로 에브라임(요셉의 몫)과 유다 사이에 놓여 있는 영토를 몫으로 받았습니다(수 18 : 11). 그것은 베냐민의 작은 규모에 알맞은 그리 크지 않은 땅이었습니다. 그러나 여리고, 아이, 벧엘, 기브온 그리고 그 밖의 다른 땅이 포함된 중요한 장소였습니다. 대단히 중요한 사실은, 예루살렘의 유다 영토와 접해 있다는 점입니다. 후일 나라가 북 왕국 이스라엘과 남 왕국 유다로 나뉘었을 때에 베냐민은 남쪽 유다 왕국에 머물렀으며, 그들은 그러한 이유로 인하여 하나님을 참되게 예배할 수가 있었습니다.

두 번째, 시므온(수 19 : 1-9)입니다. 시므온과 레위는 세겜 족속을 학살하였던 족장들입니다. 아들들의 장래에 관한 야곱의 예언에서, 창세기 49장에 기록한 바와 같이 그들은 정복한 땅의 영토를 소유하게 됨으로 판단할 수 있습니다. 야곱의 말은 "… 내가 그들을 야곱 중에서 나누며 이스라엘 중에서 흩으리로다"(창 49 : 7)라는 것이었습니다. 가장 은혜로운 방법이었지만 이 말은 성취되었습니다. 사실 시므온은 그들 자신의 영토를 받지 못하였습니다. 그러나 유다의 땅에 있는 것을 할애받았습니다. 레위는 아무런 분깃도 유업으로 받지 못하였습니다. 레위는 문자 그대로 다른 지파의 영토에 흩어졌습니다. 그러나 레위 지파는 제사장이 되었으며 그들의 흩어짐은 실제로 그들 자신과 다른 지파들에게 축복이 되었습니다. 그들은 마흔여덟 개의 제사장 성읍에 정착하였습니다. 그들은 그곳에서 이스라엘의 참되신 하나님을 대표하고 가르쳤습니다.

세 번째, 스불론(수 19 : 10-16)입니다. 이스라엘의 작은 지파들 가운데 네 지파는 북쪽에 정착하였으며 에브라임과 두 개의 므낫세 반 지파에게 영토가 할당되었습니다. 스불론은 갈멜 산의 바로 동쪽, 므깃도 평원의 북쪽에 있었습니다.

네 번째, 잇사갈(수 19 : 17-23)입니다. 잇사갈은 스불론의 형제요, 그들은 모두 야곱의 첫 번째 아내 레아의 소생이었습니다. 그들은 모두 야곱의 열두 아들 가운데 아홉번째와 열번째 아들이었고, 어린 시절 함께 자랐으며, 정말 가까운 사이였습니다. 그러므로 땅의 분배 과정에서 그들의 영토는 서로 인접하였습니다. 잇사갈은 동쪽의 스불론과 맞붙어 있었고 또한 므낫세 북쪽에 위치하였습니다.

다섯 번째, 아셀(수 19 : 24-31)입니다. 아셀에게 배당된 땅은 갈멜산에서부터 북쪽 시돈에 이르는 지중해의 해안이었습니다. 그것은 대단히 비옥한 땅이었습니다. 그러나 또한 특별히 두로와 시돈과 같이 이방 성읍의 부패한 영향력에 노출되었습니다.

여섯 번째, 납달리(수 19 : 32-39)입니다. 납달리의 영토는 아셀의 땅과 평행선을 이루지만 내륙에 위치하였습니다. 그것은 신약성경에서 매우 중요한 성읍 가버나움, 가나, 벳새다와 같은 도시를 포함하고 있으며 이들 이름의 성읍은 가나안 정복 때에는 존재하지 않았습니다. 이사야는 그 당시 "이방의 갈릴리" 라고 하면서 납달리와 스불론을 축복함으로써 그의 메시아 예언을 소개하였습니다. 이사야는 다음과 같이 기록하였습니다.

"… 옛적에는 여호와께서 스불론 땅과 납달리 땅이 멸시를 당하게 하셨더니 후에는 해변 길과 요단 저쪽 이방의 갈릴리를 영화롭게 하셨느니라 흑암에 행하던 백성이 큰 빛을 보고 사망의 그늘진 땅에 거주하던 자에게 빛이 비치도다"(사 9 : 1-2)

일곱 번째, 단(수 19 : 40-48)입니다. 단 지파가 마지막으로 땅을 받은 지파입니다. 단의 영토는 바다와 예루살렘 사이에 위치한 훨씬 남쪽에 있었습니다. 이것은 아얄론, 에글론, 가드를 포함한 블레셋의 영토(다른 지파와 함께 정착함)였습니다. 여호수아 19장에는 단이 이 영토를 취함으로써 문제를 안게 되었다고 기록한 점이 중요합니다(우리는 블레셋이 그곳에 남아서 후일에 여러번 이스라엘을 괴롭게 하였던 것을 알고 있음). 그 대신 그들은 레셈(Leshem)을 공격하여 정복하고 그 영토를 점령하였습니다.

이 설명의 마지막 부분에서 여호수아가 분배할 땅 나누기를 다 마치고 나서 이스라엘은 여호수아에게 그의 유업을 주었습니다. 그가 요청하였으며 에브라임의 영토에 담낫 세라의 산지(山地)를 받았습니다. 그는 에브라임 지파였으므로 이것은 매우 합당한 것이었습니다(민 13 : 8). 여호수아서에서 이 부분은 다음과 같이 기록하면서 결론을 맺습니다.

"제사장 엘르아살과 눈의 아들 여호수아와 이스라엘 자손의 지파의 족장들이 실로에 있는 회막 문 여호와 앞에서 제비 뽑아 나눈 기업이 이러하니라 이에 땅 나누는 일을 마쳤더라"(수 19 : 51)

이것은 위대한 군사적이고 영적인 모험에서 만족스러운 끝맺음이라고 하겠습니다.

우리의 소유를 소유하려면

마지막 장에서 우리는 여호수아의 괄목할 만한 특징들을 살펴보았습니다. 그러나 이 점에 있어서 요약과 강조를 함으로써 이 위대한 인물의 괄목할 만한 특징들은 하나님과 그분의 백성들을 끝까지 섬겼던 "신실함"(faithfulness)이라고 말해야 하겠습니다. 90세란 정말 대단한 나이입니다. 많은 사람들은 이 연령에 이르기 훨씬 이전에 하나님에 대한 섬김을 멈출 것입니다. 많은 사람들은 (비록 젊은 나이에 아직 일한다고 하더라도) 그들의 일을 신실하게 하지는 못합니다. 여호수아는 그렇지 않았습니다! 여호수아는 가나안 정복의 임무를 받았으며, 실제로 가나안을 소유하였습니다. 그는 이 위대한 임무를 완수할 때까지 떠나지 않았습니다. 이 점에 있어서 그가 가나안의 요새를 모두 진멸할 때까지 자신의 몫을 분배받지 않았다는 점은 매우 중요합니다.

여호수아가 자신의 임무에 신실하였던 것은 백성들이 아무 것도 하지 않았다거나 그들 편에서는 신실하지 않아도 되었다는 것을 뜻하는 것이 아닙니다. 땅을 나누고 여러 족속들을 그 땅을 소유하도록 보냄으로써 여호수아는 백성들의 책임을 인식하였고, 그들이 그렇게 하도록 백성들을 격려하였습니다.

이것이 살펴보아야 할 중요성입니다. 왜냐하면 그리스도인들은 그들이 성취하지 못하는 변명으로 강력한 지도자를 생각합니다. 만일 다른 사람들이 일하면 그들을 뒤로 제치고 앉아서 그들이 이룩한 것을 즐기기만 합니다. 이것은 결코 옳지 않습니다. 하나님께서는 은사를 고르지 않게 분배하시는 것이 사실입니다. 예수님의 달란트 비유에서 한 종은 다섯 달란트의 돈을, 다른 종은 두 달란트, 세 번째 종은 한 달란트를 받았습니다(마 25 : 14-30, 은 열 므나의 비유인 눅 19 : 11-27 참조). 이 비유의 요점은 세 사람의 종들은 각자에게 주어진 바대로 달란트를 사용할 책임이 있었습니다. 자기 달란트의 사용을 거절하였던 종은 비록 그가 한 달란트를 받았지만, 호된 심판을 당했습니다.

그리스도인으로서 우리도 역시 이스라엘 백성처럼 우리 몫을 소유해야만 합니다. 하나님께서 이미 우리에게 주신 바, 소유의 사상은 여호수아서를 주해한 많은 주석가들이 발전시키고 있는 주제입니다. 그것은 특별히 여호수아서를 그리스도인의 생활을 담은 풍유로 해석한 사람들이 그러합니다.[2] 그들은 정말 올바르게 지적하였습니다. 이스라엘 백성들에게 가나안을 주었습니다. 그럼에도 불구하고 그들이 한 마일 한 마일, 그리고 한 사람 한 사람이 소유하여야 하였듯이 그리스도인도 개인적인 성취를 통하여 유업을 소유해야만 합니다. 이러한 주석가들은 지식, 성결, 성령의 은사에 대하여 말하고 있습니다. 분명히 이러한 것들은 우리의 소유이지만, 그러나 우리가 성경을 바로 이해하여 소유하고 주 예수 그리스도께 가까이 나아가 순종하며, 우리가 받은 바 은사대로 다른 사람들을 실제로 섬길 때, 가능한 것입니다.

나는 이것을 또 다른 방법으로 적용하려고 합니다. 요한계시록 11 : 15절에서 하나님의 천사 가운데 한 천사가 나팔을 불고 허다한 천군들이 외칩니다.

"… 세상 나라가 우리 주와 그의 그리스도의 나라가 되어 그가 세세토록 왕 노릇 하시리로다"(계 11 : 15)

이 구절은 원리상 이미 일어난 사실과 그리스도를 따르는 자들이 참여하고 있는 사실의 실현일 뿐입니다. 하나님의 목전(目前)에서 세상과 그들의 나라는 이미 예수님께 주어졌습니다. 그것은 바로 이 소유에 기초하고 있습니다. 그리고 예수님께서 세상을 다스리시는 권세와 수반하여 그분의 백성들과 나라들이 순종하도록 요청하기 위하여 그분의 제자들을 세상으로 보내십니다(마 28 : 18-20). 말을 바꾸자면 우리는 그리스도의 통치를 선포하며 사람들을 그분께로 인도하고 그분의 소유를 실현하기 위해 세상으로 보냄을 받았습니다. 복음 전도는 신학자들이 "문화적 명령"(cultural mandate)이라고 부르는 것의 한 부분입니다.

비록 모든 그리스도인이 소유해야 할 땅이 있다고 하더라도 각자는 그들이 소유하기 전에 그리스도의 소유가 되어야만 합니다. 왜냐하면 우리가 무엇을 할 수 있음은 우리 자신의 능력이 아니라 그분의 능력이기 때문입니다. 이 세상 나라가 우리의 유업입니다. 왜냐하면 그들은 그리스도의 것이요, 그리스도는 우리의 것이기 때문입니다. 그러나 우리는 그리스도의 유업입니다. 그리스도께서는 우리를 아버지 하나님께 말씀 드릴 때, "아버지가 나에게 주신 자들"이라고 하셨기 때문입니다. 만일 우리가 그리스도께서 우리를 위하여 소유하신 세계로 들어가려 한다면, 우리는 "그리스도의 완전한 소유"가 되어야만 합니다.

●각주●

1. Francis A. Schaeffer, *Joshua and the Flow of Biblical History* (Downers Grove, Ill. : InterVarsity Press, 1975), 164, 171

2. F. B Meyer, *Joshua and the Land of Promise* (Fort Washington, Pa. : Christian Literature Crusade, 1977), 150-158. Alan Redpath, *Victorious Christian Living ; Studies in the Book of Joshua* (Westwood, N. J. : Fleming H. Revell co. 1955) 170-181. 제1장에서 이러한 접근 방법에 대한 나의 토의를 보라.

13

위대한 노인

여호수아 14 : 6-15

그때에 유다 자손이 길갈에 있는 여호수아에게 나아오고 그니스 사람 여분네
의 아들 갈렙이 여호수아에게 말하되 여호와께서 가데스 바네아에서 나와 당
신에게 대하여 하나님의 사람 모세에게 이르신 일을 당신이 아시는 바라 내 나
이 사십 세에 여호와의 종 모세가 가데스 바네아에서 나를 보내어 이 땅을 정
탐하게 하였으므로 내가 성실한 마음으로 그에게 보고하였고 나와 함께 올라
갔던 내 형제들은 백성의 간담을 녹게 하였으나 나는 내 하나님 여호와께 충성
하였으므로 그 날에 모세가 맹세하여 이르되 네가 내 하나님 여호와께 충성하
였은즉 네 발로 밟는 땅은 영원히 너와 네 자손의 기업이 되리라 하였나이다
이제 보소서 여호와께서 이 말씀을 모세에게 이르신 때로부터 이스라엘이 광
야에서 방황한 이 사십오 년 동안을 여호와께서 말씀하신 대로 나를 생존하게
하셨나이다 오늘 내가 팔십오 세로되 모세가 나를 보내던 날과 같이 오늘도 내
가 여전히 강건하니 내 힘이 그때나 지금이나 같아서 싸움에나 출입에 감당할
수 있으니 그 날에 여호와께서 말씀하신 이 산지를 지금 내게 주소서 당신도
그 날에 들으셨거니와 그 곳에는 아낙 사람이 있고 그 성읍들은 크고 견고할지
라도 여호와께서 나와 함께 하시면 내가 여호와께서 말씀하신 대로 그들을 쫓
아내리이다 하니 여호수아가 여분네의 아들 갈렙을 위하여 축복하고 헤브론

을 그에게 주어 기업을 삼게 하매 헤브론이 그니스 사람 여분네의 아들 갈렙의 기업이 되어 오늘까지 이르렀으니 이는 그가 이스라엘의 하나님 여호와를 온전히 좇았음이라 헤브론의 옛 이름은 기럇 아르바라 아르바는 아낙 사람 가운데에서 가장 큰 사람이었더라 그리고 그 땅에 전쟁이 그쳤더라

아주 위대한 사람이 건재하면 때로 다른 사람들이 그 그늘에 가리워 빛을 잃게 됩니다. 그늘에 가리워진 사람이 때로 위대하지 않아서가 아니라 주의를 끄는 사람보다 어떤 면에서는 더욱 위대한 경우가 있습니다. 그러나 여러 가지 이유로 인하여 특정한 지도자들은 빛을 발하는 반면, 다른 지도자들은 그렇지 못합니다. 그것은 여호수아와 모세의 경우와 같습니다. 그래서 동료 여호수아가 건재할 때의 갈렙의 경우에서도 볼 수 있습니다.

마찬가지로 갈렙(Caleb)도 탁월한 인물이었기 때문에, 그에 대한 이야기를 많이 들을 수 없는 것은 애석한 일입니다. 여호수아는 그의 이름이 담겨있는 책이 아니었으면 그의 됨됨이보다 훨씬 더 간과되었을 것입니다. 갈렙은 그러한 책조차도 없습니다. 그는 성경에서 대여섯 번, 많아야 열두 서너 번쯤 언급되었으며, 그 가운데 세 번이 여호수아서입니다(수 14 : 6-15, 15 : 13-19, 21 : 12). 비록 우리는 그의 이름을 잊는다 할지라도 하나님이나 그분의 백성들은 잊을 수가 없었습니다. 갈렙은 가나안 정복의 오랜 세월 동안 여호수아와 나란히 싸웠습니다. 전투가 거의 끝나고 그 땅에 정착하기 위하여 땅을 분배하게 되었을 때, 갈렙에게는 45년 전에 약속하였던 몫이 주어졌습니다. 그러므로 하나님은 그를 영화롭게 하였고, 백성들 또한 그를 영화롭게 하였습니다.

눈에 띄는 역사

우리가 갈렙을 처음 만날 수 있는 것은 민수기 13장입니다. 이 장에서는 모세가 요단강을 건너가서 그 땅을 탐지할 열두 명의 정탐꾼들을 선발한 것에 대하여 말해 줍니다. 이것은 백성들이 애굽을 떠난 지가 2년째 되는 해요, 갈렙의 나이 40세였습니다.

민수기 13 : 4-15절에 언급된 정탐꾼들의 명단에서는 갈렙은 유다 지파를 대표하는 사람으로 언급되었으며, 이것은 그가 그 족속에 속하였음을 뜻합니다. 그러나 그 외에도 그는 그니스(Kenizzites) 사람 여분네의 아들이라고 하며(수 14 : 6, 14), 그니스 족속은 이스라엘 백성이 아니었습니다. 그들은 정복한 땅에 살았던 백성이었습니다. 사실상 창세기 15 : 18-21절에 기록된 바와 같이 아브라함에게 땅을 약속할 때 이미 언급되었습니다.

"그 날에 여호와께서 아브람과 더불어 언약을 세워 이르시되 내가 이 땅을 애굽 강에서 부터 그 큰 강 유브라데까지 네 자손에게 주노니 곧 겐 족속과 그니스 족속과 갓몬 족속과 헷 족속과 브리스 족속과 르바 족속과 아모리 족속과 가나안 족속과 기르가스 족속과 여부스 족속의 땅이니라 하셨더라"

그러므로 갈렙은 외국인이었으며, 적어도 그의 아버지는 틀림없었습니다. 우리는 그가 어떻게 이스라엘 백성과 함께 애굽에 왔는지는 알 수가 없습니다. 아마 그는 이스라엘 백성들과 함께 애굽의 바로 밑에서 노예살이를 하였던지, 또는 그의 조상들이 원래 야곱의 가족들과 함께 애굽으로 내려갔을 것입니다. 여하간 어떤 점에서 갈렙의 아버지는 분명히 이스라엘 백성과 동일한 취급을 받았으며, 이들은 새로운 사회에 충성을 다 하였습니다. 그것은 갈렙도 마찬가지였습니다. 비록 그는 외국인이었으나 그럼에도 불구하고 그는 스스로 하나님을 신실하게 따르는 사람이라고 생각하였고, 갈렙은 자기 생의 마지막 순간까지 하나님을 따랐습니다.

민수기 13장은 열두 명의 정탐꾼들이 그 땅을 어떻게 탐지하였는가를 자세히는 말하지 않고, 다만 다음과 같이 말하고 있습니다.

"이에 그들이 올라가서 땅을 정탐하되 신 광야에서부터 하맛 어귀 르홉에 이르렀고 또 네겝으로 올라가서 헤브론에 이르렀으니 헤브론은 애굽 소안보다 칠 년 전에 세운 곳이라 그 곳에 아낙 자손 아히만과 세새와 달매가 있었더라"(민 13 : 21-22)

그러나 나는 처음부터 갈렙이 실제로 자세하게 기술된 유일한 도시, 곧 헤브론에 특별한 관심을 가졌는지 잘 모릅니다. 다만 나는 그가 정탐꾼들에게 거기에 가보자고 주장했거나, 그들과의 의견이 갈라져 자기만 혼자 헤브론을 정탐하였으리라고 생각합니다.

왜 그렇습니까? 헤브론은 이스라엘 족장들의 생활에서 중요한 역할을 했던 곳입니다. 그 나라의 새로운 백성이 된 갈렙은 그의 새로운 조국의 뿌리가 있는 곳을 보고 싶었을 것입니다.

헤브론(Hebron)은 아브라함의 아내 사라가 죽은 곳이요, 아브라함이 막벨라굴을 포함하여 한 뙈기의 밭을 샀던 곳이요, 그곳을 사라의 무덤으로 삼았던 곳이었습니다. 그곳은 아브라함이 자기 생애에서 실제로 소유하였던 유일한 땅이요, 훗날 이삭과 리브가, 야곱과 이스라엘 백성이 애굽을 떠나 가나안을 정복하게 될 때, 자신의 뼈를 가지고 가서 묻어달라고 명령하였던 요셉이 묻힌 곳이었습니다. 헤브론은 이스라엘 자손에게 있어서 가장 밀착되었고 신성한 장소였습니다. 아마도 이러한 이유 때문에 갈렙이 새로운 이스라엘 시민으로서 그곳을 보자고 주장하였으며, 후일 그곳을 자신의 특별한 유업으로 달라고 주장하였을 것입니다.

아낙 자손들

비록 갈렙과 다른 정탐꾼들이 다르게 반응하였다고 하더라도 그들이 보았던 헤브론에는 다른 면이 있었습니다. 헤브론은 거인들의 고장이었습니다. 그 땅을 보았던 정탐꾼들은 좋은 땅이라고는 하였으나 그들이 정복할 수 있다고 믿지는 않았습니다.

"… 당신이 우리를 보낸 땅에 간즉 과연 그 땅에 젖과 꿀이 흐르는데 이것은 그 땅의 과일이니이다 그러나 그 땅 거주민은 강하고 성읍은 견고하고 심히 클 뿐 아니라 거기서 아낙 자손을 보았으며 … 이스라엘 자손 앞에서 그 정탐한 땅을 악평하여 이르되 우리가 두루 다니며 정탐한 땅은 그 거주민을 삼키는 땅이요 거기서 본 모든 백성은 신장이 장대한 자들이며 거기서 네피림 후손인 아낙 자손의 거인들을 보았나니 우리는 스스로 보기에도 메뚜기 같으니 그들이 보기에도 그와 같았을 것이니라"(민 13 : 27-28, 32-33)

이것은 물론 과장이었습니다. 그 땅의 모든 백성이 거인들은 아니었습니다. 그러나 정탐꾼들은 그들을 겁에 질리게 만든 것을 보았습니다. 네피림은 거인들이었습니다(이것은 "고대에 유명한 사람들"이라는 의미로 창 6 : 4절에서 사용된 말임). 아낙은 네피림의 후손이었습니다. 아낙의 후손 가운데 세 부족들이 헤브론에 살았습니다. 민수기 13 : 22절은 그들을 이름하여 아히만과 세새와 달매라고 이름하였습니다. 열 명의 정탐꾼들은 이들 거인을 보고 그들 자신은 메뚜기와 같다고 결론을 내렸습니다. 다만 갈렙과 여호수아만 그 땅을 정복할 수 있다고 믿었습니다. 갈렙(Caleb)은 담대하게 말했습니다.

"… 우리가 곧 올라가서 그 땅을 취하자 능히 이기리라"(민 13 : 30)

우리는 어떤 일이 일어났는지 알고 있습니다. 백성들이란 으레 그렇듯이 그들은 겁에 질린 다수의 소리를 들었습니다. 그래서 하나님께서는 여호수아와 갈렙을 제외하고 20세 또는 그 이상의 나이를 먹은 사람들이 죽을 때까지 모든 이스라엘 백성은 광야에서 방황하게 되리라고 정죄함으로써 그들의 불신앙을 심판하셨습니다. 정탐 작전을 수행하는 동안 헤브론을 잠깐 보았던 인상은 갈렙에게서 지워지지 않았고, 그의 마음에서 결코 사라지지 않았습니다. 그는 '우리가 마침내 가나안에 되돌아가면 그 곳은 내가 소유해야 할 곳이다. 하나님께서 그 거인들을 쫓아낼 수 있으시며, 하나님의 도우심으로 내가 그것을 틀림없이 해 낼 수 있다고 말씀하셨다.' 라고 마음에 수없이 되뇌었음에 틀림없습니다.

이 정탐 작전 이후 갈렙은 모세에게 헤브론을 포함하여 구릉지대를 달라고 간청하였고, 모세는 허락하였습니다. 이제 정복의 최종 단계를 향하게 되면서 갈렙은 여호수아에게 그날을 상기시켰습니다.

"그 날에 여호와께서 말씀하신 이 산지를 지금 내게 주소서 당신도 그 날에 들으셨거니와 그 곳에는 아낙 사람이 있고 그 성읍들은 크고 견고할지라도 여호와께서 나와 함께 하시면 내가 여호와께서 말씀하신 대로 그들을 쫓아내리이다"(수 14 : 12).

이것은 광야를 방황하던 38년 동안, 그리고 가나안을 정복하는 7년 동안에 믿음의 사람 갈렙이 지녔던 꿈과 비전(Vision)이었습니다. 마이어(F. B. Meyer)는 이렇게 말했습니다.

"공격과 후퇴, 수많은 죽음들, 백성들의 불평과 거역의 와중에서 그는 오직 하나님의 뜻만을 행하고, 그분을 즐거워하고, 다른 지도자는 알지도 못하고, 다른 음성에는 귀 기울이지도 않는 견고한 목적을 붙잡았다. 모세와 아론을 거스르는 무모한 무리들에게 휩쓸리지도 않았고 시도하지도 않았다. 그는 미리암의 질투에 가득 찬 앙갚음에도 가담하지 않았다. 그는 모압 여인들의 간계에도 유혹당하지 않았다. 변화가 무쌍한 바다 한가운데 바위처럼, 구름과 폭풍과 태양의 변화 가운데 눈 덮인 봉우리처럼 그는 항상 강했고, 참되었고, 순수하였고, 고상하였다. 그는 심약한 사람이 피할 수 있는 강한 성품의 소유자였으며, 이스라엘의 선두의 공백을 메

꾸기 위하여 성장한 새롭고 젊은 세대에게는 우뚝 솟은 힘의 높은 탑이었음에 틀림
없다. 시인이 예견하였던 것처럼 그는 히브리 진영의 네스토르(Nestor ; 트로이 전
쟁 때에 그리스군의 현명하고 노련한 장수-역주)였으며, 그는 노년에도 열매를 맺
히며 마지막 순간까지 무성하고 번성하였다."[1]

그의 일생의 특징은 마지막까지 "위대한 사람"으로서 풍성한 섬김으로 열매를
맺는 것이었습니다.

위대하지만 단순한 사람

갈렙(Caleb)의 위대함이 지닌 비밀은 무엇입니까? 이 질문에 대답하기란 그다지
어렵지 않습니다. 갈렙은 하나님만 전적으로 신뢰하였으며, 그는 전적으로 자기 자
신을 하나님께 드렸습니다.

위대한 사람들은 결코 복잡하지 않습니다. 복잡한 사람들은 심약한 사람들입니
다. 그들은 수많은 갈등과 동기들에 에워싸여 있으며 그것을 어떻게 모두 함께 해
결할지를 전혀 모르는 사람들입니다. 그들은 문제의 한 면만 보는 것이 아니라 다
른 면까지 보았습니다. 그들은 하나의 행동에서 이점을 보지만 그것을 달리 취하면
더 나아지리라는 것을 인정만 할 따름입니다. 위대한 사람들은 이런 사람들이 아니
며 그들은 교활하지 않습니다. 그들은 여러 가지 문제가 복잡하더라도 취할 수 있
는 다른 길이 있다는 것을 압니다. 그러나 그들은 중요한 요인과 최선의 길을 보고
그것을 일관성 있게 따라가는 사람입니다.

아타나시우스(Athanasius)는 이러한 유(類)의 위대성을 지녔습니다. 그는 기독교
가 예수 그리스도의 완전한 신성을 견지해야 된다고 인식하였습니다. 그래서 그는
전 생애 동안 신학적인 논쟁을 이해하기 위하여 투쟁하였습니다. 종국에는 그의 입
장이 정당함을 입증하였습니다.

마르틴 루터(Martin Luther)도 또한 이와 같은 사람이었습니다. 그는 이신칭의(믿

음으로 의롭다 함)의 교리를 붙잡았고, 그것을 신실하게 주장하였으며, 생명의 위험까지 무릅썼습니다. 그도 역시 정당함을 입증하였습니다.

윌리엄 윌버포스(William Wilberforce) 또한 이러한 점에서 위대하였습니다. 그는 노예 문제의 복잡성을 알았습니다. 그러나 또한 그는 노예 제도가 잘못되었다는 것을 알았으며, 대영제국에서 그 제도가 추방될 때까지 투쟁하였습니다.

에이브러햄 링컨(Abraham Lincoln)도 역시 동일한 노예 해방의 이유로 남북전쟁에서 싸웠습니다.

이와 같은 명세표는 수없이 추가시킬 수 있습니다. 그러나 내가 취하고자 하는 요점은 갈렙도 이와 같은 위대함을 지녔다는 것입니다. 그는 하나님만 전적으로 신뢰하였고, 자기 자신을 하나님께 전적으로 드렸기 때문에 그는 위대하였습니다. 어찌하여 갈렙은 이와 같은 신앙을 소유할 수 있었습니까? 그 대답 또한 간단합니다. 그는 자신을 에워싸고 망설이게 하거나 두렵게 하는 것에 눈을 고정시킨 것이 아니라, 오직 하나님께만 두었기 때문이었습니다. 민수기 13장에 기록된 열 명의 정탐꾼들이 보고한 익살스러운 보고와 그것과는 대조적인 갈렙과 여호수아의 보고가 갖는 중요성입니다. 정탐꾼들 가운데 어느 누구 한 사람도 가나안 땅의 가치에 대하여 의견을 달리하지 않았습니다. 하나님께서 말씀하셨던 것처럼 그것은 정말 "젖과 꿀이 흐르는 땅"이었습니다. 그들은 백성들과 성읍을 달리 설명하지도 않았습니다. 그 성읍들은 크고 훌륭한 요새였습니다. 백성들의 수효는 많았습니다. 그리고 그 땅에는 거인들이 있었습니다.

그들이 의견을 달리하였던 점은, 하나님께 대한 그들의 인식이었습니다. 열 명은 자신들을 바라보고 거인들을 바라본 다음 이 백성들은 정복할 수 없다고 결론지었습니다. 거인들에 비하면 이스라엘 사람들은 메뚜기처럼 보였습니다. 갈렙과 여호수아는 상황이 아니라, 하나님을 바라보았습니다. 이것이 바로 그들이 이렇게 말할 수 있었던 이유입니다.

"… 그 땅 백성을 두려워하지 말라 그들은 우리의 먹이라 그들의 보호자는 그들에게서

떠났고 여호와는 우리와 함께 하시느니라 그들을 두려워하지 말라"(민 14 : 9)

알란 레드파스(Alan Redpath)는 하나님의 사람 갈렙과 여호수아의 신앙을 이렇게 표현하였습니다.

"다수는 거인들을 그들의 힘과 견주어 재었다. 갈렙과 여호수아는 거인들을 하나님의 힘과 견주어 재었다. 다수는 떨었다. 그들 두 사람은 승리하였다. 다수는 큰 거인에 작은 하나님을 소유하였다. 그러나 갈렙은 작은 거인에 위대한 하나님을 소유하였다."[2]

여기 이 원리에 대한 또 하나의 설명이 있습니다. 예수님의 제자 가운데 한 사람인 베드로는 한때 자기를 향하여 갈릴리 바다 위를 걸어오시는 예수님을 보았습니다. 그 당시 베드로는 배에 타고 있었고 폭풍이 부는 날씨였습니다. 터져 나오는 믿음으로 그는 "… 주여 만일 주시어든 나를 명하사 물위로 오라 하소서"(마 14 : 28)라고 외쳤습니다. 예수님께서 오라고 명하시자 베드로는 배에서 내려 예수님을 향하여 물 위를 걷기 시작하였습니다.

그러나 그는 예수님에게서 눈을 떼고 그 대신 풍랑을 바라보았습니다. 그가 그렇게 하자 그는 가라앉기 시작하였습니다. 그리고 예수님께서 다가와서 그를 구하셔야만 하였습니다. 베드로가 그의 눈을 예수님께 고정시키고 있는 한 풍랑은 그를 두렵게 할 수 없었을 것이었습니다. 갈렙이 말했던 것처럼 그도 이렇게 말하였을 것입니다. "… 우리가 곧 올라가서 그 땅을 취하자 [나도] 능히 이기리라 하나"(민 13 : 30). 그러나 베드로가 예수님을 바라보지 않고 풍랑을 바라보았을 때, 풍랑은 베드로를 압도하였고, 그는 풍랑에 삼키울 만큼 아주 작은 존재처럼 보이게 되었던 것입니다.

필립스(J. B. Phillips)는 "당신의 하나님은 얼마나 크십니까?"(How big is your God?) 라고 질문하였습니다.[3] 갈렙은 "위대한 하나님"을 소유하였습니다. 갈렙의 위대한 하나님은 갈렙을 위하여 위대한 일을 행하셨습니다.

마음으로 섬김

갈렙이 소유하였던 영적인 힘에는 또 다른 면이 있습니다. 갈렙은 자기 자신을 전적으로 하나님께 드렸습니다. 이것은 여호수아 14장에서 가장 힘 있게 표현되었습니다. 핵심적인 말은 "온전히(전심으로)"입니다.

"… 네가 내 하나님 여호와께 충성하였은즉 네 발로 밟는 땅은 영원히 너와 네 자손의 기업이 되리라 하였나이다"(수 14 : 9)

"헤브론이 그니스 사람 여분네의 아들 갈렙의 기업이 되어 오늘까지 이르렀으니 이는 그가 이스라엘의 하나님 여호와를 **온전히** 좇았음이라"(수 14 : 14)

온전히(Wholeheartedly ; 전심으로)라는 말은 여러분의 마음을 다한다는 뜻입니다. 그것은 예수님께서 첫째이자 가장 위대한 계명이라고 하셨던 말씀에서 구현된 사상입니다.

"네 마음을 다하고 목숨을 다하고 뜻을 다하여 주 너의 하나님을 사랑하라"(마 22 : 37)

"너는 마음을 다하고 뜻을 다하고 힘을 다하여 네 하나님 여호와를 사랑하라"(신 6 : 5)

참 제자도에서 이것 이상 기본이 되는 것은 아무것도 없습니다. 우리 가운데 얼마나 많은 사람들이 이것을 행했습니까? 또는 이것을 행하지 못함을 걱정합니까? 비록 갈렙도 우리와 같은 죄인임에 틀림없지만 그는 이것이 바로 오랜 세월에 걸친 그의 섬김을 특징짓는 것이라고 말할 수가 있었습니다.

그리고 그는 마지막 순간까지 그것을 행하였습니다. 놀랍지 않습니까? 갈렙은 45년간 하나님을 섬겼고, 이제 그는 85세가 되었으며 혹자에게는 은퇴하기에 알맞은 나이이거나 대부분의 경우 은퇴할 나이에서 20년이 지난 나이였습니다. 그러나 갈렙은 아직 끝마치지 않았습니다. 그는 여호수아와 더불어 7년간이나 전투에서 싸웠습니다. 그는 많은 월계관을 획득하였으나 이제 그는 45년 전에 그가 보았고 주장하였던 땅을 승리와 더불어 얻음으로써 그의 출중한 경력의 절정을 장식하고 싶었습니다.

그리고 그는 그것을 해내고야 말았습니다! 여호수아 15장에서는 갈렙에게 준 땅에는 두 주요한 성읍 헤브론(Hebron)과 드빌이 있다고 말합니다. 갈렙은 아낙의 세 자손 세새와 아히만과 달매를 쫓아내고 헤브론을 취하였습니다. 그리고 그는 드빌을 취하는 사람에게 자기 딸을 주겠다고 하였습니다. 갈렙의 아우 그나스의 아들인 옷니엘이 그것을 점령하였습니다. 그래서 옷니엘과 갈렙의 딸 악사는 결혼을 하고 그 땅에서 그들이 점령한 분깃에 정착하였습니다.

예수만 바라보자(Looking to Jesus)

갈렙이 온전히 하나님께 자기 자신을 드렸다는 것을 언급하지 않고 이 장을 끝맺을 수가 없습니다. 갈렙은 그 기간의 다른 이스라엘 백성들과 대조를 이루고 있습니다. 갈렙에게 헤브론을 주었으며, 그가 그것을 취하고 아낙 자손을 그 땅에서 쫓아냈습니다. 슬픈 사실은, 이것이 그 나라의 다수의 이야기가 아니라는 점입니다. 이 부분에서 우리는 거듭 반복하여 그들이 가나안 족속을 완전히 쫓아내지 못했다는 말을 듣게 됩니다. 그 땅은 그들의 것이 되었고 가나안의 세력은 깨뜨려졌으나 그들은 하나님께서 그들에게 주신 기업을 완전하게 소유하지 못했습니다.

어찌하여 그렇게 되었습니까? 이 대답 역시 간단합니다. 그들은 갈렙이 했던 것과 같이 여호와 하나님만 온전히 섬기지 못했습니다. 그들은 전쟁에 지쳐서 잠시 평화를 원했다고 생각합니다. 그들은 전투에서 노획한 전리품으로 즐기고 싶었습니다. 그들의 신앙은 오늘날 고백에만 그치는 수많은 그리스도인들의 것과 유사하게 되었습니다. 그들은 "구원 받고, 안전을 누리며, 만족하고" 싶었습니다. 자, 그들도 역시 구원을 받았고 안전하였습니다. 그러나 그들은 그들의 임무를 포기하는 데까지 현실에 만족해서는 안 되었습니다.

"… 얻을 땅이 매우 많이 남아 있도다"(수 13 : 1)

그들은 이것을 다 얻기까지 평화와 번영을 구가하면서 현실에 정착해서는 안 되었습니다. 우리의 눈을 하나님과 그분을 섬기는 데서 떼게 하는 것은 거인 외에 또 다른 것들이 있습니다. 우리는 우리의 눈을 평화와 안락과 하나님의 자리와 잘못된 경쟁을 하는 수천 가지의 세상적인 일들에 고정시킬 수 있습니다.

히브리서에서 믿음의 영웅들을 말하는 위대한 장 뒤에 곧 이어지는 구절들을 기억합니까? 히브리서 11장은 구약성경에 등장하는 위대한 남녀 믿음의 영웅들을 나열하고 있으며, 이들은 믿음을 위하여 투쟁하였고 승리하였습니다. 우리는 이러한 본보기들에 의하여 감동을 받고 또 그렇게 하는 것이 옳은 것입니다. 그러나 그들의 이야기 뒤에 즉시 히브리서 저자는 믿음의 본보기를 적용합니다.

"이러므로 우리에게 구름 같이 둘러싼 허다한 증인들이 있으니 모든 무거운 것과 얽매이기 쉬운 죄를 벗어 버리고 인내로써 우리 앞에 당한 경주를 하며 믿음의 주요 또 온전하게 하시는 이인 예수를 바라보자 그는 그 앞에 있는 기쁨을 위하여 십자가를 참으사 부끄러움을 개의치 아니하시더니 하나님 보좌 우편에 앉으셨느니라 너희가 피곤하여 낙심하지 않기 위하여 죄인들이 이같이 자기에게 거역한 일을 참으신 이를 생각하라"(히 12 : 1-3)

갈렙(Caleb)도 역시 지쳤던 때도 있었으나, 그는 용기를 잃지 않았습니다. 그는 승리를 주시는 하나님께만 그의 눈을 고정시켰습니다. 만일 우리도 우리의 위대한 구원자시요, 주님이신 예수 그리스도께만 우리의 눈을 고정하게 된다면, 우리는 더 이상 용기를 잃어버리지 않을 것입니다.

●각주●

1. Francis B. Meyer, *Joshua and the Land of Promise* (Fort Washington, Pa. : Christian Literature Crusade, 1977), 161.

2. Alan Redpath, *Victorious Christian Living : Studies in the Book of Joshua* (Westwood, N. J. : Fleming H. Revell Co., 1955), 197, 198.

3. J. B. Phillips, *Your God Is Too Small* (New York : The Macmillan Company, 1967).

14
특별한 성읍들
여호수아 20 : 1-21 : 45

여호와께서 여호수아에게 말씀하여 이르시되 이스라엘 자손에게 말하여 이르기를 내가 모세를 통하여 너희에게 말한 도피성들을 너희를 위해 정하여 부지중에 실수로 사람을 죽인 자를 그리로 도망하게 하라 이는 너희를 위해 피의 보복자를 피할 곳이니라 이 성읍들 중의 하나에 도피하는 자는 그 성읍에 들어가는 문 어귀에 서서 그 성읍의 장로들의 귀에 자기의 사건을 말할 것이요 그들은 그를 성읍에 받아들여 한 곳을 주어 자기들 중에 거주하게 하고 피의 보복자가 그의 뒤를 따라온다 할지라도 그들은 그 살인자를 그의 손에 내주지 말지니 이는 본래 미워함이 없이 부지중에 그의 이웃을 죽였음이라 그 살인자는 회중 앞에 서서 재판을 받기까지 또는 그 당시 대제사장이 죽기까지 그 성읍에 거주하다가 그 후에 그 살인자는 그 성읍 곧 자기가 도망하여 나온 자기 성읍 자기 집으로 돌아갈지니라(여호수아 20 : 1-6)

그때에 레위 사람의 족장들이 제사장 엘르아살과 눈의 아들 여호수아와 이스라엘 자손의 지파 족장들에게 나아와 가나안 땅 실로에서 그들에게 말하여 이르되 여호와께서 모세에게 명령하사 우리가 거주할 성읍들과 우리 가축을 위해 그 목초지들을 우리에게 주라 하셨나이다 하매 이스라엘 자손이 여호와의

명령을 따라 자기의 기업에서 이 성읍들과 그 목초지들을 레위 사람에게 주니라(여호수아 21 : 1-3)

대부분 거의 모든 사람은 그들이 성장한 도시에 대하여 자부심을 갖게 마련입니다. 고향이라는 관점에서 모든 사람은 자기가 자랐던 도시는 특별하다고 말하는 것은 하나의 방법입니다. 나는 펜실베이니아 주 서쪽 모논가힐라 강과 유고게니 강이 마주치는 곳에 있는 작은 공장 도시 맥키스포트에서 자라났는데 다 털어보아도 자랑거리라곤 하나도 없었습니다. 그래도 우리는 우리가 다니던 고등학교 축구팀이 자랑스러웠습니다. 우리는 여배우 셜리 존스(Shirley Jones)가 우리 고장 출신이라는 점을 사람들에게 상기시켜 주었습니다. 우리는 바로 피츠버그의 상류에 있었으나 이것도 큰 도움이 되지 않습니다. 어떤 사람이 "펜실베이니아 피츠버그의 한 모퉁이에는 전당포가 있다네!" 라고 하는 유행가 가사를 쓴 것은 제외해야 하겠습니다. 우리는 그것도 우리의 유산 중의 하나라고 주장했기 때문입니다.

우리의 환경은 위비곤 호수와 전혀 달랐습니다. 그러나 나는 개리슨 케일러가 그의 신비스러운 고향, 작은 마을을 "모든 여인은 강인하였고, 모든 남자는 잘 생겼으며, 모든 어린이는 평균 이상이었다." 라고 술회한 기분을 이해합니다.

우리 고향에 대한 자부심은 때로는 표어로 표현되기도 하였습니다. 댈러스(Dallas)는 대문자 D, 뉴욕(New York)은 큰 사과, 시카고(Chicago)는 바람의 도시, 캔자스(Kansas) 중부에는 "미국인의 중심" 이라고 하는 곳이 있습니다.

이스라엘도 역시 그들만의 특별한 도시가 있었습니다. 그것은 매우 다른 이유에서 특별하였습니다. 틀림없이 이스라엘 백성들이 살고 있었던 수백 개의 성읍에는 자부심이 있습니다. 우리는 갈렙이 헤브론(Hebron)에 특별한 매력을 느꼈던 것을 보았습니다. 그리고 여호수아는 틀림없이 딤낫 세라(Timnath Serah) 라는 산지에 자부심을 가졌을 것입니다. 모든 사람은 이스라엘이 가나안을 정복한 한 부분으로 얻은 마을에 대하여 자부심을 느꼈을 것입니다. 사실상 이스라엘의 각 지파에게 분배하여 준 마을의 목록을 조심스럽게 살피면서 나는 이러한 의미를 느꼈습니다. 그것은 부동산 권리증서처럼 기록을 위한 것이었습니다. 그러나 백성들이 목록을 살펴보면서 그들 자신의 마을을 보게 될 때 자부심의 척도가 되었을 것입니다. 그 기록은 각 마을이 중요하다고 말하는 방법이었습니다.

그러나 내가 제시하였던 것처럼 매우 특별한 도시가 있었습니다. 그것은 둘로 나눌 수 있습니다. 첫째, 제사장과 레위 지파들이 소유한 마흔여덟 개의 성읍들이었습니다. 이들 성읍들은 열두 지파가 소유한 땅에 흩어져 있었습니다(요셉의 후손 에브라임과 므낫세는 각각 한 지파로 셈하였고, 그러므로 레위 지파에 추가하여 열두 지파를 이루게 되었음). 둘째, 도피성이 있었는데 이들 도피성은 요단 강 동쪽에 셋, 서쪽에 셋이 있었습니다. 도피성은 여호수아서 20장에 언급되었습니다. 레위 지파의 성읍들은 21장에 수록되었습니다.

도피성

여섯 도피성은 레위 지파의 성읍 마흔여덟 개 중에서 취한 것입니다. 민수기 35장에 기록되었고 신명기 19장에서 약간 수정하여 반복하고 있는 하나님의 특별한 명령을 따라 그들은 도피성을 세웠습니다(출 21 : 12-13, 그리고 신 4 : 41-43절에서 이들 성읍들에 대하여 간략하게 언급되었음).

고대 세계에서 이 성읍들의 필요성은 실제로 절실하였습니다. 근동에서는 오늘날에도 이 관습을 따르고 있습니다. 만일 가족 중 한 식구나 한 가족 전체, 또는 한 지파가 고의적이든 우연이든 간에 살인하게 되면 그 가족은 함께 모여서 가족 가운데 한 사람을 죽임을 당한 친척을 위하여 "피의 보복자"(보수자)로 지명하였습니다. "눈에는 눈으로 이에는 이로" 라는 율법의 기본적인 금언이 지배하는 세계였습니다. 만일 한 가족의 식구가 죽임을 당하면, 피의 보복자가 뒤쫓아가서 그 살인자를 죽이는 것이 의무였습니다. 분명히 이 제도에는 원시적인 정의가 있었습니다. 그러나 한 사람이 우연히 죽게 되면, 그리고 거기 필연적인 상황이 있었음에도 불구하고 보복자가 행동하도록 용납하게 되면 그것은 불의였습니다. 모세는 고의적인 살인자가 아니라 불의의 사고로 사람을 죽인 자가 안전하게 도피할 수 있는 도피성을 세우라는 지시를 받았습니다. 예를 들면, 민수기 35장은 두 사람이 함께 나무를 찍다가 한 사람의 도끼 머리가 날아가서 다른 사람을 죽게 했을 경우를 예로 들고 있습니다. 이 경우 피의 보복자가 그 살인자를 죽일 수 있는 상황입니다. 그러나 이 경우 사람을 죽인 자가 전혀 고의가 아닐 수 있습니다. 그는 자신의 운명을 기다리기보다는 도망자처럼 그곳으로 피하거나 몸을 숨기기 위하여 그는 피의 보복자가 그를 덮치기 전에 즉시 가까운 도피성으로 가야만 했습니다.

일단 성 안에 들어가서 겁에 질린 그 사람은 여호수아서에서 보여주는 것처럼 장로들 앞에 서야만 했습니다. 그는 그 죽음이 어찌하여 우연의 사고라는 것을 설명함으로써 자신의 경우를 진술하여야 했습니다. 만일 성읍의 장로들이 그 살인은 고의가 아니었고 정말 우연이었다고 판결을 내리면, 그들은 그를 성읍으로 받아들이고 그곳에서 안전하게 생활하게 되는 것이었습니다. 그는 그 당시 대제사장이 죽을 때까지 그곳에 머물러야만 하였고, 그 후에 그는 안전하게 집으로 돌아갈 수 있었습니다.

이것은 살인자가 정의를 피할 수 있는 조치가 아니라는 것이 중요합니다. 다른 사람을 살인한 자는 법적으로 처형되어야만 하였습니다. 이것은 다만 사람을 죽이기는 하였으나 살인이 고의가 아니였던 자를 구하기 위한 장치에 불과하였습니다. 나는 이 점을 특별한 통찰력으로 다룬 프란시스 쉐퍼(Francis Schaeffer)의 도움을 크게 받았습니다. 그는 다음의 요점을 그의 주석에서 설명하였습니다.

첫째, 생명을 가볍게 다루는 대신, 우리가 법을 보다 더 잘 집행하려고 많은 노력을 하듯 도피성을 지정한 것은 하나님의 형상대로 지음을 받은 인간의 가치를 강조하려는 것입니다. 달리 말하자면 이러한 도피성의 제도는 살인자가 반드시 죽어야만 한다는 것과 동일한 관심에 의하여 동기가 되었습니다. 창세기의 앞부분으로 돌아가보면 홍수 후에 하나님은 노아에게 말씀하셨습니다.

"… 사람이나 사람의 형제면 그에게서 그의 생명을 찾으리라 다른 사람의 피를 흘리면 그 사람의 피도 흘릴 것이니 이는 하나님이 자기 형상대로 사람을 지으셨음이니라" (창 9 : 5-6)

사람은 하나님의 형상대로 지음을 받았으며, 그러므로 너무 고귀하여 제멋대로 파괴할 수 없기 때문에 사형제도를 세운 것입니다. 출애굽기에서는 그 원리가 다음과 같습니다.

"사람을 쳐 죽인 자는 반드시 죽일 것이나"(출 21 : 12)

엄밀하게 동일한 원리에 의하여 만일 한 사람이 범한 살인이 우연의 사고였다면 어떤 사람도 죽임을 당할 수 없습니다. 그러므로 출애굽기 21장은 계속해서 "만일 사람이 계획함이 아니라 나 하나님이 사람을 그 손에 붙임이면 내가 위하여 한 곳을 정하리니 그 사람이 그리로 도망할 것이며"(13절) 라고 말합니다.

프란시스 쉐퍼(Francis Schaeffer)는 다음과 같이 기술했습니다.

"하나님이 존재하시기 때문에, 그분은 성품을 지니셨기 때문에 우리는 참되고 도덕적인 우주에서 살고 있다. 이것은 살인자가 하나님 앞에서 참으로 도덕적인 유죄이며, 이 유죄는 신중하게 처리하여야 함을 의미한다. 우리 현대인들은 이 점에 대하여 전혀 또는 조금 밖에 모르고 있다."[1]

둘째, 도피성은 이스라엘 백성에게 뿐만 아니라 이스라엘에 살고 있는 외국인들에게도 공개되었기 때문에 여호수아서 20 : 9절이 지적하는 바와 같이 우리는 순수하며 보편적인 정의의 법령을 소유하고 있는 것입니다. 다수의 사회는 외부인들에 대한 법의 보호는 외면한 채, 자신들의 시민들에게만 정의의 조치를 제공하고 있습니다. 이것은 이스라엘에서 있을 수가 없는 것입니다. 이스라엘에서는 외국인들도 이스라엘 백성과 동등한 권리를 누렸습니다. 그러므로 이스라엘은 인류의 하나됨과 각 개인이 참되고 한 분 뿐이신 하나님께 응답할 수 있다는 것을 모델로 증거하였습니다.

셋째, 이러한 각각의 요점들은 모든 사람이 한 분이신 하나님의 지으심을 받았으며 그분의 형상대로 지으심을 받았다는 이스라엘 백성의 종교적인 인식에 기초하였기 때문에 이스라엘의 다른 법과 아울러 이 법은 보편적인 법의 유일하며 합당한 기초는 하나님의 성품이라는 것을 증거하였습니다.

프란시스 쉐퍼(Francis Schaeffer)는 그것을 이렇게 설명하고 있습니다.

"도피성은 레위 지파의 성읍이었다. 즉, 그들은 하나님과 더불어 해야 할 일이 있었다. 도피하는 사람은 대제사장이 죽을 때까지 그 성읍에 머물러야만 했다. 그래서 그는 시민법이 하나님과 관계됨을 상기해야만 했다. 그들은 사회적인 공백에서 존재하지 않았다. 현대인과 달리 구약시대의 백성과 종교개혁 후의 기독교 공동체는 시민법을 근본적으로 사회적인 것으로 보지 않았다. 그들에게 있어서 그것은 일차적으로 사회적인 계약에서 발견되지 않기 때문이다. 시민법은 사회와 관계가 있었으나 사회에만 국한된 것은 아니었다. 그것은 궁극적으로 하나님의 존재하심과 성품에 관계가 있었고, 이것이 중요하다. 하나님께로부터 오는 법은 고정된 무엇을 제공 할 수가 있다. 오늘날의 사회적인 법은 상대적이다."[2]

이스라엘에서 도피성이 존재했던 것은 현대 서구 문화에 대하여 할 말이 많다는 것에 대한 여러 가지 면에서 입증되고 있습니다.

"다른 피난처는 없다"

쉐퍼가 지적한 것과 같이 그들은 죄인을 위하여 행하신 예수 그리스도의 사역에 대한 가치를 예증으로 들면서 할 말이 많을 것입니다. 물론 그 예증은 완전한 것이 아닙니다. 한 가지 점에서 도피성은 실제 범죄 행위에서 무죄한 사람을 위한 것입니다. 우리는 무죄가 아닙니다. 그 반대로 우리는 하나님의 목전에서 유죄입니다. 다시 말해서 그들은 조심스럽게 그 땅 전체에 공간을 할애하였지만 그럼에도 불구하고 도피성은 때로는 가난한 도피자들에게는 거리가 멀었으며, 그것은 그가 안전을 찾을 수 있는 절망적인 경주의 마지막 지점에 있었습니다. 그러나 예수 그리스도는 항상 가까이 계십니다.

이렇게 분명한 차이점에도 불구하고 많은 사람들은 이스라엘의 도피성처럼 예수 그리스도가 정말 피난처시요, 이 성읍들이 지니고 있는 여러 가지 특징들은 영적인 유사성을 갖는다고 진술하였습니다.

첫째, 도피성으로 이르는 길을 분명히 표시해 놓는 것이 이스라엘 백성의 의무였습니다. 신명기 19 : 3절은 이 성읍에 이르는 도로를 만들어야 한다고 말합니다. 성경 밖의 자료들은 이러한 도피자들을 돕기 위하여 보다 더 연장되었다고 말합니다. 계곡을 가로지르는 다리를 놓았고 그래서 도피자가 가능한 최단 거리를 이용하게 하였습니다. 매년 봄, 도로를 보수했습니다. 모든 교차로에는 "피난처! 피난처!"라는 특별한 팻말을 세워 놓았습니다. 아무도 도피자가 길을 잘못드는 것을 원치 않았습니다. 더욱이 팻말은 크게 만들어서 힘들게 달려가는 사람이 멈추지 않고도 읽을 수 있었습니다.

믿지 않는 영혼들이 쉽사리 예수 그리스도께로 이를 수 있는 길을 만들어야 할 책임이 우리에게 있다는 사실과 좋은 병행을 이루고 있습니다. 예수 그리스도와 떼어 놓았을 때 죄인은 죽은 사람입니다. 그 성읍들에 이르는 길을 발견할 수 있도록 도와 줄 사람은 누구입니까? 우리는 다리를 놓고, 길을 보수하며 예수님께 이르는 팻말을 세우지 않으면 안 됩니다. 더욱이 우리는 그 길에 서서 이 피난처를 가르쳐 주어야만 합니다. 우리는 "이것이 길이요! 거기만 안전합니다!" 라고 외쳐야만 합니다.

둘째, 도피성의 문은 항상 열어 두어야 했습니다. 그것은 대단히 중요하며 고대 성읍들의 이례적인 특징이었습니다. 그 당시 도둑, 야만인, 또는 주민을 해치려는 자들로부터 성 안에 있는 사람들을 보호하기 위하여 밤에만 성문을 닫았고, 전쟁시에는 성문을 항상 닫아 두었습니다. 그러나 도피성은 그렇지 않았습니다. 예수 그리스도의 품이 그분에게 오는 사람은 누구든지 영접하기 위하여 항상 열려 있는 것과 같이 이 성읍들의 문은 항상 열어 두어야만 했습니다.

예수님께서 "… 내게 오는 자는 내가 결코 내어쫓지 아니하리라"(요 6 : 37)고 말씀하셨습니다. 성경의 마지막 장은 "… 오라 하시는도다 듣는 자도 오라 할 것이요 목마른 자도 올 것이요 또 원하는 자는 값없이 생명수를 받으라 하시더라"(계 22 : 17)고 말합니다.

셋째, 도피성은 이스라엘 백성뿐만 아니라 모든 인류를 위한 것입니다. 이와 유사하게 예수 그리스도로만 얻을 수 있는 구원은 모든 사람을 위한 것입니다. 그것은 여러분이 어떤 사람이든 상관없습니다.

젊을 수도 있고 늙을 수도 있습니다. 유대인일 수도 있고 이방인일 수도 있습니다. 흑인일 수도, 백인일 수도, 부자일 수도, 가난한 자일 수도, 남자일 수도, 여자일 수도, 학문이 있을 수도, 학문이 없을 수도, 장점을 소유했을 수도, 단점을 소유했을 수도 있습니다. 아무 상관이 없으며 구원의 길은 누구에게나 가능하기 때문입니다. 여러분은 현재 여러분이 소유하고 있는 망상에 불과한 안전을 포기하고, 여러분은 위험에 직면하고 있음을 솔직하게 인정하고 예수님께로 피해야만 합니다.

마지막으로, 이 당시 우연의 사고로 사람을 죽게 한 자가 도피성으로 피하지 않으면, 그는 아무런 소망이 없습니다. 이스라엘의 법에는 그가 구원을 받을 수 있는 아무런 다른 조항이 없습니다. 만일 그가 그곳으로 피하지 않으면, 피의 보복자가 그를 덮쳐서 죽이게 됩니다.

여러분도 역시 지칠 줄 모르고 피할 줄 모르는 보복자의 끈질긴 추격을 받고 있습니다. 여러분은 장수를 누릴 수도 있으나 여러분이 므두셀라보다 더 오래 산다고 하더라도 여러분은 결국 이 무서운 원수의 일격을 받게 될 것입니다.

누가 알 수 있습니까? 그 일격을 당하는 것이 금년일는지, 이달일는지, 혹은 이 글을 읽고 있는 바로 이 시각일는지! 여러분은 이 원수에게서 어떻게 도망칠 것입니까? 여기 유일한 길이 있습니다. 예수! 여러분은 그분에게 피하지 않으면 안 됩니다. 예수님께서 친히 말씀하셨습니다.

"나는 부활이요 생명이니 나를 믿는 자는 … 영원히 죽지 아니하리니 …"(요 11 : 25-26)

히브리서 저자는 그가 "… 앞에 있는 소망을 얻으려고 피난처를 찾은 우리에게 큰 안위를 받게 하려 하심이라"(히 6 : 18)고 기록할 때, 아마도 도피성을 염두에 두었을 것입니다.

제사장 성읍들

여호수아서 21장은 이스라엘 백성에게 땅을 분배한 사실을 다루는 마지막 장입니다. 그것은 레위 지파에게 마흔여덟 개의 성읍들을 할당한데 관심을 두고 있습니다. 이 성읍들은 전체 땅에 흩어졌으므로 레위 지파가 있음으로써 인하여 누리는 유익과 그들의 봉사와 가르침이 널리 가능하였습니다.

이것은 놀라운 일로 원래 저주였던 것이 축복으로 변하는 하나님의 본보기였기 때문입니다. 창세기 49장으로 되돌아가 보면 야곱은 그의 둘째와 셋째 아들 시므온과 레위에게 특별히 가혹한 말을 하였습니다. "… 내가 … 그들을 이스라엘 중에서 흩으리로다"(7절). 이것은 몇 해 전 이들 두 형제가 세겜 족속을 학살함으로써 야곱이 자신을 두고 한 말처럼 "세겜 족속에게 악취"가 나게 하였기 때문이었습니다(창 34 : 30). 이들 두 형제의 후손들이 전국에 흩어짐은 그들이 유업을 전혀 받을 수 없다고 말하는 하나의 방법으로서 징계를 뜻하는 것이었습니다.

시므온의 경우, 우리가 12장에서 살펴본 바와 같이 그의 후손들이 유다의 영토에서 살게 됨으로써 성취되었고 그것은 징계였습니다. 유다는 그들의 오랜 역사 가운데 하나님의 일에 가까이 머물러 있었고, 시므온 지파는 필연적으로 유다 지파의 신실함에 큰 덕을 입었기 때문에 그것은 축복이 어우러져 있는 징계였습니다. 예를 들면, 열두 지파 가운데 열 지파가 있는 북 왕국 이스라엘은 B.C. 721년 앗수르에게 망하였지만, 바벨론에게 망한 유다 지파(시므온 지파를 포함하여)는 B.C. 587년까지 130여 년이나 더 지탱할 수가 있었습니다. 그래서 시므온은 그의 심판에서조차 축복을 누렸다.

우리의 주된 관심사인 레위 지파의 경우에는 더욱 놀랍습니다. 레위 지파는 이스라엘 전국에 흩어져 마흔여덟 개의 레위 지파의 성읍에서 살았습니다. 여기 덧붙여 레위 지파는 성전 예배와 연관하여 그들의 임무를 수행하기 위하여 여기저기 여행을 하였습니다. 레위의 후손들이 그들만의 땅은 없었다 하더라도, 그럼에도 불구하고 그들이 제사장이 된 것은 결코 작은 영광은 아니었습니다. 그들을 두고 그 땅에서 "분깃"은 없었으나 "여호와께서 그들의 분깃"이라고 말씀하셨습니다.

더욱이 백성을 이끄는 위대한 지도자들이 이 지파에서 나왔습니다. 대부분의 왕들이 나온 유다 지파를 예외로 하고, 레위 지파는 다른 어느 지파보다 더 출중한 지도자들을 배출하였습니다.

모세(Moses)도 레위 지파였습니다. 모세는 이스라엘이 가장 혹독한 압제를 당할 때, 애굽에서 태어났습니다. 그는 경건한 부모 아므람과 요게벳의 아들이었으며, 그의 부모는 모두 레위 지파였습니다. 그는 당대 어느 누구보다 최고의 학문을 배웠습니다. 그는 애굽에서 엄청난 특권과 권세를 지녔습니다. 그는 미래 애굽의 바로가 될 수도 있었습니다. 그러나 애굽인들을 편들지 않았고, 자기 백성의 편을 들었습니다. 히브리서는 우리에게 이렇게 말하고 있습니다.

"믿음으로 모세는 장성하여 바로의 공주의 아들이라 칭함 받기를 거절하고 도리어 하나님의 백성과 함께 고난 받기를 잠시 죄악의 낙을 누리는 것보다 더 좋아하고 그리스도를 위하여 받는 수모를 애굽의 모든 보화보다 더 큰 재물로 여겼으니 이는 상 주심을 바라봄이라 믿음으로 애굽을 떠나 왕의 노함을 무서워하지 아니하고 곧 보이지 아니하는 자를 보는 것 같이 하여 참았으며 믿음으로 유월절과 피 뿌리는 예식을 정하였으니 이는 장자를 멸하는 자로 그들을 건드리지 않게 하려 한 것이며"(히 11 : 24-28)

아론(Aron)도 레위 지파였습니다. 그는 모세의 형이었으며, 이스라엘의 대제사장으로서 특별한 임무를 받았습니다. 역대상은 "… 아론은 그 자손들과 함께 구별되어 몸을 성결하게 하여 영원토록 지극히 거룩한 자가 되어 여호와 앞에 분향하며 섬기며 영원토록 그 이름을 받들어 축복하게 되었으며"(대상 23 : 13)라고 말합니다.

비느하스(Phinehas)는 레위 지파에서 특별한 지도자였습니다. 그는 세 번째 대제사장이었으며 19년 동안 자신의 역할을 신실하게 수행하면서 섬겼습니다. 그는 민수기 25장에 기록된 사건으로 알려졌습니다. 이스라엘 백성이 모압(Moab) 여인들의 초대를 받아 그들의 신에게 제사를 드리고 그들과 성적 부도덕에 빠지게 되었습니다. 그 결과 하나님은 역병으로 그 백성을 심판하셨고, 비느하스는 이 사악한 행위에 격분하였습니다. 그래서 시므온 지파의 자손 시므리가 모압 여인을 자기 천막으로 데리고 가는 것을 보고 그는 창을 꼬나잡고 그들을 뒤따라가 창을 날려 시므리를 꿰뚫고 여인의 몸까지 꿰었습니다. 이것으로 인하여 역병은 멈추었고, 하나님은 비느하스의 질투를 칭찬하셨습니다. 하나님은 이렇게 말씀하셨습니다.

"그러므로 말하라 내가 그에게 나의 평화의 언약을 주리니 그와 그 후손에게 영원한 제사장 직분의 언약이라 그가 그 하나님을 위하여 질투하여 이스라엘 자손을 속죄하였음이니라"(민 25 : 12-13)

엘리(Eli)도 레위인이었습니다. 엘리는 98세까지 살았습니다. 그는 실로의 제사장이었습니다. 그는 사사로서 40년간 이스라엘을 섬겼습니다(삼상 4 : 12-18).

에스라(Ezra)도 레위인이었습니다. 에스라는 이스라엘 백성이 바벨론에서 귀환

할 때, 느헤미야와 더불어 섬겼던 출중한 서기관이었습니다. 그는 포로 이후 최초의 저작인 에스라서를 기록하였습니다.

세례 요한(John the Baptist)도 레위인이었습니다. 그의 아버지 사가랴는 아비야 반열(班列)에 속한 제사장이었으며 어머니 엘리사벳은 아론의 후손이었습니다(눅 1 : 5). 하나님은 구약의 마지막 예언을 성취하시기 위하여 세례 요한을 예수님의 선구자로 부르셨습니다.

"보라 여호와의 크고 두려운 날이 이르기 전에 내가 선지자 엘리야를 너희에게 보내리니 그가 아버지의 마음을 자녀에게로 돌이키게 하고 자녀들의 마음을 그들의 아버지에게로 돌이키게 하리라 …"(말 4 : 5-6)

예수님께서는 요한을 크게 칭찬하시면서 "내가 진실로 너희에게 말하노니 여자가 낳은 자 중에 세례 요한보다 큰 이가 일어남이 없도다 …"(마 11 : 11) 라고 말씀하셨습니다.

이것은 우리에게 얼마나 놀라운 격려가 됩니까? 레위를 흩으심에서 우리는 죄에 대한 하나님의 의로운 심판을 보게 됩니다. 그러나 또한 우리는 그 심판이 축복으로 변하는 것도 보게 됩니다. 만일 여러분이 다른 사람이 행한 일 - 시므온과 레위의 후손이 부모의 죄 때문에 고통을 당했던 것처럼 여러분의 부모의 죄 때문에 - 로 인하여 현재 고통을 당하고 있다면 여러분은 하나님의 은총에서 제외되었거나 또는 여러분의 경건한 생활로 말미암아 다시 하나님의 은총을 얻기란 불가능하다고 생각하지 마십시오. 하나님은 아비의 죄를 자녀에게 갚으시되 "… [나를] 미워하는 자의 죄를 갚되 아버지로부터 아들에게로 삼사 대까지 이르게 …"(출 20 : 5) 하십니다. 그러나 죄악을 "회개" 하면, 하나님께서 그 회개함을 보시고 은총을 베푸십니다(출 32 : 14, 렘 18 : 8, 26 : 3, 13, 욜 2 : 13).

여러분 자신의 죄로 인하여 고통을 당하고 있다고 할지라도 절망하지 마십시오. 나는 미국의 수필가이며 소설가인 워싱턴 어빙(Washington Irving)의 인용구가 담

긴 카드를 내 책상 위에 항상 놓아두고 있습니다.

워싱턴 어빙은 "막대기를 든 사람에게로 가까이 가면, 그가 내려치는 것을 누그러뜨린다!" 라고 하였습니다. 그것은 사실입니다. 만일 여러분이 죄로 인하여 고통을 당하고 있다면, 하나님께로 가까이 가서 여러분에게 내리실 징계를 기꺼이 바꾸실 준비가 되어있는 그분을 발견하십시오![3]

●각주●

1. Francis A. Schaeffer, *Joshua and the Flow of Biblical History* (Downers Grove, Ill. : InterVarsity Press, 1975), 194, 195

2. 앞의 책, 193.

3. 레위에 대한 연구는 저자의 창세기 제3권 *Genesis*, vol.3. (Grand Rapids : Zondervan Publishing House, 1987). 274-279를 보라.

15
무기여 잘 있거라!
여호수아 22 : 1-34

그때에 여호수아가 르우벤 사람과 갓 사람과 므낫세 반 지파를 불러서 그들에
게 이르되 여호와의 종 모세가 너희에게 명령한 것을 너희가 다 지키며 또 내
가 너희에게 명령한 모든 일에 너희가 내 말을 순종하여 오늘까지 날이 오래도
록 너희가 너희 형제를 떠나지 아니하고 오직 너희의 하나님 여호와께서 명령
하신 그 책임을 지키도다 이제는 너희의 하나님 여호와께서 이미 말씀하신 대
로 너희 형제에게 안식을 주셨으니 그런즉 이제 너희는 여호와의 종 모세가 요
단 저쪽에서 너희에게 준 소유지로 가서 너희의 장막으로 돌아가되 오직 여호
와의 종 모세가 너희에게 명령한 명령과 율법을 반드시 행하여 너희의 하나님
여호와를 사랑하고 그의 모든 길로 행하며 그의 계명을 지켜 그에게 친근히 하
고 너희의 마음을 다하며 성품을 다하여 그를 섬길지니라(여호수아 22 : 1-5)

대부분 여호수아서 주석들은 가나안을
열두 지파에게 분배한 것을 다룬 다음 끝을 맺습니다. 여호수아서 13-21장을 장황
하게 다루는 것이 어렵기 때문에 이해가 갑니다. 주석가들이 이 장들을 다루느라고

허둥대다보면, 마지막에 이르러서는 잘해야 한 개나 두 개의 장으로 그들의 연구를 마무리하게 마련입니다.

여호수아서 연구는 이렇게 무모한 마무리로 인하여 고통을 겪어야만 합니다. 그러한 가운데 22장도 마찬가지입니다. 이 22장에서 여호수아는 요단강 동편 땅을 주기로 약속했던 두 지파와 반 지파를 해산시키고 있습니다. 이것은 여러 가지 이유에서 불행한 일이었습니다. 이 장은 이 백성들에게 준 중요한 교훈을 담고 있습니다. 23장에서 이스라엘의 지도자들에게 행한 여호수아의 고별 지시나, 24장에서 이스라엘 백성 전체에게 행한 고별 설교와 같이 그들이 돌아가서 지켜야 할 중요한 교훈입니다. 이 장에는 감동적인 이별을 담고 있으며, 이것은 오랜 세월에 걸친 모든 전투에서 가장 교훈적인 사건으로 이끌어 가고 있습니다.

평화를 얻었다

여호수아서의 마지막 부분을 이루고 있는 몇 장에서 전쟁을 치를 때와 마찬가지로 평화의 때에도 하나님을 인정하고 섬겨야 한다는 것이 주제가 됩니다. 7년간에 걸친 긴 세월 동안 백성은 넓디넓은 약속의 땅 전역에서 정복 전쟁을 치르면서 여호수아를 따랐습니다. 그들은 언제나 하나님께 대하여 신실하였습니다. 사실 몇 번의 실수도 있었습니다. 하지 말라는 금지에도 불구하고 아간은 여리고 전리품을 취함으로 하나님께 불순종하였고, 여호수아는 아이 성의 1차 공격에서 하나님의 뜻을 구하지 않았습니다.

그 후 여호수아와 백성은 기브온 사람들의 계략에 휘말려 속임을 당하고 말았으나 이러한 것들은 큰 실수가 아니었습니다. 그리고 그들은 전투를 빨리 끝낸 셈으로 7년에 걸친 전투는 이스라엘이 하나님과 그들의 임무에 신실하였던 것이 특징이라고 말할 수 있습니다.

그러면 평화 시에는 어떻습니까? 나라들은 흔히 그들이 전쟁에서 획득하였던 평화를 잃어버립니다. 그렇다면 이스라엘도 고도의 영적 헌신과 성실을 포기하고 점진적으로 불순종과 우상 숭배에 빠졌다는 것입니까? 그렇지 않으면 하나님께 성실하였습니까? 여호수아의 마음과 생각에서 이와 같은 질문이 생기게 되었고, 그래서 그는 1차로 동쪽에 거주할 지파들에게, 그 다음으로 지도자들에게, 마지막으로 백성 전체에게 도전을 하였습니다.

여호수아가 요단강 동쪽에 있는 집으로 이제 막 돌아가려는 르우벤, 갓, 므낫세 반 지파에게 말할 때, 그는 세 가지를 강조하였습니다.

첫째, 하나님과 모세의 명령에 대한 과거의 순종과 둘째, 약속하셨던 대로 그들에게 땅을 주시고 그들이 현재 누리고 있는 평화를 주신 하나님의 신실하심과 셋째, 하나님의 계명을 계속하여 지켜야 할 의무입니다.

이 마지막 항목을 확대하여 여호수아는 다음과 같이 말했습니다.

"오직 여호와의 종 모세가 **너희**에게 명령한 명령과 율법을 행하여 반드시 **너희** 하나님 여호와를 사랑하고 그의 모든 길로 행하며 그의 계명을 지켜 그에게 친근히 하고 **너희** 마음을 다하며 성품을 다하여 그를 섬길지니라"(수 22 : 5)

이것은 엄밀하게 말해서 우리도 역시 우리의 때에 행해야만 하는 것이라고 보아야 합니다. 예수님께서도 신명기 6 : 5절의 마지막 부분을 인용하셔서 크고 첫째 되는 계명이라고 말씀하셨습니다. "네 마음을 다하고 목숨을 다하고 뜻을 다하여 주 너의 하나님을 사랑하라"(마 22 : 37). 그 계명을 다 이루는 것은 여호수아가 설명한 것처럼 하나님만 꼭 붙들고 온전히 그분만 섬기면서 하나님의 길로 행하는 것을 의미합니다.

감동적인 이별

나는 프란시스 쉐퍼가 옳다고 확신합니다. 그는 우리의 상상력을 발휘하여 함께 싸웠던 전우들이 이별하는 장면의 엄청난 감동을 느껴보라고 요청합니다.[1] 본문은 이러한 감동에 대하여 말하지 않습니다. 그러나 우리는 이들이 우리 세대가 치렀던 제2차 세계대전보다 더 오랜 기간 가나안을 정복하기 위하여 어깨를 나란히 하고 싸웠던 것을 반드시 기억해야만 합니다. 이러한 상황에서 그들은 특별한 결속으로 맺어졌을 것입니다. 심지어 오늘날에도 우리는 유럽 전선의 어느 특별한 전투에서 함께 싸웠거나 일본군과 맞서서 싸웠던 태평양 군도의 전투에서 퇴역한 군인들의 감동적인 모임을 신문기사로 읽게 됩니다. 그것은 이들 이스라엘 백성이 치렀던 전투에서 퇴역 군인들의 느낌과 같은 것임에 틀림없습니다.

헤어져야 할 때가 오자 군인들은 진중을 돌아다니면서 전우들에게 작별의 말을 하였습니다. 기브온에서 남방 동맹군 병사들을 추격할 때, 다른 사람의 생명을 구해주었던 형제도 있었습니다. 헤브론의 요새화된 성벽을 공격할 때, 도와 주었던 사람도 있었습니다. 내가 말한 것처럼 이것은 가슴을 뭉클하게 하는 감동적인 순간이었음에 틀림없습니다.

그러나 마침내 헤어지면서 르우벤과 갓 두 지파와 므낫세 반 지파는 동쪽을 향하여 이동하고 결국 요단 강 쪽으로 향하는 길을 떠났습니다. 요단 강 서쪽에 머무를 여러 지파들도 그들 자신의 영토로 흩어질 준비를 하였습니다.

예기치 못했던 무서운 일이 벌어졌다는 전갈이 갑자기 왔습니다. 동쪽으로 향해 가는 지파들이 제단을 세웠다는 소식이었습니다. 본문은 "르우벤 자손과 갓 자손과 므낫세 반 지파가 가나안 땅 요단 언덕 가에 이르자 거기서 요단 가에 제단을 쌓았는데 보기에 큰 제단이었더라"(수 22 : 10)고 말합니다.

이것은 가볍게 지나칠 문제가 아니었습니다. 여호와의 성막이 세워진 실로의 제단이 아닌 제단, 그것은 참되신 하나님에 대한 예배를 위반한 것을 상징하는 것이었습니다. 그것은 배역을 의미하였습니다.

그러므로 성경 본문은 다음과 같이 말합니다.

"이스라엘 자손이 들은즉 이르기를 르우벤 자손과 갓 자손과 므낫세 반 지파가 가나안 땅의 맨 앞쪽 요단 언덕 가 이스라엘 자손에게 속한 쪽에 제단을 쌓았다 하는지라 이스라엘 자손이 이를 듣자 곧 이스라엘 자손의 온 회중이 실로에 모여서 그들과 싸우러 가려 하나라"(수 22 : 11-12)

생각해 보십시오! 이들은 가장 감동적인 상황에서 방금 헤어졌습니다. 그들은 전쟁에 신물이 났고 그토록 오랫동안 기다려왔던 평화를 누리고 있었습니다. 그런데 갑자기 그들은 르우벤과 갓 두 지파와 므낫세 반 지파가 그들과 경쟁을 할 만한 제단을 세우고 있다는 소식을 듣자마자 다시 그들의 무기를 움켜잡고 그들을 향하여 행군할 준비를 하였습니다.

쉐퍼는 "그것은 정말 무서운 일이다!" 라고 말합니다. 이들은 전쟁에 미친 사람들이 아니었습니다. 그와는 반대로 그들은 싸움에 지쳐 있었습니다. 그들은 요단강 건너편에 있는 형제들을 시기하거나 그들에게 화를 내는 것이 아니었습니다. 그들은 전우였습니다. 그러면 왜 서쪽 편의 여러 지파들이 동쪽 편의 지파들과 더불어 전쟁을 치를 준비를 하였습니까? 여기 유일한 설명이 있습니다. 비록 그들이 동쪽에 있는 형제들을 사랑하였고 틀림없이 전투에 지쳤다하더라도, 그럼에도 불구하고 그들은 하나님을 더 영화롭게 하기를 원했으며, 그분을 영화롭게 하는데 어떤 것도 간섭하도록 용납할 수 없었습니다. 그들은 하나님을 위하여 질투하였습니다.

프란시스 쉐퍼(Francis Schaeffer)는 이렇게 말했습니다.

"나는 20세기의 교회가 하나님께 대하여 이 교훈을 배워야만 한다고 해야겠다. 존재하시는 하나님의 성결(Holiness of the God)은 진리의 영역에서 어떠한 타협도 용납되어서는 안 된다고 요청하신다. 눈물이라고? 나는 눈물이 있었다고 확신한다. 그러나 하나님을 거역하는 반역이 있다면 전쟁만이 있을 따름이다."[2]

사랑과 성결

그러나 전쟁이 즉시 시작되지는 않았습니다. 이 점에 있어서 또 하나의 큰 교훈이 있습니다. 서쪽 지파들은 싸우러 갈 준비가 되어 있었습니다. 그러나 그들이 동쪽 지파들을 향하여 행군하기 전에 그들은 대표를 보내서 상황을 조사하고 발각되었다고 믿는 그들의 실수가 바로잡을 수 없는가를 알아보게 하였습니다. 이것은 하나님의 성결만을 위하여 사랑과 관심을 드러낸 것이었습니다. 그것은 이러한 여러 가지 요소들을 명심하여야 합니다.

첫째, 서쪽의 대표단은 그들에 대한 관심을 솔직하게 진술하였습니다. 오늘 우리는 어떤 사람을 격리하거나 화나게 하는 것을 주저한 나머지 우리의 관심을 누그러뜨리고 "그들은 그다지 중요한 사람이 아니야!"라고 말하면서, 결국 그들의 존재를 모두 잊어버리고 맙니다. 이스라엘의 대표단은 이렇게 하지 않았습니다. 대표단은 열 명으로 구성되었습니다. 강 서쪽에 있는 열 지파에서 한 사람의 지도자를 각각 뽑았고, 그들은 모두 제사장 엘르아살의 아들 비느하스의 감독 아래 두었습니다. 그들은 동쪽의 두 지파와 반 지파에게 가서 이렇게 말하였습니다.

"여호와의 온 회중이 말하기를 너희가 어찌하여 이스라엘 하나님께 범죄하여 오늘 여호와를 따르는 데서 돌아서서 너희를 위하여 제단을 쌓아 너희가 오늘 여호와께 거역하고자 하느냐 브올의 죄악으로 말미암아 여호와의 회중에 재앙이 내렸으나 오늘까지 우리가 그 죄에서 정결함을 받지 못하였거늘 그 죄악이 우리에게 부족하여서 오늘 너희가 돌이켜 여호와를 따르지 아니하려고 하느냐 너희가 오늘 여호와를 배역하면 내일은 그가 이스라엘 온 회중에게 진노하시리라"(수 22 : 16-18)

이것은 분명한 말입니다. 배역은 배역일 따름입니다. 더욱이 한 사람의 불순종은 많은 사람의 고통과 분명하게 연결되어 있습니다. 도덕(Morality)이란 개인주의적인 것이 아닙니다. 그러므로 하나님의 백성이라고 주장하는 사람이 신실하게 순종함으로써 그분만을 위하여 살지 않는다면, 하나님을 따르려고 애쓰는 다른 사람들이 고통을 당하게 될 것입니다.

우리가 그것을 믿습니까? 만일 그렇다면 우리가 배역을 용납함으로써 우리처럼 그리스도인이라고 주장하는 사람들의 행실이 바르지 못한 생활을 하도록 내버려 둘 수 있습니까? 만일 우리도 정말 이러한 것을 믿는다면, 우리가 하나님의 영광을 위하여 질투해야 하는 것이 우리의 경우는 아닙니까?

둘째, 강 서쪽의 백성은 길을 잃은 형제들을 회심시키기 위하여 어떠한 대가라도 기꺼이 치르려고 하였습니다. 그것은 대단히 중요합니다. 서쪽에 거주하는 지파들은 잘못을 범하고 있는 사람들을 공격하기 전에 대화를 시도함으로써 그들의 사랑을 과시하려고만 하지 않았습니다. 그 자체가 중요하였으며 우리는 거기서 배워야 할 교훈이 있습니다.

그들은 이보다 훨씬 더 위대한 일을 하였습니다. 그들은 여호와 하나님을 신실하게 예배하기 위하여 강 동쪽 지파들을 다시 불러 올 경우 그들의 땅을 제공하려고 하였습니다. 그들이 한 말을 주목하여 보십시오. "그런데 너희의 소유지가 만일 깨끗하지 아니하거든 여호와의 성막이 있는 여호와의 소유지로 건너와 우리 중에서 소유지를 나누어 가질 것이니라 …" (수 22 : 19).

바꾸어 말하자면, "너희들의 배역하게 된 원인이 지금 너희가 살고 있는 땅의 전통 때문이라면 거기 살지 말아라. 우리가 살고 있는 곳으로 오라. 우리가 우리 성읍과 우리 땅의 일부를 너희에게 주겠다. 다만 여호와만 거역하지 말라!" 는 것이었습니다.

이것은 매우 값진 사랑입니다. 이것은 사람을 하나님께 인도하는 사랑입니다. 때로 우리는 실제로 훈계를 행합니다(훈계는 때때로 필요하며, 특별히 영적으로 해이해진 이 세대에 더욱 필요함).

우리는 자기는 높이고, 상대방에게는 혐오감을 주는 자기의(自己義)와 자기 중심적인 섬김의 방법으로 훈계를 행하게 됩니다. 잘못을 범한 자들을 뉘우치게 하기 위하여 자신이 개인적인 대가를 치렀다면, 그것은 얼마나 효과적이며, 차이가 나는 것입니까?

셋째, 서쪽 지파의 관심을 설명할 때, 동쪽의 두 지파와 반 지파는 동의하였습니다. 하나님을 섬기는 참 신자요, 사기꾼이 아님을 보여주기 때문에 이것도 역시 중요합니다. 그들의 대답 가운데 한마디도 동쪽 지파들이 거짓된 제단을 쌓는 것을 가볍게 생각하지 않았음을 암시하고 있습니다. 오늘날 우리 시대에 많은 사람들처럼 하나님의 명령이 선포되었을 때, "그것은 너희들의 생각일 따름이야!" 라고 말하지 않았습니다.

이와 같은 대답은 그렇게 대답하는 사람 자신이 구원받지 못했음을 강하게 암시하는 것입니다. 왜냐하면 하나님의 영을 소유한 사람은 하나님의 명령에 대하여 예의가 바르기 때문입니다.

"그것은 네 생각일 따름이야!" 라는 말은 회피의 수단임을 알아야 합니다. 우리가 정직하게 표현하는 것은 우리 의견임에 틀림없으나 그것이 요점은 아닙니다. 요점은 우리의 의견이 옳으냐는 것입니다. 그것이 표준입니까? 그것은 하나님이 말씀하신 것입니까?

만일 이 점이 의심스러우면 신자는 멈추어 서서 정말 하나님께서 그렇게 말씀하셨는가, 또는 오해나 왜곡은 없는가 살펴보아야 합니다. 이와 같은 조사는 항상 교회에서 시행되어야 합니다. 신자가 할 수 없는 일 한 가지는 이와 같은 일이 상대적인 것이라면 그 혐의를 벗는 것입니다. 만일 하나님께서 말씀하셨다면, 그리고 우리가 그분의 참 제자라면, 우리는 그분의 말씀에 동의하고 우리의 삶을 거기에 일치시켜야 합니다.

르우벤(Reuben)과 갓(Gad) 지파, 그리고 므낫세(Manasseh) 반 지파가 그 혐의의 본질에 대하여 동의하였을 뿐만 아니라 심판의 정당함에도 동의한 점에 주목하십시오. 만일 그 혐의가 사실이었다면, 다음과 같이 인정하였습니다.

"전능하신 자 하나님 여호와, 전능하신 자 하나님 여호와께서 아시나니 이스라엘도 장차 알리라 이 일이 만일 여호와를 거역함이거나 범죄함이거든 주께서는 오늘 우리를 구원하지 마시옵소서 우리가 제단을 쌓은 것이 돌이켜 여호와를 따르지 아니하려 함이거나 또는 그 위에 번제나 소제를 드리려 함이거나 또는 화목제물을 드리려 함이거든 여호와는 친히 벌하시옵소서"(수 22 : 22-23)

심판의 의로움을 인정함에서 그들은 또한 그들의 친구들이 확언하는 표준이 정당함을 인정하였습니다.

해피엔딩

참으로 수치스럽게도 현 시대의 일반적인 교회 안에서 이와 같이 대결하였다면, 해피엔딩으로 끝나지 않습니다. 그러나 이 경우는 모든 것이 원만하게 끝을 맺었습니다. 요단강을 건너가던 지파들은 다른 신을 섬기기 위하여 제단을 쌓은 것이 아니라 여호와 하나님을 지속적으로 섬기고, 예배하기 위하여 서쪽 지파와 나누었던 역사를 기념하기 위하였던 것이라고 설명하였습니다. 그들은 이렇게 진실되게 설명을 하였습니다.

"우리가 목적이 있어서 주의하고 이같이 하였노라 곧 생각하기를 후일에 너희의 자손이 우리 자손에게 말하여 이르기를 너희가 이스라엘 하나님 여호와와 무슨 상관이 있느냐 너희 르우벤 자손 갓 자손아 여호와께서 우리와 너희 사이에 요단으로 경계를 삼으셨나니 너희는 여호와께 받을 분깃이 없느니라 하여 너희의 자손이 우리 자손에게 여호와 경외하기를 그치게 할까 하여 우리가 말하기를 우리가 이제 한 제단 쌓기를 준비하자 하였노니 이는 번제를 위함도 아니요 다른 제사를 위함도 아니라 우리가 여호와 앞에서 우리의 번제와 우리의 다른 제사와 우리의 화목제로 섬기는 것을 우리와 너희 사이와 우리의 후대 사이에 증거가 되게 할 뿐으로서 너희 자손들이 후일에 우리 자손들에게 이르기를 너희는 여호와께 받을 분깃이 없다 하지 못하게 하려 함이라"(수 22 : 24-27)

"우리가 번제나 소제나 다른 제사를 위하여 우리 하나님 여호와의 성막 앞에 있는 제단 외에 제단을 쌓음으로 여호와를 거역하고 오늘 여호와를 따르는 데에서 돌아서려는 것은 결단코 아니라 하리라"(수 22 : 29)

말을 바꾸자면, 요단 강가에 쌓은 제단을 기능적인 제단이 아니라 실로에 쌓은 제단의 기념 내지는 상기하게 하는 것이었습니다. 그것은 분열의 표식이 아니라 열두 지파의 연합을 드러내기 위한 것이었습니다.

불일치의 여지가 그렇게 많음에도 불구하고 어찌하여 이 이야기는 잘 끝나고 있습니까? 그것은 앞서 언급한 바와 같이 두 단계의 조치 때문이었습니다.

프란시스 쉐퍼(Francis Schaeffer)는 이렇게 말합니다.

"첫째, 교리와 진리의 중요성에 대한 일치, 그리고 하나님 앞에만 경배하고 그분의 계명을 따르라고 요청하는 하나님의 성결에 대한 이해가 있었다. 여호수아가 요단 강 건너편으로 백성들을 보내면서 했던 말을 기억하라. "내 말을 청종 하여 … 너희 하나님 여호와를 사랑하고 그의 모든 길로 행하며 그 계명을 지켜 행하라" 백성들이 이 말을 따랐으므로 해피엔딩(happy ending)이 있었다.

둘째, 진리에 굳게 서는 용감한 자는 사랑의 실천에도 용감하였다. 진리의 편에만 서 있으려면 결코 해피엔딩이 없다. 열 지파가 물을 가르며 강을 건너가 대화 한마디 없이 동족을 죽였다면 전쟁만 있을 따름이었다. 오해의 와중에는 슬픔만 있을 따름이다. 그러나 하나님의 사랑 때문에 지파끼리 공개적으로 대화하고 하나님의 성결과 사랑은 서로 화합할 수 있게 하였다. 시편 85편은 하나님의 의와 서로 입 맞추는 하나님의 사랑에 대하여 말하고 있다(10절). 이것이 바로 일어난 일이다."[3]

마지막 분석으로서 그리스도인은 생활 가운데 한 가지 기본적인 의무만을 지니고 있습니다. 그것은 하나님의 실제를 보여주고 거역하는 세상에게 그분의 성품을 증거하는 것입니다. 그리스도인이라고 하더라도 이렇게 하는 것은 쉽지 않습니다. 우리가 그분의 부르심에 우리 자신을 진지하게 적용한다면, 하나님께서 복을 주실 것입니다.

세상은 이와 같은 것을 알지 못합니다. 성결과 진리의 자리에서 그것은 상대적인 것입니다. 그것은 여러분에게도 진리요, 나에게도 진리요, 여러분에게 하나의 도덕적인 표준이요, 다른 사람들에게는 또 다른 도덕적인 표준인 것입니다. 모든 것이 순조롭게 진행되어가는 대신 상대주의가 보장하는 것처럼 보이듯이 세상은 오해, 이기심, 잔인한 질투로 가득 차 있습니다.

그리스도인으로서 진리와 사랑이 결합되어 있는 본질은 화합의 기초를 놓아주며, 마지막 분석으로서 "하나님의 복을 받는 길"이라는 것입니다.

●각주●

1. Francis A. Schaeffer, *Joshua and the Flow of Biblical History* (Downers Grove, Ⅲ. : Inter Varsity Press, 1975), 174.

2. 앞의 책, 175.

3. 앞의 책, 180, 181.

16

횃불을 전하면서

여호수아 23 : 1-16

여호와께서 주위의 모든 원수들로부터 이스라엘을 쉬게 하신 지 오랜 후에 여호수아가 나이 많아 늙은지라 여호수아가 온 이스라엘 곧 그들의 장로들과 수령들과 재판장들과 관리들을 불러다가 그들에게 이르되 나는 나이가 많아 늙었도다 너희의 하나님 여호와께서 너희를 위하여 이 모든 나라에 행하신 일을 너희가 다 보았거니와 너희의 하나님 여호와 그는 너희를 위하여 싸우신 이시니라 보라 내가 요단에서부터 해 지는 쪽 대해까지의 남아 있는 나라들과 이미 멸한 모든 나라를 내가 너희를 위하여 제비 뽑아 너희의 지파에게 기업이 되게 하였느니라 너희의 하나님 여호와 그가 너희 앞에서 그들을 쫓아내사 너희 목전에서 그들을 떠나게 하시리니 너희의 하나님 여호와께서 너희에게 말씀하신 대로 너희가 그 땅을 차지할 것이라 그러므로 너희는 크게 힘써 모세의 율법 책에 기록된 것을 다 지켜 행하라 그것을 떠나 우로나 좌로나 치우치지 말라 너희 중에 남아 있는 이 민족들 중에 들어 가지 말라 그들의 신들의 이름을 부르지 말라 그것들을 가리켜 맹세하지 말라 또 그것을 섬겨서 그것들에게 절하지 말라 오직 너희의 하나님 여호와께 가까이 하기를 오늘까지 행한 것 같이 하라(여호수아 23 : 1-8)

위대한 사람이 하는 마지막 말 가운데 - 특별히 이 말이 후계자들에게 주는 명령이라면 - 날카롭고 감동적인 것이 담겨 있었습니다. 미국 역사에서 우리는 미합중국 군대에게 행했던 조지 워싱턴(George Washington)의 고별사와 미 의회에서 행했던 더글러스 맥아더(Douglas MacArthur)의 연설을 생각하게 됩니다. "하나님께서 빛을 주사 그 임무를 볼 수 있게 하셨으므로, 노병(老兵)은 그의 임무를 수행하였습니다. 안녕히 계십시오!"

이처럼 감동적인 명령을 담고 있는 성경으로 돌아가 봅시다. 창세기의 마지막 절에서 창세기의 마지막 중심 인물이었던 요셉은 임종 시에 그의 형제들을 불러 모았습니다. 그는 과거 하나님의 은총과 그들을 대신하여 간섭하실 하나님의 미래의 약속을 상기시켜주고 싶었습니다. 그는 "… 나는 죽을 것이나 하나님이 당신들을 돌보시고 당신들을 이 땅에서 인도하여 내사 아브라함과 이삭과 야곱에게 맹세하신 땅에 이르게 하시리라 … 하나님이 반드시 당신들을 돌보시리니 당신들은 여기서 내 해골을 메고 올라가겠다 하라"(창 50 : 24-25)고 말하였습니다.

우리는 신명기 마지막 장에 기록된 모세의 고별사를 생각하게 됩니다. 이 고별사에는 소위 "모세의 노래"라고 불리는 것과 이스라엘 백성을 향한 모세의 마지막 축복이 담겨 있습니다.

신약성경에는 바울이 예루살렘으로 향하는 그의 마지막 여행에서 잠시 멈추고 에베소교회 장로들에게 행한 바울의 고별사가 있습니다.

"보라 내가 여러분 중에 왕래하며 하나님의 나라를 전파하였으나 이제는 여러분이 다 내 얼굴을 다시 보지 못할 줄 아노라 그러므로 오늘 여러분에게 증언하거니와 모든 사람의 피에 대하여 내가 깨끗하니 이는 내가 꺼리지 않고 하나님의 뜻을 다 여러분에게 전하였음이라 여러분은 자기를 위하여 또는 온 양 떼를 위하여 삼가라 성령이 그들 가운데 여러분을 감독자로 삼고 하나님이 자기 피로 사신 교회를 보살피게 하셨느니라 내가 떠난 후에 사나운 이리가 여러분에게 들어와서 그 양 떼를 아끼지 아니하며 … 그러므로 여러분이 일깨어 내가 삼 년이나 밤낮 쉬지 않고 눈물로 각 사람을 훈계하던 것을 기억하라"(행 20 : 25-29, 31)

여호수아서도 이와 같이 끝을 맺고 있습니다. 앞 장의 사건 이후 오랜 기간이 경과되었습니다. 정복의 마지막 단계에서 여호수아는 아마 90세의 나이였을 것입니다 (역사가 요세푸스에 의하면 애굽에서 40년, 광야에서 40년, 가나안 정복에서 7년이 걸렸음). 그리고 여호수아서 24 : 29절에 기록된 것과 같이 그의 임종 시에 110세였습니다. 그러므로 여호수아 23장과 24장 사이에는 20년 내지 23년의 간격이 있습니다. 이제 곧 무대에서 사라질 것을 아는 여호수아는 그의 후계자들에게 마지막 명령을 주고 싶었습니다.

실제로 그 가운데 두 가지를 주었습니다. 이 책의 마지막은 모든 백성을 세겜(Shechem)에 모으고 전했던 명령을 담고 있습니다. 이제 우리가 공부하려는 23장은 이스라엘의 지도자들에게 주었던 명령을 담고 있습니다. "온 이스라엘 곧 그 장로들과 수령들과 재판장들과 관리들"입니다. 갈렙도 거기 있었고, 제사장 엘르아살의 아들 비느하스도 있었습니다. 대부분의 사람들은 청년에 불과했습니다. 이제 그들도 나이 먹게 될 것입니다. 그리고 가정을 이루게 될 것입니다. 그리고 모두 국가에서 중요한 지도자의 직책을 맡게 될 것이었습니다.

하나님께서 이루신 것

이 장에서 여호수아는 몇 가지 중요한 일을 언급하고 있습니다. 아주 자연스럽게 상기시켜 준 첫째는, 하나님께서 이전에 백성을 위하여 행하신 일입니다. 여호수아가 상기시켜 준 것은 세 부분으로 나눌 수 있습니다. 첫 번째, 군사적인 승리와 두 번째, 하나님의 지시에 따라 땅을 분배한 것과 세 번째, 정착의 완료입니다. 그 가운데 더러는 여호수아가 확신하였지만, 아직 미래에 속한 것도 있었습니다.

여호수아는 다음과 같이 말하였습니다.

"... 나는 나이가 많아 늙었도다 너희의 하나님 여호와께서 너희를 위하여 이 모든 나라에 행하신 일을 너희가 다 보았거니와 너희의 하나님 여호와 그는 너희를 위하여 싸우신 이시니라 보라 내가 요단에서부터 해 지는 쪽 대해까지의 남아 있는 나라들과 이미 멸한 모든 나라를 내가 너희를 위하여 제비 뽑아 너희의 지파에게 기업이 되게 하였느니라 너희의 하나님 여호와 그가 너희 앞에서 그들을 쫓아내사 너희 목전에서 그들을 떠나게 하시리니 너희의 하나님 여호와께서 너희에게 말씀하신 대로 너희가 그 땅을 차지할 것이라"(수 23 : 2-5)

나는 여호수아가 이런 점들을 백성들에게 "자연스럽게"(naturally) 상기시켰다고 말하였습니다. 어느 면에서는 사실입니다. 여호수아가 하나님께서 이스라엘을 대신하여 과거에 행하신 일에 대하여 말한 것이 사실입니다. 우리가 이 방법이 우리에게 있어서 자연스럽지 못하다고 생각하는 것 또한 부자연스럽습니다. 이와는 반대로 우리는 우리 자신을 하나님의 역사에서 분리시키고 있습니다.

하나님께서 행하신 것을 알고 그대로 따르기 보다는 오히려 종교로 느끼는 것이 문제이듯 우리는 신앙을 주관적인 문제로 삼음으로써 하나님께서 행하신 것에서부터 우리 자신을 분리시키려고 합니다. 물론 우리는 이 점을 일반적으로 인정하지 않습니다. 우리는 하나님께서 과거에 우리를 위하여 위대한 구속 역사를 행하셨음을 믿습니다. 때로 이것은 현재 우리가 느끼고 있는 것보다 더 중요하지 않게 여깁니다. 그리고 우리는 우리가 하나님에 대하여, 또 하나님의 방법에 대하여 알고 있는 것이 아니라 우리의 느낌을 따라 행동하기 시작합니다. 여호수아는 이스라엘 백성들이 그렇게 행동하는 것을 원치 않았습니다. 경우에 따라서 그들은 세상과 세상의 방법들을 따라서 주변 국가의 이방 문화의 종교적인 관행과 도덕률을 따라 미혹당하게 되는지도 모릅니다. 그 당시 이러한 방법은 이스라엘에게 "좋게"(good) 보였고, 죄의 쾌락은 바람직하게 "느껴"(feel)졌습니다. 그들은 그러한 이유에서 하나님께 드려야 할 합당한 예배를 회피하지 않게 될 것입니다. 왜냐하면 그들은 하나님께 대하여 어떤 면을 알고 있었기 때문입니다. 즉, 하나님께서는 그들을 애굽에서 구원하시기 위하여 강력하게 역사하였으며, 그로 말미암아 하나님 한 분만이 참되신 하나님이심을 보여 주셨습니다.

백성들의 느낌은 다른 방법이 아니라 이 지식에 근거해야만 했습니다.

둘째는 우리는 믿음을, 증거를 초월하는 "도약"이라고 생각함으로써 역사 가운데서 행하시는 하나님으로부터 우리 자신을 분리시키고 있습니다. 덴마크의 철학자요, 신학자인 쇠렌 키르케고르는 "믿음의 도약"(leap of faith)이라고 말함으로써 이와 같은 사고방식을 창시하였습니다. 그 이후 많은 독실한 신자들은 건전한 기독교 변증학이 지니고 있는 당혹감에서부터 우리를 구해준다고 생각하게 되었습니다. "믿음의 도약"이 변증학을 포기하는 것도 사실입니다. 그러나 또한 그것은 기독교를 많은 배가 난파당하는 심해 위에 띄워 놓았습니다. 성경은 이 "믿음의 도약"에 대하여 아무것도 말하지 않고 다만 "역사 가운데서 당신을 위하여 하나님께서 행하신 것을 바라보라. 그리고 그분의 행하심을 기억하라. 이러한 일들을 생각하라. 그리고 그 위에 세워라!"라고만 말합니다. 성경은 증거를 포기하지 않고 그것은 믿음을 이성 위에, 그리고 이해를 믿음 위에 세웁니다.

우리의 의무

여호수아가 리더십의 횃불(torch of leadership)을 이스라엘의 지도자들에게 전해주면서 했던 명령의 두 번째 주제는 그들이 현재 지니고 있는 "의무"였습니다. 하나님께서 과거에 행하셨다는 것을 아는 것만으로 충분하지 않습니다. 그들은 하나님의 행하심 때문에 확실한 방법으로 그들의 삶을 꾸려가야 할 필요가 있습니다. 여기에는 두 가지 요구가 있습니다.

첫째, 순종(Obedience)입니다. 전투를 갓 시작하는 시점에서 하나님께서 여호수아에게 주신 명령은 순종이었기 때문에 여호수아와 같은 군인에게 순종이란 자연스러운 강조점이었습니다. 그러나 그것은 그 이상의 의미가 있었습니다. 그것은 모든 하나님의 백성에게 부과된 의무였습니다. 여호수아가 이 명령에서 사용하고 있는 말은 앞서 그가 들었던 하나님의 말씀의 메아리였습니다. 그리고 하나님의 말씀에 대한 사려깊은 언급이었습니다. 맨 처음 하나님께서 여호수아에게 나타나셔서 그가 모세와 함께 하셨던 것처럼 여호수아에게도 함께 하시겠다고 확신시키셨습니다. 여호수아는 모세가 말했던 것을 조심하여 순종해야 했습니다. 하나님께서는 여호수아에게 말씀하셨습니다.

"강하고 담대하라 너는 내가 그들의 조상에게 맹세하여 그들에게 주리라 한 땅을 이 백성에게 차지하게 하리라 오직 강하고 극히 담대하여 나의 종 모세가 네게 명령한 그 율법을 다 지켜 행하고 우로나 좌로나 치우치지 말라 그리하면 어디로 가든지 형통하리니 이 율법책을 네 입에서 떠나지 말게 하며 주야로 그것을 묵상하여 그 안에 기록된 대로 다 지켜 행하라 그리하면 네 길이 평탄하게 될 것이며 네가 형통하리라"(수 1 : 6-8)

여호수아는 이것을 행하였습니다. 그는 모세의 율법을 정확하게 지키면서 하나님께 순종하였습니다. 그래서 여호수아는 이스라엘 백성에게 말했습니다.

"그러므로 너희는 크게 힘써 모세의 율법책에 기록된 것을 다 지켜 행하라 그것을 떠나 좌로나 우로나 치우치지 말라 너희 중에 남아 있는 이 나라들 중에 가지 말라 그 신들의 이름을 부르지 말라 그것을 가리켜 맹세하지 말라 또 그것을 섬겨서 그것에게 절하지 말라 오직 너희 하나님 여호와를 친근히 하기를 오늘날까지 행한 것 같이 하라" (수 23 : 6-8)

두 가지 점을 주목해야 합니다. 첫 번째, 하나님의 명령을 순종하라는 요구와 백성들을 대신하여 크신 일을 하나님께서 행하셨다고 앞서 진술한 사실과 연관이 있습니다. 이것은 십계명의 시작 부분에서 발견할 수 있는 것과 동일한 연관입니다.

하나님께서 그 백성을 애굽, 곧 종이 되었던 땅에서 인도하셨기 때문에 그분 앞에 다른 신을 두지 말라는 것입니다. 하나님께서 이스라엘에게 땅을 주신 사실과 순종을 요구하시는 것 사이에도 연관이 있습니다.

두 번째, 모세를 통하여 주었던 기록된 하나님의 율법에 대한 지속적인 호소가 있습니다. 이것은 가장 중요한 기준입니다. 그것은 단지 이스라엘 백성이 올바르고, 도덕적이며, 철저하고, 생산적인 삶을 살아야 한다고 촉구하는 것이 아닙니다. 그것은 오늘날의 사람들도 기록된 성경의 하나님의 기준에서 떠나 행하려고 시도하는 것입니다. 그러나 그것은 역사하지 않습니다. 여호수아는 막연한 도덕법에 대한 헛된 호소를 하지 않았습니다. 그는 성경과 더불어 "… 모세의 율법책에 기록된 것 …"(수 23 : 6)을 그들에게 제시하였습니다. 그리고 그들이 그 기준을 따라서 계속 산다면, 하나님의 은총과 은혜를 받을 것이라고 약속하였습니다. 그것은 오늘날에도 동일하며 사실상 동일한 기준입니다. 그 기준은 성경이 기록된 이후 수세기 동안 확대되어 왔습니다. 다음 장에서 우리는 "… 여호수아가 이 모든 말씀을 하나님의 율법책에 기록하고…"(수 24 : 26) 라는 말을 발견하게 됩니다. 말을 바꾸자면, 이 점에서 여호수아서는 자기 백성들에게 주신 하나님의 권위적인 계시로서 정경(正經)에 추가되었습니다. 그러나 그 기준은 이러한 모든 책들과 동일합니다. 그리고 또한 오늘의 기준이기도 합니다. 이 점에 있어서 여호수아의 명령은 현대인에게 걸맞는 것입니다.

둘째, 하나님께 대한 사랑(Love for God)입니다. 백성들에게 촉구한 것은 하나님의 율법에 대한 순종만이 아니었습니다. 그것은 처음부터 관심사였습니다. 여기 모든 일에서 하나님께 순종하라는 요구에 덧붙여, 그들에게 그토록 복을 주셨던 하나님을 사랑하라는 의무가 추가되었습니다. 여호수아는 "그러므로 스스로 조심하여 너희 하나님 여호와를 사랑하라"(수 23 : 11)고 말합니다. 여호수아가 하나님을 사랑하라는 것은 무엇을 의미합니까? 우리는 앞선 장에서 그가 사랑을 언급했던 방법에서 그 해답을 찾을 수가 있습니다. 그것은 요단강 건너편 그들의 땅에서 출발하려는 두 지파와 반 지파에게 주었던 명령입니다. 거기서 여호수아는 "오직 여호와의 종 모세가 너희에게 명령한 명령과 율법을 반드시 행하여 너희의 하나님 여호와를 사랑하고 그의 모든 길로 행하며 그의 계명을 지켜 그에게 친근히 하고 너희의 마음을 다하며 성품을 다하여 그를 섬길지니라"(수 22 : 5) 하고 말하였습니다. 그것은 신명기 6 : 5절을 언급한 것이며, 이 절은 예수님께서도 모든 계명 가운데 가장 큰 계명이라고 하셨습니다. 그것은 하나님에 대한 사랑이 뜻하는 바를 정의한 것입니다. 사랑이란 하나님의 길로 행하고, 하나님의 계명(명령)들을 순종하고, 하나님을 견고하게 붙들고, 마음과 성품을 다하여 하나님을 섬기는 것입니다.

　　하나님께 순종하는 것(첫 번째 요점)과 하나님을 사랑하는 것(두 번째 요점)은 함께 가는 것입니다. 만일 여러분이 성경에 기록된 하나님의 계명을 순종하지 않는다면 하나님을 사랑한다고 말하지 마십시오. 그렇게 주장하는 것은, 곧 위선입니다. 만일 여러분이 하나님을 **사랑한다면** 여러분은 그분의 계명을 지키게 될 것입니다. 만일 여러분이 이러한 계명들을 순종하려고 시도하고 하나님의 길로 성실하게 행한다면, 여러분 스스로 하나님을 더욱더 사랑하게 될 것이라는 것은 '나란히 가는 원리' 입니다.

가족에 대한 초점(Focus on the Family)

　　여호수아는 그의 세 번째 명령에서 아주 새로운 문제를 다루고 있습니다. 그 땅의 백성과 이스라엘 자손의 결혼 문제였습니다. 여호수아는 "너희가 만일 돌아서서 너희 중에 남아 있는 이 민족들을 가까이 하여 더불어 혼인하며 서로 왕래하면 확실히 알라 너희의 하나님 여호와께서 이 민족들을 너희 목전에서 다시는 쫓아내지 아니하시리니 그들이 너희에게 올무가 되며 덫이 되며 너희의 옆구리에 채찍이 되며 너희의 눈에 가시가 되어서 너희가 마침내 너희의 하나님 여호와께서 너희에게 주신 이 아름다운 땅에서 멸하리라"(수 23 : 12-13)고 말합니다.

　　이스라엘 자손과 다른 백성들 간의 교혼(交婚)은 지금까지도 많은 문제가 되고 있습니다. 여호수아는 인간 본성을 날카롭게 꿰뚫어 보는 통찰자였으므로 그는 이스라엘 자손이 이 방면에서 치르게 될 여러 가지 문제를 지혜롭게 예견하였습니다. 물론 문제는 오늘날에도 금지되고 있는 바 인종적인 교혼 문제 이상의 것이었고, 종족간의 혼혈은 애굽에서부터 나왔습니다. 모세 자신도 구스, 곧 오늘날 에티오피아 여자와 결혼하였습니다. 문제는 신자와 불신자간의 결혼이라고 하는 편이 오히려 낫습니다. 그 땅의 백성들은 우상을 섬겼으며 극도로 부패하였고, 하나님께서 그들을 진멸하라고 명하신 이유가 바로 그것이었습니다. 여호수아는 이스라엘 자손이 이들 부패한 가나안 민족의 생존자들과 교혼할 것이고, 이로 말미암아 거짓된 신들을 섬기게 되며, 그들의 퇴보를 따라 우상 숭배를 배우게 되리라는 것을 예견하였습니다.

그리고 그것은 일어나고 말았습니다! 이것은 전진의 기간에 있는 이스라엘에게는 슬픈 역사였습니다. 사사와 열왕(列王)의 시대에서 이스라엘은 바로 이러한 길을 걷고 말았습니다. 바벨론 포로와 흩어짐 이후에도, 다시 말해서 에스라와 느헤미야의 시대에도 이것은 으뜸이 되는 관심사였습니다. 특별히 느헤미야는 이 점을 강조하면서 끝을 맺고 있습니다.

이와 같은 유혹(temptation)에서 우리는 마귀의 손길을 볼 수 있습니까? 나는 그렇다고 확신합니다. 만일 독재자들이 가족(family)을 파괴시키려면 사람들의 전적인 충성을 보다 안이한 상태로 만들면 된다는 것을 알고 필연적으로 가족의 연대 관계를 약화시키듯이 마귀도 가족을 파괴시킬 수 있다면, 이 세상에서 신자들의 효과적인 영향력을 파괴할 것입니다.

여호수아의 경고는 이스라엘 자손만 위한 것이 아니었습니다. 그것은 또한 현시대를 살아 가는 우리를 위한 것이기도 합니다. 그것은 바울 사도의 잘 알려진 권고를 반향하고 있습니다.

"너희는 믿지 않는 자와 멍에를 함께 메지 말라 의와 불법이 어찌 함께 하며 빛과 어둠이 어찌 사귀며 그리스도와 벨리알이 어찌 조화되며 믿는 자와 믿지 않는 자가 어찌 상관하며"(고후 6 : 14-15)

선택할 때

여호수아가 이스라엘의 새로운 지도자들에게 주었던 명령의 마지막 요점은 선택해야만 한다는 것입니다. 즉, 하나님만 섬기며 순종하고 결과적인 불순종으로 빠지도록 자기 자신을 용납하지 않겠다고 결단하라는 것입니다. 선택하라는 도전은 본 장에서의 요점이 아니라 다음 24장에서 하게 됩니다. 그럼에도 불구하고 이것은 하나의 이상입니다.

"보라 나는 오늘 온 세상이 가는 길로 가려니와 너희의 하나님 여호와께서 너희에게 대하여 말씀하신 모든 선한 말씀이 하나도 틀리지 아니하고 다 너희에게 응하여 그 중에 하나도 어김이 없음을 너희 모든 사람은 마음과 뜻으로 아는 바라 너희의 하나님 여호와께서 너희에게 말씀하신 모든 선한 말씀이 너희에게 임한 것 같이 여호와께서 모든 불길한 말씀도 너희에게 임하게 하사 너희의 하나님 여호와께서 너희에게 주신 이 아름다운 땅에서 너희를 멸절하기까지 하실 것이라 만일 너희가 너희의 하나님 여호와께서 너희에게 명령하신 언약을 범하고 가서 다른 신들을 섬겨 그들에게 절하면 여호와의 진노가 너희에게 미치리니 너희에게 주신 아름다운 땅에서 너희가 속히 멸망하리라 하니라"(수 23 : 14-16)

이것은 신명기의 주제요, 여호수아가 모세의 명령에 순종하여 에발 산과 그리심 산에서 행한 예식의 주제입니다. 만일 백성이 순종하면 축복이 임할 것이며, 만일 그들이 불순종하면 저주가 임할 것입니다. 그들은 반드시 선택해야만 합니다. 이러한 조건적인 약속이 관계되는 한 그들의 응답에 따라 차이가 날 것입니다.

여기에 권유가 필요합니다. 만일 양쪽의 선택이 모두 동일하다면, 하나님은 결코 선택을 제시하지 않으실 것이기 때문입니다. 여호수아가 장로들과 수령들과 재판장들과 관리들에게 하였던 마지막 말에서 "선하다"(good)는 말을 네 번씩이나 반복한 것은 내게 충격을 줍니다. 14절과 15절에서 각각 "너희 하나님 여호와께서 너희에게 대하여 말씀하신 모든 선한 일"이라고 두 번씩이나 여호수아가 말하였으며, 15절과 16절에서 각각 "너희 하나님 여호와께서 너희에게 주신 이 아름다운 (good) 땅"이라고 말하였습니다.

그것이 요점이라는 것을 여러분은 반드시 알아야만 합니다. 아무리 명백하다고 하더라도 단지 하나님은 참되신 분이시며 따라가야 하기 때문에 우리가 하나님을 순종하고 따르는 것이 아닙니다. 그것이 또한 중요하다고 하더라도 하나님의 길이 최상의 길이기 때문은 아닙니다. 수많은 선택 가운데 최상의 것 그 자체가 필연적으로 "선한"(good) 길은 아닙니다. 그런 것이 아니라 하나님은 실제로 선하시며, 그분의 길은 실제로 선한 길이기 때문에 우리가 하나님을 따라야만 하는 것입니다.

시편 34 : 8절은 "너희는 여호와의 선하심을 맛보아 알지어다"라고 말합니다.

시편 100 : 5절은 "대저 여호와는 선하시니 그 인자하심이 영원하고 그 성실하심이 대대에 미치리로다"라고 선언합니다.

시편 103 : 5절에서 다윗은 "좋은 것으로 만족하게 하사 …"라고 확언합니다.

시편 69 : 16절은 "주의 인자하심이 선하시다"고 말합니다.

시편 119 : 39절은 "주의 규례는 선하시다"고 주장합니다.

나훔 1 : 7절은 "여호와는 선하시며 환난 날에 산성이시라"고 말합니다.

로마서 7 : 12절은 "이로 보건대 율법도 거룩하며 계명도 거룩하며 의로우며 선하도다"라고 주장합니다.

로마서 8 : 28절은 "하나님을 사랑하는 자 곧 그 뜻대로 부르심을 입은 자들에게는 모든 것이 합력하여 선을 이루느니라"고 말합니다.

로마서 12 : 2절은 "… 하나님의 선하시고 기뻐하시고 온전하신 뜻이 무엇인지 분별하도록 하라"고 권고합니다.

야고보서 1 : 17절은 "각양 좋은 은사와 온전한 선물이 다 위로부터 빛들의 아버지께로서 내려오나니 그는 변함도 없으시고 회전하는 그림자도 없으시니라"고 선언합니다.

요한복음 10 : 11절에서 예수님께서는 자기 자신이 양들에게 "선한 목자" 라고 하셨습니다.

시편 84 : 11절은 "여호와 하나님은 해요 방패시라 여호와께서 은혜와 영화를 주시며 정직히 행하는 자에게 좋은 것을 아끼지 아니하실 것임이니이다" 라고 확언합니다.

이러한 성경 구절들은 거짓 진술이 아닙니다. 하나님께서는 거짓말하지 않으시며, 모든 표현의 주인이십니다. 하나님의 입에서 "선하다"(good) 라는 말씀은 극치에 달하는 엄청난 의미를 지니고 있습니다.

'그런 것이 아닐까? 하나님은 선하지 않으신가? 그분의 길은 우리가 선택할 수 있는 것 가운데 최상의 길이 아닌가?' 라고 생각할 수 있습니다. 만일 여러분이 이것은 사실이며, 하나님께서는 참으로 선하시다는 점에 동의한다면, 여러분은 전심으로 그분을 따라야만 합니다. 여호수아가 바로 다음에 나오는 24장 15절에서 말한 것처럼 말해 보십시오!

"오직 나와 내 집은 여호와를 섬기겠노라"
"But as for me and my household, we will serve the Lord"

●각주●

1. Francis A. Schaeffer, *Joshua and the Flow of Biblical History* (Downers Grove, Ill. : InterVarsity Press, 1975), 208.

17

사령관의 마지막 설교

여호수아 24 : 1-33

그러므로 이제는 여호와를 경외하며 온전함과 진실함으로 그를 섬기라 너희의 조상들이 강 저쪽과 애굽에서 섬기던 신들을 치워 버리고 여호와만 섬기라 만일 여호와를 섬기는 것이 너희에게 좋지 않게 보이거든 너희 조상들이 강 저쪽에서 섬기던 신들이든지 또는 너희가 거주하는 땅에 있는 아모리 족속의 신들이든지 너희가 섬길 자를 오늘 택하라 오직 나와 내 집은 여호와를 섬기겠노라 하니 백성이 대답하여 이르되 우리가 결단코 여호와를 버리고 다른 신들을 섬기기를 하지 아니하오리니 이는 우리 하나님 여호와께서 친히 우리와 우리 조상들을 인도하여 애굽 땅 종 되었던 집에서 올라오게 하시고 우리 목전에서 그 큰 이적들을 행하시고 우리가 행한 모든 길과 우리가 지나온 모든 백성들 중에서 우리를 보호하셨음이며 여호와께서 또 모든 백성들과 이 땅에 거주하던 아모리 족속을 우리 앞에서 쫓아내셨음이라 그러므로 우리도 여호와를 섬기리니 그는 우리 하나님이심이니이다 하니라 여호수아가 백성에게 이르되 너희가 여호와를 능히 섬기지 못할 것은 그는 거룩하신 하나님이시요 질투하시는 하나님이시니 너희의 잘못과 죄들을 사하지 아니하실 것임이라 만일 너희가 여호와를 버리고 이방 신들을 섬기면 너희에게 복을 내리신 후에라도 돌이켜 너희에게 재앙을 내리시고 너희를 멸하시리라 하니 백성이 여호수아에게 말하되 아니나이다 우리가 여호와를 섬기겠나이다 하는지라 여호수아가 백성에게 이르되 너희가 여호와를 택하고 그를 섬기리라 하였으니 스스로 증인이 되었느니라 하니 그들이 이르되 우리가 증인이 되었나이다 하더라 여호수아가 이르되 그러면 이제 너희 중에 있는 이방 신들을 치워 버리고 너희의 마음을 이스라엘의 하나님 여호와께로 향하라 하니 백성이 여호수아에게 말하되 우리 하나님 여호와를 우리가 섬기고 그의 목소리를 우리가 청종하리이다 하는지라(여호수아 24 : 14-24)

몇 해 전, 성경강해위원회가 조직되었을 때, 그 위원회를 설립한 창설자가 강해 설교를 정의하려고 하였으나 그것은 쉽지 않았습니다. 강해 설교에는 성경의 특정한 부분이 무엇을 의미하는가를 전하는 일종의 의사전달(communicating)이 포함되어 있지만, 또한 이와 같은 진리를 오늘날 우리에게 적용하고 청중들로 하여금 이러한 교훈에 순종하게 만드는 시도도 포함되어 있습니다. 마침내 그 위원회는 성경 강해 설교를 "하나님의 진리를 이해하고 순종하게 하기 위하여 사람들을 돕는다는 특별한 목적을 가지고 성경 본문이나 구절의 의미를 현대 문화의 어휘로 전달"하는 것이라고 정의하였습니다.

여호수아도 이와 같은 정의를 이해하고 기꺼이 동의하였을 것입니다. 그는 설교자로 부름을 받지 않았습니다. 그는 군인이었으며, 행정가였습니다. 그는 생애의 마지막이 가까워 오면서 그가 죽은 다음에 참되신 하나님의 예배에서 이스라엘 백성을 떠나게 할 유혹이 있으리라는 것을 예견하고, 그는 가능한 한 이스라엘 백성이 하나님을 신실하게 섬기게 하기 위하여 설교를 시도하였습니다.

본서를 끝맺는 세 장에서 앞에 있는 것보다 좀더 긴 세 편의 설교를 여호수아가 행하였습니다. 첫 번째 것은 22장에 있는데 그것은 요단강 건너편에 있는 집으로 돌아가는 르우벤과 갓 두 지파와 므낫세 반 지파에게 전한 것입니다. 두 번째 것은 23장에 있는데 그것은 이스라엘의 지도자들, 곧 장로들과 수령들과 재판장들과 관리들에게 말한 것입니다. 세 번째 것은 전체 백성들을 세겜에 소집해 놓고 행한 것입니다. 이것은 24장에 나타납니다. 이러한 설교들은 각기 다른 그룹의 사람들에게 전한 것이요, 각기 다른 자료를 포함하고 있지만, 이 설교들은 근본적으로 동일한 요점을 지니고 있다는 것이 중요한 특징입니다. 즉, 백성들은 하나님께 신실해야 하며 열심으로 순종해야 한다는 것입니다. 여호수아는 추상적이거나 무관심한 설교자가 아니었습니다. 그는 결단을 촉구하는 설교를 하였으며 그는 진지하였습니다. 위대한 청교도 설교가(Puritan preachers)들 가운데 한 사람이 자기 자신을 "죽어가는 사람들에게 대하여 한 명의 죽어가는 사람"이라고 표현한 것처럼 설교하였습니다.

여호수아가 느꼈던 으뜸이 되는 영적 부담은 여호수아 24 : 14절과 15절에 잘 나타나 있습니다.

"그러므로 이제는 여호와를 경외하며 온전함과 진실함으로 그를 섬기라 너희의 조상들이 강 저쪽과 애굽에서 섬기던 신들을 치워 버리고 여호와만 섬기라 만일 여호와를 섬기는 것이 너희에게 좋지 않게 보이거든 너희 조상들이 강 저쪽에서 섬기던 신들이든지 또는 너희가 거주하는 땅에 있는 아모리 족속의 신들이든지 너희가 섬길 자를 오늘 택하라 오직 나와 내 집은 여호와를 섬기겠노라"

우리 조상의 하나님

여호수아는 그의 설교를 이 점에서부터 시작하지 않았습니다. 그는 그들의 과거와 하나님께서 고대 바벨론의 문화에서부터 그들을 인도하여 내실 때, 행하셨던 것과 후일 이스라엘 역사가 시작할 때, 하나님께서 아브라함에게 약속하셨던 땅으로 인도하시기 위하여 그들을 애굽에서 이끌어 내셨던 사실을 상기시킴으로써 그의 설교를 시작하였습니다.

물론 하나님께서 백성들을 위하여 행하신 것과 그분이 행하셨던 사실에 대하여 강조하고 있습니다. 가나안을 정복하는 오랜 기간의 마지막에는 백성들, 특별히 군인들에게는 그들의 승리를 돌이켜보고 그들이 이룩한 것을 자랑하고 싶은 유혹이 있었습니다. 그들은 여리고 성, 아이 성, 혹은 수백여 회의 전투 가운데 하나를 자랑할 수도 있었습니다. 그러나 여호수아는 지나간 날을 돌이켜 회상함으로 범하게 될 죄를 용납하지 않았습니다. 정말 여호수아는 하나님을 언급하기 위하여 삼인칭 인칭대명사를 사용하여 하나님 그분이 무엇을 하셨다고 말하지 않았습니다. 그는 하나님께 대하여 말할 때, 일인칭을 사용하여 반복하여 효과적으로 말하였습니다.

"**내가** 너희의 조상 아브라함을 강 저쪽에서 이끌어 내어 … 그에게 이삭을 주었으며 이삭에게는 야곱과 에서를 주었고 에서에게는 세일 산을 소유로 주었으나 … **내가** 모세와 아론을 보내었고 … 또 애굽에 재앙을 내렸나니 곧 **내가** 그들 가운데 행한 것과 같고 그 후에 **너희를** 인도하여 내었노라 … **내가** 또 **너희를** 인도하여 요단 저쪽에 거주하는 아모리 족속의 땅으로 들어가게 하매 … **내가** 그들을 **너희** 손에 넘겨 주매 … **나는** 그들을 **너희** 앞에서 멸절시켰으며 또한 모압 왕 십볼의 아들 발락이 일어나 이스라엘과 싸우더니 … **나는** 너희를 그의 손에서 건져내었으며 … 여리고 주민들 … **너희와** 싸우기로 **내가** 그들을 너희의 손에 넘겨 주었으며 **내가** 왕벌을 **너희** 앞에 보내어 … **너희의** 칼이나 **너희의** 활로써 이같이 한 것이 아니며 **내가** 또 **너희가** 수고하지 아니한 땅과 **너희가** 건설하지 아니한 성읍들을 **너희에게** 주었더니 **너희가** 그 가운데에 거주하며 **너희는** 또 너희가 심지 아니한 포도원과 감람원의 열매를 **먹는다** 하셨느니라"(수 24 : 3-13, 굵은 글씨는 저자의 강조)

위에서 언급한 여러 절들이 강조하는 것보다 더 긴 구절이라도 자기 백성을 대신하여 하나님의 주권적인 행사를 더 효과적으로 강조하기가 쉽지 않습니다.

러디어드 키플링(Rudyard Kipling : 영국의 시인이며 소설가 1865~1936-역주)이 1897년에 지은 저 위대한 「폐회」(Recessional, 예배 후에 폐회할 때 부르는 찬송가의 시-역주)라는 시를 생각해 봅니다.

옛적부터 알려진, 조상의 하나님,
멀리 떨어진 전선(戰線)의 주님이시여,
우리가 붙들고 있는 당신의 두려운 손아래
종려나무와 소나무를 통치하시나이다.
만군의 주 하나님이시여, 지금도 우리와 함께 하사,
우리로 잊지 않게 하소서!
우리로 잊지 않게 하소서!

이것은 여호수아가 백성에게 말했던 것 그대로입니다. 전쟁터에서 함께 하셨고, 그들이 지금 소유하고 있는 통치권을 주신 분은 바로 조상들의 하나님이셨습니다. 지금 여호수아는 그들에게 이 점을 기억하고 그들이 잊지 않도록 만군의 하나님께서 그들과 함께 하시기를 기도하라고 도전하였습니다.

그들이 기억해야 하는 것은 참되신 하나님의 성품과 또한 그들이 어떤 사람이며 마땅히 어떤 사람이 되어야 하는가를 기억해야 했습니다. 그들을 자기 백성으로 택하신 것은 하나님의 주권 때문만은 아니기 때문이었습니다. 우리가 알고 있는 것처럼 하나님께서는 아브라함과 더불어 시작하셨습니다. 여호수아는 아브라함을 언급하고 있습니다. 그들이 뛰어난 가계(家系)를 지닌 백성임을 상기하라고 아브라함을 언급한 것이 아니라 그들이 보잘 것 없는 이방인에서부터 시작한 백성임을 상기하라는 것입니다. 요점은 "… 옛적에 너희 조상들 곧 아브라함의 아버지, 나홀의 아버지 데라가 강 저쪽에 거주하여 **다른 신들을 섬겼다**"는 것입니다(수 24 : 2 굵은 글씨는 저자의 강조).

이스라엘 백성은 하나님께서 아브라함을 이스라엘 백성의 조상으로 택하셨을 때, 그분은 구원받을 수 있는 신앙을 조금이라도 지니고 있는 사람을 찾으셨으며 그분은 아브라함에게서 이와 같은 신앙을 발견하시고 아브라함을 구원하셨으며 그를 통하여 이스라엘 나라를 세웠다는 생각을 갖고 있었습니다. 그러나 그것은 "정반대"입니다. 하나님께서 거듭나지 못한 심령을 보실 때, 그분이 보고 계시는 것을 우리에게 말씀해 주십니다. 예레미야는 "만물보다 거짓되고 심히 부패한 것은 마음이라 누가 능히 이를 알리요"(렘 17 : 9)라고 하나님의 말씀을 인용하였습니다. 모세는 "여호와께서 사람의 죄악이 세상에 가득함과 그의 마음으로 생각하는 모든 계획이 항상 악할 뿐임을 보시고"(창 6 : 5)라고 기록하였습니다. 사도 바울은 "기록된 바 의인은 없나니 하나도 없으며 깨닫는 자도 없고 하나님을 찾는 자도 없고 다 치우쳐 함께 무익하게 되고 선을 행하는 자는 없나니 하나도 없도다"라고 선언하였습니다(롬 3 : 10-12, 시 14 : 1-3, 53 : 1-3, 전 7 : 20 참조).

만일 사람의 마음이 하나님께서 보신 것과 같다면, 하나님께서 먼저 사람의 마음 속에 선을 두시지 않았는데 하늘에서 내려다보시고 선을 발견하실 수 있겠습니까? 하나님께서 족장들에게 믿음을 우선적으로 주시지 않았는데 어떻게 아브라함에게서 믿음을 발견하실 수 있겠습니까? 그것이 바로 여호수아가 지적하는 요점입니다. 백성들에게 과거를 상기시킴으로써 여호수아는 그들이 지금 부끄럽지 않은 삶을 살아야 한다고 도전하는 것은 위대한 유산에 기인하는 것이라고 상기시키지 않습니다. 오히려 그들은 하나님께서 부르시기 전에는 이방인이었으며, 우상을 섬기자는 자들이었습니다. 과거에 그들이 이방인이었음에도 하나님께서 베풀어주신 것 때문에 그들은 그분만을 위하여 살아야 했습니다. 그것은 우리에게도 마찬가지입니다. 바울은 이렇게 말하고 있습니다.

"그는 허물과 죄로 죽었던 너희를 살리셨도다 그때에 너희는 그 가운데서 행하여 이 세상 풍조를 따르고 공중의 권세 잡은 자를 따랐으니 곧 지금 불순종의 아들들 가운데서 역사하는 영이라 전에는 우리도 다 그 가운데서 우리 육체의 욕심을 따라 지내며 육체와 마음의 원하는 것을 하여 다른 이들과 같이 본질상 진노의 자녀이었더니 긍휼이 풍성하신 하나님이 우리를 사랑하신 그 큰 사랑을 인하여 허물로 죽은 우리를 그리스도와 함께 살리셨고 (너희는 은혜로 구원을 받은 것이라) 또 함께 일으키사 그리스도 예수 안에서 함께 하늘에 앉히시니 이는 그리스도 예수 안에서 우리에게 자비하심으로써 그 은혜의 지극히 풍성함을 오는 여러 세대에 나타내려 하심이라 너희는 그 은혜에 의하여 믿음으로 말미암아 구원을 받았으니 이것은 너희에게서 난 것이 아니요 하나님의 선물이라 행위에서 난 것이 아니니 이는 누구든지 자랑하지 못하게 함이라 우리는 그가 만드신 바라 그리스도 예수 안에서 선한 일을 위하여 지으심을 받은 자니 이 일은 하나님이 전에 예비하사 우리로 그 가운데서 행하게 하려 하심이니라"(엡 2 : 1-10)

우리가 앞서 나가기 전에 짚고 넘어가야 할 점이 있는데, 하나님의 은혜를 여러 해 동안 체험한 후라고 할지라도 우리를 붙들고 있는 과거의 부패함의 정도입니다. 때때로 내가 이스라엘의 족보가 이방인에서부터 시작되었다고 말할 때, 나는 아브라함이 하나님과 그토록 가깝게 동행하였고, 그의 가족들을 신실하게 교훈하였음에도 불구하고 그가 이방 도시 갈대아 우르에 있을 때, 하나님의 부르심을 받고 난 다음에도 삼대에 걸쳐 우상을 소중하게 간직하였음을 지적하곤 하였습니다.

나는 야곱의 사랑하는 아내 라헬에 관하여 언급하려고 합니다. 그녀의 아버지가 야곱의 가족들 가운데 어떤 사람이 신상을 훔쳤다고 믿고 천막을 조사할 때, 그녀는 그것을 안장 밑에 감추고 그 위에 앉았습니다. 얼마나 무서운 일입니까! 최초 족장의 삼대가 이러한 우상을 소유하고 간직하고 있으니 놀랍지 않습니까!

그런데 우리는 여호수아 24장에서 더 놀라운 것을 볼 수 있습니다. 여호수아는 자기 백성에게 "… 너희의 조상들이 강 저쪽과 애굽에서 섬기던 신들을 치워 버리고 …" 또 "… 이제 너희 중에 있는 이방 신들을 치워 버리고 …"(수 24 : 14, 23) 라고 촉구하고 있습니다. 이들은 아브라함의 삼대가 아닙니다. 이때에는 십여 대에 이르게 됩니다. 이때는 가장 위대한 축복의 세월을 누렸으며, 다른 모든 "신들"(gods)을 이기신 참되신 하나님의 능력이 드러났던 때였습니다. 그런데 바로 이 시점에서도 이스라엘의 역사 가운데 가장 뛰어난 봉우리 가운데 하나에서 여호수아는 이러한 우상들을 제하여 버리라고 촉구해야만 했습니다.

우리는 더 낫습니까? 그들의 마음을 아는 사람들은 과거의 죄가 우리를 꼭 붙들고 있으며, 매 전환점마다 위험이 도사리고 있음을 알고 있으므로 항상 거짓된 것을 거절하고 (항상 지속적으로) 참되신 하나님을 섬기고 예배해야만 합니다.

이 날을 선택하라

이 장을 연구하면서 프란시스 쉐퍼는 잘 지적했습니다. 즉, 여호수아가 백성들에게 하나님을 섬기는 쪽을 택하라고 도전하고, 이것은 그가 이미 결정한 선택이라고 확언하였을 때, 그가 사용했던 시제는 마치 이제 선택을 하고, 그 다음에 실행에 옮기려는 것처럼 보이는 단회적인 선택 이상의 의미를 암시하는 것이라고 하였습니다.

여호수아가 사용한 시제는 문법학자들이 지속적인 행동이라고 부르는 의미를 포함하고 있습니다. 즉, 그것은 과거를 포함하고 있지만 또한 현재와 미래도 내포하고 있습니다. 여호수아는 "나는 여호와를 섬기기로 선택하였다. 그리고 나는 지금도 동일한 길을 행하여 여호와를 섬기고 있다. 그리고 나는 앞으로 계속하여 임종의 순간이 이를 때까지 하나님을 섬길 것이다." 라고 말했습니다.

프란시스 쉐퍼(Francis Schaeffer)는 이렇게 말했습니다.

"이것이 여호수아의 특징이다. 그는 선택하고, 선택하고 또 선택하고 계속 선택하고 있다. 그는 선택이 지닌 바 역동성을 이해하고 있었다. 그것은 단회적인 선택일 뿐만 아니라 실존적인 선택이다. 그러므로 그가 백성들에게 한 말은 얼떨결에 뱉어버린 장담이 아니었다. 그것은 하나님의 형상대로 지음을 받은 사람에게 요청되는 것이 무엇이며 사람은 기계나 짐승처럼 하나님을 섬기라고 부름을 받은 것이 아니라 선택으로 하나님을 섬기도록 받았다는 것을 잘 이해하였던 여호수아의 마음속에 깊이 새겨져 있었다."[1]

여호수아는 자신의 경우를 백성들에게 제시하면서 선택을 제한하거나 임의적인 것으로 잘못 전달하지 않았습니다. 왜냐하면 아브라함이 아직 우르에서 우상을 섬기고 있을 때, 하나님 편에서 선택하였고, 이스라엘이 애굽에 있을 때, 부르심으로 하나님 편에서 선택하였을지라도 만일 백성 편에서의 선택도 값진 것이라면, 백성들은 스스로 지혜롭고 확고하게 기꺼이 하나님을 선택했어야만 합니다. 여호수아는 그들에게 네 가지 선택권을 주었습니다.

첫 번째, 그들의 조상이 갈대아 우르에 있는 동안 섬겼던 신들(gods)입니다. 이것은 "강 건너편"으로 언급되었습니다. 그 강은 유브라데입니다. 강 건너편에서 섬기던 신들은 바벨론의 만신전(萬神殿)의 신들이었습니다.

두 번째, 애굽에서 섬기던 신들(gods)입니다. 이것은 바벨론의 것들과는 아주 다릅니다. 그들은 나일강과 땅과 하늘의 신이었고 태양신 라(Ra)는 애굽의 최고신입니다. 애굽의 통치자 바로는 태양신의 화신이라고 생각하였습니다. 하나님께서 열 가지 재앙으로 백성들을 애굽에서 이끌어 내셨을 때, 그것은 나일강과 땅과 하늘의 신에게 내린 재앙이었고 이들 여러 신들의 무기력함을 보여 주기 위함이었습니다.

세 번째, 아모리인의 신들(gods)입니다. 이스라엘 백성들은 그들의 땅에서 살고 있었습니다. 이들 신들은 신생아를 제물로 요구하는 몰렉과 같이 무서운 신들이었습니다. 이 신들 가운데 많은 신들은 매음(賣淫)을 하는 여사제들에 의하여 제사하는 풍요의 신들이었습니다.

네 번째, 이스라엘을 자기 백성으로 삼고 애굽에서 이끌어 내시며 약속대로 그들의 땅을 갖게 하신 참되신 하나님(True God)입니다. 여호수아와 모든 신자가 반드시 섬겨야 할 창조주 하나님이십니다.

선한 싸움을 다 싸우고 경주를 마치다

이스라엘 백성들은 무엇을 선택해야만 합니까? 선택은 분명합니다. "백성이 대답하여 이르되 우리가 결단코 여호와를 버리고 다른 신들을 섬기기를 하지 아니하오리니 이는 우리 하나님 여호와께서 친히 우리와 우리 조상들을 인도하여 애굽 땅종 되었던 집에서 올라오게 하시고 우리 목전에서 그 큰 이적들을 행하시고 우리가행한 모든 길과 우리가 지나온 모든 백성들 중에서 우리를 보호하셨음이며 여호와께서 또 모든 백성들과 이 땅에 거주하던 아모리 족속을 우리 앞에서 쫓아내셨음이라 그러므로 우리도 여호와를 섬기리니 그는 우리 하나님이심이니이다"(수 24 : 16-18) 라고 그들은 항의하였습니다.

사실 그렇습니다! 그러나 여호수아는 이 예견할 수 있으면서 재빨리 응답함으로써 불성실한 기미나 적어도 그럴싸하게 들리는 대답에 불과하다는 것을 발견한 것처럼 보입니다. 그들이 이 문제를 너무 가볍게 다룬다고 의심하였습니까? 하나님만이 그들로 하여금 신실하게 할 수 있음을 인정하는 대신 그들은 스스로 하나님을섬길 수 있는 힘이 있다고 생각하였습니까?

여호수아는 이런 점들을 생각하고 있었습니다. 왜냐하면, 그는 "… 너희가 여호와를 능히 섬기지 못할 것은 그는 거룩하신 하나님이시요 질투하시는 하나님이시니 너희의 잘못과 죄들을 사하지 아니하실 것임이라 만일 너희가 여호와를 버리고이방 신들을 섬기면 너희에게 복을 내리신 후에라도 돌이켜 너희에게 재앙을 내리시고 너희를 멸하시리라"(수 24 : 19-20)고 대답하였기 때문입니다.

이스라엘 백성들은 자신만만 하였습니다. "아니니이다 우리가 정녕 여호와를 섬기겠나이다"(21절)

여호수아는 "너희가 여호와를 택하고 그를 섬기리라 하였으니 스스로 증인이 되었느니라"(22절)고 말했습니다.

그들은 "우리가 증인이 되었나이다"(22절) 라고 대답했습니다.

여호수아는 "그러면 이제 너희 중에 있는 이방신을 제하여 버리라"(23절)고 강력하게 말했습니다.

그들은 "우리 하나님 여호와를 우리가 섬기고 그 목소리를 우리가 청종하리이다"(24절) 라고 말했습니다.

더 이상의 말이 필요가 없습니다. 여호수아는 이 말을 확인하고 백성과 하나님 사이의 언약을 세우고 그가 그렇게 행한 것을 사실대로 기록하였습니다. 여호수아서, 특별히 이 장은 이렇게 하여 기록되었습니다. 그리고 나서 그는 큰 돌을 기념물로 세우고 고별의 말을 하였습니다. "모든 백성에게 이르되 보라 이 돌이 우리에게 증거가 되리니 이는 여호와께서 우리에게 하신 모든 말씀을 이 돌이 들었음이니라 그런즉 너희가 너희의 하나님을 부인하지 못하도록 이 돌이 증거가 되리라"(27절). 여호수아는 선한 싸움을 싸웠고, 달려갈 길을 다 마쳤으며, 그는 믿음을 지켰습니다. 의의 면류관이 그를 위하여 예비되었으므로 주 곧 의로우신 재판장이 그 날에 주의 나타나심을 사모하는 모든 자에게 주실 것입니다(딤후 4 : 7-8).

우리가 더 할 수 있는 것은 무엇입니까? 우리가 다른 사람들을 위하여 그들의 선택을 할 수가 없습니다. 우리는 그들의 미래를 보장할 수 없습니다. 이와 같은 경우에 우리는 "이스라엘이 여호수아의 사는 날 동안과 여호수아 뒤에 생존한 장로들 곧 여호와께서 이스라엘을 위하여 행하신 모든 일을 아는 자의 사는 날 동안 여호와를 섬겼더라"(31절)는 말을 듣게 됩니다. 그러나 이 성경의 바로 다음 책인 사사기 2 : 10-12절에서 이와 같은 말을 듣게 됩니다.

"그 세대의 사람도 다 그 조상들에게로 돌아갔고 그 후에 일어난 다른 세대는 여호와를 알지 못하며 여호와께서 이스라엘을 위하여 행하신 일도 알지 못하였더라 이스라엘 자손이 여호와의 목전에 악을 행하여 바알들을 섬기며 애굽 땅에서 그들을 인도하여 내신 그들의 조상들의 하나님 여호와를 버리고 다른 신들 곧 그들의 주위에 있는 백성의 신들을 따라 그들에게 절하여 여호와를 진노하시게 하였으되"

그것은 또한 우리의 경우에도 사실이 될 수가 있습니다. 지금부터 한 세대, 곧 우리 뒤를 따르는 자손들이 주님을 저버릴지도 모릅니다. 그들은 우리 시대의 다원주의와 물질문명의 악한 신들을 따라 갈지도 모릅니다. 그러나 우리는 정녕 그렇게 해서는 안 됩니다!

우리는 여호수아가 이스라엘 백성에게 강력하게 말했던 것처럼, 우리도 여호수아 24 : 15절처럼 말해야만 합니다.

"오직 나와 내 집은 여호와를 섬기겠노라"
"But as for me and my household, we will serve the Lord"

●각주●

1. Francis A. Schaeffer, *Joshua and the Flow of Biblical History* (Downers Grove, Ill. : InterVarsity Press, 1975), 208.

주제 색인

Subject Index

가

가나 161
가나안 정복 54, 140, 145,
        156
가네스 바데아 142
가드 161
가버나움 161
가사 142
가장 위대한 계명 176
가족에 대한 초점 214
갈대아 우르 225, 227
갈렙 33, 36, 43, 54,
        81, 156, 168, 169,
        171, 173, 175, 177, 178
갈멜 산 90, 160
갈보리 50, 58
갓 145, 157, 197, 202
강 저쪽 221
강력한 리더십 35, 37
강해 설교 220
개리슨 케일러 182
객관적인 계시 37
거인 171

결혼 121
결혼 문제 214
고멜 98
고센 142, 144
과거 224
교량 역할을 하는 책 19
교혼 214
구텐베르크 24
군대 대장 65, 69, 70, 79
군사적 요새 78
그니스 사람 169
그리스도의 완전한 소유
        164
그리스도의 통치 164
그리심 산 25, 27, 102,
        104, 108, 110, 216
기도 91, 119
기록된 하나님의 말씀
        21, 159
기브온 50, 115, 120, 122,
        124, 128, 140, 156,
        160
기생 45, 46
길갈 59, 60

나

나답 31
나아만 44, 85
나일 강 47
납달리 161
넘치는 은혜 44
네게브 144
네스트로 173
네피림 171
노아 17
노예 제도 174
노예 해방 174

다

다윗 50, 121, 158
단 161
달란트 비유 163
대속의 원리 57

대속죄일 57
더글러스 맥아더 208
도널드 반하우스 134, 135
도단 70
도덕 200
도덕법 213
도둑질 94
도피성 183
두 개의 기념물 59
두 번째 율법 20
두로 161
드보라 132
드빌 177
들음에서 난다 46
디나 62
딤낫 세라 162, 183

라

라기스 141
라합 41, 42, 44, 48, 50, 51,
   80, 87, 123, 124

라합 콘트라 문덤 42
라헬 225
러디어드 키플링 223
레셈 162
레아 161
레위 62, 160, 185
로마의 클레멘트 50
로버트 윌슨 134, 135
로웰 버틀러 133
론 새니 146
루이스 팔라우 82
룻 44
르비딤 30
르우벤 145, 157, 197, 202
리더십의 횃불 211
리랜드 왕 127
리브가 170

마

마르틴 루터 173
마므레 67

마운더 133
마음으로 섬김 176
마이어 30, 35, 82, 103,
   172
마하나임 69
막게다 141
막벨라굴 170
만세 반석 열리니 112
매우 값진 사랑 201
맹세의 중요성 120
메뚜기 33, 171
메롬 물가 143, 156
메시아 158
모세 17, 18, 20, 23, 25, 31,
   35, 39, 43, 112, 190,
   224
모세의 고별사 208
모압 여인 191
몰렉 227
무신론의 문화 51
묵상 26
문화적 명령 164
물질주의 94
므깃도 160
므낫세 145, 157, 197, 202
미리암 57

미스바 골짜기 144
믿음으로 48, 83
믿음의 도약 211
믿음의 모델 48

바

바나바 66
바락 132
바벨론 190
바울 66, 93, 224
바울의 고별사 208
바틀릿 헤스 147
배역 198
버나드 램 132, 133
베냐민 160
베드로 70, 175
벤하닷 69, 70
벧엘 145, 160
벧호론 130
벳새다 161
병거 143

보아스 50
복된 소망 99
복음 전도 164
부르심 37
부채의 명세서 46
불가해한 은혜 46, 98
불만족 92, 93
불순종 92, 200
붉은줄 50
블레셋 161
비느하스 191
비람 141

사

사가랴 192
사라 170
사마리아 43
사마리아 여인 44, 110
사마리아인 110
사울 34, 83, 121
사탄 86, 93

살몬 50
삼위일체 66, 67
삼위일체 논쟁 42
삽비라 97
상대주의 205
상자 속의 하나님 72
새로운 세계 21
새로운 은총 95
선택 216, 226
선하다 216, 218
선한 목자 218
선한 싸움 227
섬김 176
성결 199
성경 37, 134
성공의 비결 27
성령의 은사 163
성례 62
성별 61
성육신 66
세겜 62, 189, 209
세례요한 192
세속주의 94
셜리 존스 182
소돔 68
소망 97, 189

소망의 문 99

소명 35

솔라 그라티아 111

솔라 피데 111

솔로몬 158

쇠렌 키르케고르 211

쇼트 133

수수께끼 19

순종 28, 83, 211

스불론 160

스프라울 149

슬로브핫 159

시날 94

시내 산 31, 33

시돈 161

시므리 191

시므온 62, 157, 160, 189

시민법 186

시스라 132

시은소 57

시험 95

시혼 48, 122

신명기 102

신실한 과거 30

신실함 162

신앙 47, 49, 210

신현(神顯) 67

실로 159, 191, 204

심령 224

심오한 원리 71

심판 95, 98

심판의 연속성 96

십계명 104, 212

십자가 112

아

아간 91, 92, 93, 95, 96, 98

아골 골짜기 98, 99

아나니아 97

아낙 자손 170, 171

아담 17, 57, 67, 93

아더 핑크 19, 45, 86

아도니세덱 141

아라바 144

아론 31, 57, 191

아르헨티나 교회 80

아말렉 30, 31, 83

아모리 족속 44, 45, 93
221

아므람 190

아벨의 제사 50

아브라함 17, 21, 54, 67,
224

아비후 31

아셀 161

아얄론 161

아우구스투스 톱레이디
112

아이 성 90, 103, 116, 140,
222

아타나시우스 42, 173

아틸라 78

알란 레드파스 117, 175

알렉산더 대왕 78

앗수르 190

애굽 30, 47, 50, 169, 215,
225

야곱 68, 158, 170, 189

야르뭇 141, 145

야빈 143

야살의 책 134

약속의 땅 38, 56, 90, 102

양의 피 51

언약 공동체 63
언약궤 24, 55, 57
언약의 연속성 96
엎드려 절하는 것 74
에글론 141, 161
에드먼드 알렌비 78
에발 산 25, 27, 102, 104,
      108, 110, 216
에브라임 157, 158, 179
에서 68
에스라 191
에이브러햄 링컨 18, 174
엘르아살의 아들
  비느하스   200
엘리 191
엘리사 69, 70
엘리사벳 192
엘리야 90, 187
여리고 성 49, 51, 62, 66,
      78, 103, 116,
      140, 222
여리고 정복 84
여호수아 11, 18, 206
여호수아의 전략 78
여호와 66, 203
역사적 교량 19

열두 군단 70
영국 국교회 72
영적 전쟁 86, 119
예레미야 224
예루살렘 129
예루살렘 왕 아도니세덱
      129, 141, 142
예수그리스도의 조상 50
예수님의 신성 42
예수만 바라보자 178
오경 159
오벳 50
오직 믿음으로 111
오직 은혜로 111
옥 48, 122
온전히 176
완전하게 순종 150
완전한 구원 50
완전한 신성 173
요게벳 190
요단 강 54, 56, 78
요세푸스 143, 209
요셉 17, 158, 170, 202
요시아 158
용기 30
우드스트라 59

우박덩이 130
워싱턴 어빙 192
위대한 승리 136
위대한 자비의 이야기 44
위비곤 호수 182
윈스턴 처칠 18
윌리엄 윌버포스 174
윌리엄 파렐 36
유다 157
유브라데 227
유월절 61, 6, 81
율리우스 벨하우젠 33
율법과 복음 52
율법책 212, 213
의무 213
이 세상 나라 164
이방의 갈릴리 161
이방인 44, 47
이별 197
이삭 170, 208
이새 50
이스라엘 68
이신칭의 173
이적 128
이혼 121
인간의 타락 67

인본주의 111
임무 26
임무 부여 33, 35
임재 32
잇사갈 161

자

자기 확신 90
자기의(自己義) 110, 201
저주와 축복 102, 104
적용 26
전무후무한 일 131
전신갑주 119
전적 순종 85
전적인 순종 27
전체 정복기 144
전투 140
정복 82, 84, 86
정복의 요약 145
정복하게 하시는 하나님
                56

정의 법령 186
정탐꾼 32, 33, 43
젖과 꿀이 흐르는 땅 174
제단 108, 110, 204
제비를 뽑아 분배 159
제사 110
제사장 성읍 189
제우스 66
제자도 176
조상 221, 223
조지 워싱턴 208
존 칼빈 36
종교개혁 36
종말 85
죄는 심판을 초래 109
죄의 문제 109
주의 만찬 63
주의 천사 68
죽어야 함 109
줄리어스 시저 78
지도자의 자질 146
지성소 57
지속적인 원리 106
지중해 144
지휘 29
진리와 사랑 205

진중의 죄 91

차

찬탈자 68
천사의 군대 69
천상의 방문자 67, 68
첫 분배 157
첫 전투 30
첫째 되는 계명 197
청종 39
최고 사령관 71
최후의 순간까지 순종
                84, 86
최후의 심판 87
축복 97, 104
충성 123
침묵 81, 84

카

콘트라 문덤 42

타

탁월한 인물 168
탐욕 94
탕자 83
탕진 83
태양이 머물렀던 이적
                    128
트리스탐 104
티투스 96

파

파리스 커크랜드 77
평화 196
폐회 223
풍유 19
프란시스 쉐퍼 12, 23, 46,
        59, 61, 94, 96, 107,
        111, 123, 133, 159,
        184, 185, 186, 199,
        204, 226
프린스턴신학교 134
피난처 187
피의 보복자 184
픽거링 133
필라델피아제십장로교회
                    14, 107
필립 켈러 18
필립스 72, 73, 175

하

하나님께 대한 사랑 213
하나님만 전적으로 신뢰
                    173
하나님을 믿는 믿음 38
하나님을 소유 135, 153
하나님의 공의 57
하나님의 군대 69, 71
하나님의 길 217
하나님의 말씀 12, 22, 23,
                24, 26, 119
하나님의 성결 199
하나님의 심판 95
하나님의 은총 96
하나님의 진노 44
하나님의 형상 185
하와 58, 67, 93
할례 61, 62, 81
해피엔딩 204
헤르메스 66
헤브론 141, 170, 177, 183
형통한 사람 27
호렙산 90
호세아 97

혼인잔치 32

홍해 47

회막 문 162

효과적인 리더십 38

훈족 78

훌 31

훌륭한 지도자 30

희생제사 109

A~Z

JEPD설 22

성구 색인

Scripture Index

창세기

창 3:8 67
창 6:5 224
창 9:5-6 185
창 12:7 19
창 15:18-21 169
창 18:1 68
창 18:17 68
창 34:25 62
창 49:7 160, 189
창 50:24-25 208

출애굽기

출 20:5 192
출 21:12 185
출 21:13 185
출 24:9-11 32

민수기

민 10:35-36 56
민 13:21-22 170
민 13:27-28 171
민 13:28-29 32
민 13:30 33, 171, 175
민 13:31-33 32
민 13:32-33 171
민 14:7-8 33
민 14:9 175
민 25:12-13 191
민 27:4 159
민 27:18-23 34

신명기

신 6:5 176
신 27:2-8 109
신 27:12-13 104, 110
신 27:15-26 105
신 28:1-7 106
신 30:19-20 102
신 31:23 34
신 34:9 35

여호수아

수 1:1 20
수 1:2 35
수 1:2-3 21
수 1:5 38
수 1:6-8 212
수 1:6-9 17, 22
수 1:7 12
수 1:7-8 15, 26
수 1:8 25
수 1:9 30, 150
수 1:10-11 29
수 1:11 35
수 1:16-18 39
수 1:18 30

수 2:8-11　47
수 2:9-13　41
수 2:11　123
수 2:17-18　50
수 3:5　54
수 3:7　54
수 3:12　55
수 3:15-17　53
수 4:2-3　55
수 4:4-7　58
수 4:5-6　60
수 4:6-7　60
수 4:14　55
수 4:21-24　60
수 4:24　61
수 5:1　61
수 5:13-15　65
수 5:14　74
수 5:15　74
수 6:2-5　79
수 6:10　81
수 6:16　80
수 6:20　80
수 6:20-21　77
수 6:24-25　87
수 6:27　77

수 7:3　90
수 7:7　91
수 7:10-12　91
수 7:11　94
수 7:20-21　96
수 7:21　92
수 7:22-23　96
수 7:25　98
수 8:30-32　109
수 8:30-35　101
수 8:33-35　106
수 9:3-6　115
수 9:7　116
수 9:9-10　122
수 9:14　116
수 9:14-16　115
수 9:16　120
수 9:19-20　120
수 9:21　122
수 9:24　123
수 9:27　122
수 10:1-5　129
수 10:6　129
수 10:8　135
수 10:10　130
수 10:11　131

수 10:12　136
수 10:12-13　131
수 10:12-15　127
수 10:13　127
수 10:14　132
수 10:25　142,147
수 10:40-42　139
수 10:41-42　142
수 11:6　143
수 11:8-9　144
수 11:15　150
수 11:21-23　139
수 13:1　155,156,178
수 13:6-7　155
수 14:9　176
수 14:6-15　167
수 14:12　172
수 14:14　176
수 19:51　155,162
수 20:1-6　181
수 21:1-3　181
수 22:1-5　195
수 22:5　197,214
수 22:10　198
수 22:11-22　199
수 22:16-18　200

수 22:19 201

수 22:22-23 202

수 22:24-27 203

수 22:29 203

수 23:1-8 207

수 23:2-5 210

수 23:6 28, 213

수 23:6-8 212

수 23:11 213

수 23:12-13 214

수 23:14-16 216

수 24:2 223

수 24:3-13 222

수 24:14 225

수 24:14-15 12, 153, 221

수 24:14-24 220

수 24:15 218, 230

수 24:16-18 228

수 24:19-20 228

수 24:21 228

수 24:22 228

수 24:23 225, 228

수 24:24 228

수 24:26 213

수 24:27 229

수 24:31 229

사사기

삿 2:10-12 229

사무엘상

삼상 15:22 84

열왕기상

왕상 19:10 90

열왕기하

왕하 5:11-12 85

왕하 5:14 85

왕하 6:6 127

왕하 6:15 70

왕하 6:16 70

왕하 6:17 70

역대상

대상 23:13 191

시편

시 2:12 87

시 34:7 70

시 34:8 217

시 48:14 128

시 69:16 217

시 84:11 218

시 100:5 217

시 103:5 217
시 119:39 217

잠언

잠 3:5-6 117

이사야

사 9:1-2 161
사 14:13-14 93

예레미야

렘 17:9 224

호세아

호 2:6 98
호 2:9 98
호 2:14-15 99

나훔

나 1:7 217

말라기

말 4:5-6 192

마태복음

마 11:11 192

마 14:28 175
마 22:37 176, 197
마 26:53 70

마가복음

막 10:11-12 121

요한복음

요 4:4 43
요 4:18 111
요 4:20 110
요 4:22 44, 110
요 6:37 188
요 10:11 218
요 11:25-26 189

사도행전

행 14:8-20　67
행 20:25-29　209
행 20:31　209

로마서

롬 3:1-2　45
롬 3:10-12　224
롬 6:23　57
롬 7:12　217
롬 8:28　217
롬 9:4-5　45
롬 10:17　46
롬 12:2　217

고린도전서

고전 7:10-11　121

고린도후서

고후 6:14-15　215
고후 10:4　86

에베소서

엡 2:1-10　225
엡 2:12　45
엡 6:10-18　118
엡 6:18　119

빌립보서

빌 2:8　84
빌 3:13-14　93, 149
빌 4:12　93

디모데후서

딤후 3:16　134

히브리서

히 6:18　189
히 11:24-28　191
히 11:30　83
히 12:1-3　178
히 13:6　38

야고보서

약 1:5 119

약 1:13-15 95

약 1:17 217

약 2:25 48

요한계시록

계 11:15 164

계 12:11 86

계 22:17 188

우리는 주님만 섬기리라(여호수아)

저자 : 제임스 몽고메리 보이스

발행처 : 솔라피데출판사

전화 : (031)992-8692 / 팩스 : (031)955-4433

공급처 : 미스바출판유통

전화 : (031)992-8691 / 팩스 : (031)955-4433

값 10,000원